蕭雲從研究文叢

（第一辑）

萧云从研究会　编

北京时代华文书局

目 录

前　言

高飞

明末清初，虽遇政权更迭，社会动荡，中国的文人画坛却形成了诸多流派，出现了一个繁荣发展的局面，仅今安徽所辖的江南一带，就有姑孰派、新安派和宣城派。这三个画派无一例外地力崇宋元绘画标格，也无一例外地借家乡山水传递他们的美学主张，要么“境取幽深，情况高哲”，要么“敢言天地是吾师”，要么“古人在我”“搜尽奇峰打草稿”，与当时流行的摹古风气分途而行。这种趋向一致的画学思考，并非偶然，譬如，新安画派主将渐江、宣城画派领袖梅清，都曾和姑孰画派的创始人萧云从过从密切。历史上既有“渐师学画于尺木”的说法，也有梅清多次到芜湖造访萧云从的记载。由此看，萧云从对新安派、宣城派的画学影响是不言而喻的。

萧云从作为芜湖画坛先贤，后人自然对他有着特殊的情感，对其艺术、生平，以及他所开创的姑孰画派，也势必怀着浓厚的兴趣加以关注。二十世纪八十年代，由芜湖市文学艺术界联合会牵头，团结本地画家、学者成立了“萧云从研究会”，并分别在萧云从诞辰三百九十周年（1986）、四百周年（1996）、四百一十周年（2006）时举行了不同形式的纪念活动，其间还编印了《纪念萧云从诞辰三百九十周年会刊》，出版了相关研究成果，为萧云从研究步向深入奠定了良好基础。

2019年11月，萧云从研究会在芜湖市美术馆（书画院）召开学术年会，会上提名产生了新一届研究会及学术委员会组成人员，讨论制定了新的工作计划，首要任务即是积极推进关于萧云从的研究以及与姑孰画派相关文献资料的整理工作。学术委员会提议，最好先期将已有的芜湖籍和在芜湖工作以及曾在芜湖工作过的画家、学者的研究成果整理出来，以文丛形式结集出版。可喜的是，这一工作得到了芜湖市文化和旅游局的大力支持，在研究会成员的共同努力下，《萧云从研究文丛（第一辑）》顺利付梓。必要说明的是，文丛的编辑体例，一是按照成果的发表时间先后，进行排序，二是最大限度地尊重成果发表时的原貌，包括注释和参考文献的格式。此外，为保证个别文章中原有插图的清晰度，我们作了相应的替换。

大家知道，姑孰画派在中国绘画史上占有重要地位，但它也是一个极为特殊的地方画派。谓其特殊，首先是萧云从的乡籍问题。据史料记载，一曰他是芜湖人，一曰他为当涂人，所以，今人研究其籍，各持立场，意见分歧，孰是孰非，难做定论。本辑文丛即收有这方面的商榷文字，如顾平先生的《萧云从里籍及生卒年考》，李丛芹、刘诗能先生的《萧云从乡籍考辨——兼与陈传席先生商榷》，王永林先生的《萧云从的乡籍之辩》等，各家提供的材料讯息，以及他们的立论，都是值得我们咀嚼和思考的。至于“姑孰画派”之目，最早提出是清人徐沁（字野公），其《明画录》（卷五：山水）云：“萧云从，字默思，号尺木，芜湖人。工诗文。画山水，高森苍润，具有格力，遂成姑孰一派。”所谓“姑孰”，即明末清初时太平府治地当涂城的旧称。萧云从在他的《太平山水图》跋中说得很清楚：“济南张公祖举之先生之理姑孰也……姑孰滨大江，攒石环冈，不数百里，而平遥铺芜，潆洄薮薄，地乏良杰，多得古人之流寓于斯者。”徐沁的“姑孰一派”说，恐怕也是以此为据，如同徽州的新安画派，借晋唐所设新安郡和辖内风景如画的新安江而取画派名，画家遍及歙、休等多地。所以，他循古为画派命名也就不显奇怪了。

其次，姑孰画派虽不像徽州的新安画派那样，画家既旺，声名普遍高扬，但由于萧云从在画学上的显著成就，致使姑孰画派名彰大江南北。众所周知，明清之交的山水画坛，崇尚摹古，成为风气，而萧云从的艺术实践，则是独一无二的，他既延续着南宗文人画的精神文脉，也未局限于南宗圭臬，而是走向了“不专宗法，体备众家”的画学路线。另一层，就是他的绘画视野极为宽阔，除了山水，人物、花鸟、壁画也有涉及，犹在版画方面获得重要成绩，其《离骚图》《太平山水图》两部版刻画卷，被郑西谛解读为：古雅深沉之极的大杰作；现实主义的精品；许多幅简直像新出于画笔点染的，不能信其为木刻画也。值得述及的是，《太平山水图》还作为画谱远播东瀛，成为日本“南画”（即中国南宗文人画的别称）在十七世纪得以开启的根源。顾平先生的《萧云从山水画艺术风格研究》，刘诗能先生的《萧云从采石太白楼壁画考评》，潘啸龙、陈欣先生的《萧云从〈离骚图〉及序跋注文研究》，高飞先生的《不专宗法 自成一家——萧云从画学思想中的师古与创新》和《境取幽深 情况高哲——萧云从诗画的美学取向》，程国栋先生的《萧云从〈离骚图〉要论》等文字，从不同角度推扬了萧云从的画学贡献。

第三，萧云从不止深入于画学，诗学、易学、音韵学，亦筑有相当高度，尤其在诗学一端，有谓他“专以诗文自娱”“诗文援笔立就，公卿士夫群器重之”。人处乱世，萧云从虽知“诗言志”的道理，但他却韬光养晦，以“画师”的姿态出现在世人面前。他的挚友方文（号盦山）如是说："独惜君生离乱时，中怀抑郁少人知。读书万卷诗千首，自晦宁称老画师。"所以，清人黄钺（字左田）据此为萧云从抱不平："尺木诗因画不传"。今天，我们虽不能阅读到他早已失传了的《梅花堂遗稿》，但从黄左田辑录的《萧汤二老遗诗合编》和萧云从遗留在诸多画幅中的题画诗，或可获得些许消息，他那种对中国诗歌固有的含蓄和善于隐喻的文体格调的把握，一如其画："境取幽深，情况高哲。"这方面，本辑收录的孙文光先生的《画师本色是诗人——萧云从诗歌札记》，唐俊先生的《〈归寓一元图〉跋文题诗研究》《萧云从文化著述考》《萧云从诗文选注》等，无疑为我们诠释出一个"画师"以外的博学的萧云从。

萧云从的种种事迹，在本辑文丛里，大抵有所反映。通阅诸家文字，或宏观或微观，皆是用功倾情之作，这委实让人感佩，也令人振奋！萧云从与姑孰画派的研究，是否能够如此地延续下去？作为新一届萧云从研究会成员，自然要承当起这份责任，继续探询新课题，挖掘新材料，结出新果实。期待《萧云从研究文丛（第二辑）》早些面世。

2020年10月8日于安徽师大美术学院

萧云从事迹考

刘尚恒

萧云从是明末清初著名画家，芜湖人[1]，字尺木，号无闷道人，又号于湖渔父、东海萧生、忍辱金刚、默思、梦履、石人、谦翁、咬脐、梅石、东浦、眉峰、永田，曾一度旅居南京，故又号钟山老人、钟山梅下客，因其生于明万历二十四年丙申（1596）[2]，故晚年又号前丙申生。父亲萧慎余为明乡饮大宾，有子三人：云从、云律、云倩。传说萧云从出生的当天晚上，他父亲做了个梦，梦见宋代书画家郭忠恕至其门，并说："萧氏将昌，吾当为嗣。"这当然是毫无根据的。萧云从参加过明崇祯十二年（1639）、十五

[1] 明郎瑛、清谢彬纂辑的《图绘宝鉴续纂》，清张庚的《国朝画征录》皆把萧云从误作当涂人。清乾道间的黄钺（字左田，原籍当涂，久居芜湖）在他的《画友录》里曾经做了订正。清彭蕴璨的《历代画史汇传》、窦镇的《国朝书画家笔录》，乃至近人姜亮夫的《历代人物年里碑传综表》仍误作当涂人。郑振铎编的《楚辞图》引用张庚的说法，而未加考订。《四库全书总目》在《易存》下说萧是芜湖人，在《钦定补绘离骚全图》下说萧是当涂贡生。其实，萧云从自称"于湖渔父""于湖萧云从"，和萧云从结识的宋荦称他为"鸠兹萧叟"。于湖为晋太康二年（281）在芜湖周边设立的县名；鸠兹，则是春秋时芜湖古地名。

[2] 清黄钺《画友录》谓萧生于明万历二十年（1592）壬辰，有误。萧自号"前丙申生"，即是指明万历二十四年（1596）丙申。清庞元济《虚斋名画录》卷十录《萧尺木（为胡日从作）山水轴》，萧自识："丁未九月区湖七十二弟萧云从诗画呈教。"丁未，指清康熙六年（1667）丁未，上推七十二年，也当为明万历二十四年（1596）丙申。

年（1642）两次科举考试，但都只得个副贡[1]。到了清代，萧云从更无心做官，终日闭门读书，博览经史。他为人品格高峻，不趋炎附势，也很少和达官贵人打交道。“轻世肆志，每发意于墨”[2]。他的画很出色，工山水，高森苍润，具有格力，亦善画人物，用简笔描，有北宋人的遗法。明天启六年（1626），他三十一岁，画《秋山行旅图》，成了明末清初中国画坛上姑孰派的创始人。可惜这幅画1931年被日本帝国主义分子劫走，现藏在东京国立博物馆。萧云从和陈延（字遐伯，潜山人）并称清初“画苑二妙”；又和孙逸（字无逸，号疏林，休宁人，流寓芜湖）并称“孙萧”。芜湖人则又把萧云从和汤燕生（字玄翼，号岩夫，又号黄山樵者，太平人，流寓芜湖，住东河沿，室名补过斋）合称为“芜湖二老”。

萧云从一生从事绘画创作。近人徐邦达的《历代流传书画作品编年表》收录了萧云从自崇祯七年（1634）四十九岁至清康熙七年（1668）七十三岁时的绘画二十五幅，其实不止此数，尚有遗漏的，例如安徽省博物馆收藏的萧云从顺治十五年（1658）《山水图轴》、康熙二年（1663）的《榕荫茅屋图》，以及《芥子园画传初集》所载的仿黄子久的富春山图、仿郭宋丞的画，均未收录。此外，还可以从诗词题跋中考订出萧云从的许多绘画来（如清谢登隽有题《萧尺木画赵子固濯座图》诗，便是一例）。萧云从生平最著名的画作，除《秋山行旅图》外，便是《太平山水图》《离骚图》和采石太白楼壁画。

《太平山水图》是萧云从山水画的代表作，画于清顺治五年（1648），时年五十三岁。这是他为时任太平府推官张万选所辑的

[1] 清黄钺《画友录》谓萧云从为崇祯九年、十五年副贡。其中崇祯九年副贡，有误。《（康熙）太平府志》卷二十八《人物》下、《（嘉庆）芜湖县志》卷八《选举·贡生》均作萧为崇祯十二年己卯副贡，故应从志说，且也才符合地方三年一科的乡试之例。

[2] 《（康熙）太平府志》卷二十八《人物》下，清康熙十二年（1673）刻本。

《太平三书》所作。此书包括太平府所辖当涂、芜湖、繁昌三县的诗画、概胜、风雅三部分。萧云从画了太平府山水风景总图一幅、当涂山水风景十五幅、芜湖山水风景十四幅、繁昌山水风景十三幅，合计四十三幅。萧云从热爱自己的家乡，热爱江南山水，“仆少时窃有志乎斯事”[1]，因此很乐意和张万选合作，为张绘图。这些画笔意超然，幅幅具有不同风格。书和画都有刻本传世。

《离骚图》是萧云从人物画的代表作。《楚辞》有图之单刻木，则由此始。《离骚图》实包括《卜居渔父》合绘一图、《九歌》九图、《天问》五十四图、《远游》五图。顺治二年（1645）刻本问世，《远游》五图经兵燹阙失。萧云从在《画〈九歌〉图自跋》中，很详细地介绍了他的创作经过和意图。他说：“余老画师也，无能为矣，退而学诗，熟精《文选》，怪吾家昭明，黜陟《九歌》，不觉潸然泣下。……仆本恨人，既长贫贱，抱疴不死，家区湖之上，秋风夜雨，万木凋摇，每听要眇之音，不知涕泗之横集，岂复有情之所钟乎！……余浮沉斯世，既不为广文，亦不为水部，戴种种之发，拾古人之残膏剩馥，而渲未染碧；炤耀自娱，樗散而终天年，则亦已矣，宁欲其见于后世也哉。况图之所载，总非人世间事，故得纵其衰惫之才力，以极人耳目之不经，而冥心澂虑，寄愁天上而幻出之，所谓思之思之，鬼神通之者，画师亦难言矣。嗟乎，屈子栖玉笥山作《九歌》以乐神，又托以风谏。彼其时尚有摈之者也，有谗之者也。我将何求乎？吾用此与《天问》诸图，锢铁函中，沉于幽泉，使华林诸君子，庸补萧选之阙云尔。”[2]很显然，他寄遗黎悲愤于画幅，情动于中，感慨尤深。他的思想感情是和屈原相通的，幅幅画面，均高旷奇致，艺术造诣很高。清乾隆三十八

[1] 萧云从：《太平山水图跋》，《太平三书》，清乾隆三年（1738）怀古堂补刻本。
[2] 罗振常辑：《陈萧二家绘离骚图》，民国蟫隐庐影印本。

年（1773），四库馆搜集各省遗书时，乾隆皇帝一见奇之，遂命南书房翰林逐一考订，令门应兆补绘九十一图，合计一百五十五图，收录在《四库全书》里。不久，侍郎曹文植又进呈萧云从的山水长卷。这两幅绘画巨作，深得乾隆皇帝赞赏，亲自为之题诗，说："不缘四库辑，那识此人名""四库呈览《离骚图》，始识云从其人也"[1]。大有恨生太晚，不识云从之憾。

关于萧云从画采石太白楼有个民间故事。康熙初年，太平郡守胡季瀛赞赏萧云从的画，很想萧替他作画，连去访问三次，萧云从俱辞不见，因此惹怒了这位太守。"胡怒，时新修采石矶太白楼成，遂于案牍插入尺木名，摄之。比至，送至楼中，令白壁间若图成即当开释。"[2]胡季瀛借身为太守的淫威，以绑票的手段，把萧云从抓去，强迫他为采石太白楼作画。这时，萧云从已七十多岁，又方卧病未愈，在胡太守的威逼下，不得已画匡庐、峨眉、泰岱、华岳四大名山，都是李白当年游览胜地。这些壁画只花了七天的工夫就完成了，但对画家的打击是沉重的。壁画曲尽生致，登楼观赏者赞叹不绝，纷纷题诗，像清王士禛、宋荦等都有诗歌记其画。宋荦《谪仙楼观萧尺木画壁歌》，对壁画作了详细的描述，诗云："当今画壁数何人，鸠兹萧叟称奇特。前年挂帆牛渚来，登楼一望胸怀开。解衣盘礴使其气，倏忽四壁腾风雷。画出青莲游赏处，千年魂魄应来去。匡庐云海泰山松，华岳三峰点秋村。朦胧细景不知数，一一生成出毫素。杂花窈窕溪涧深，野水逶迤洲渚露。危桥坏磴荒村连，多少林峦莽间互。横涂乱抹总精神，河伯山灵不敢怒。"壁画如此栩栩如生，惟妙惟肖，使宋荦大为感慨："……今也见此心飞扬，众山皆响殊寻常。不用并州快刀剪秋水，但愿十日寝食坐卧

[1] 《（嘉庆）芜湖县志》卷十九《艺文志·纪上》，清嘉庆十二年（1807）刻本。
[2] （清）吴陈琰：《旷园杂志卷上·名笔投往》，清道光《说铃后集》本。

留其间。”[1]可惜这些壁画咸丰年间毁于兵火。

萧云从不愿为达官显贵作画，但是常给他的诗朋画友作画，如给陈香士、胡日从等画过山水轴。特别值得提出的，他为汤鹏（字天池）铁画创作提供画稿，清黄钺有诗记其事，诗引说汤“第惜山水未能也，往诣萧尺木求其稿，今所见萧画也”，诗云：“……萧君隐德如沈周，寄情诗画娱清修。汤亟造请遂所求，皴为减笔林不稠。寒山古寺宜深秋，间有衰柳维扁舟。请看真本铁笔遒，果与萧画无别不。”[2]萧云从以极大的热情支持艺术家汤鹏的铁画创作，这是画坛上的美谈，尤其值得称道。

萧云从不但以画擅名江左，而且工六书，尤精六律。[3]他的著述，除《离骚图》，还有《杜律细》《易存》《韵通》。《四库总目提要》收录了《离骚图》《易存》两书，推崇《离骚图》，对《易存》却贬多于褒。清王士禛说《杜律细》“穿凿可笑，而援据甚博”[4]。《四库总目提要》则说《易存》“殆亦类斯与”[5]。其实对《杜律细》一书也另有说法，清张庚说萧云从“尝取杜诗七律中之仄体者，考其字之平仄声之出处，悉得文从字顺，音律叶和，援引古今，出入经史百家，考据诚精确矣。然亦好奇之蔽也，善读杜诗者，岂其然乎？”[6]则又褒胜于贬。现在我们未见此书，无法给予评价。

---

[1] （清）宋荦：《西陂类稿》卷二，《四库全书·集部·别集类》。该书同卷又有宋荦《谪仙楼题名》云：“予识萧尺木在顺治乙未，后十五年为康熙己酉舟过采石，登谪仙楼观尺木画壁，作长歌纪事。庚申春三月……士旦工书，为书前诗留壁间。尺木即世久，临风怃然。”

[2] （清）黄钺撰，陈育德、凤文学校点：《壹斋集卷七·汤鹏铁画歌》，黄山书社1999年版。

[3] 《梅磊响山人集》云：“世知萧尺木以画显，而不知其六书、六律更精也。尝于札规予读书甚切直谅哉，此岂可以今人求之者。”见清冯金伯《国朝画识》，清乾隆五十六年（1791）墨香居刻巾箱本。

[4] （清）王士禛：《池北偶谈》卷十二，《四库全书·子部·杂家类》。

[5] 《四库全书总目》卷九《经部·易类存目》。又谓《易存》“是书乃云从年八十时所撰”，应误。

[6] （清）张庚：《国朝画征录》卷上，《四库存目丛书·子部·艺术类》。

然而，萧云从是长于诗歌的，尤其是擅长律诗。他“诗文援笔立就，公卿士大夫群器重之”[1]。在他遗留下来的残存诗篇中，七律和长律占绝大多数。这些诗作，大都反映了他贫困潦倒、不得志的生涯。其中七律《移居诗》六首，是他比较典型的生活片段写照。

七律《移居诗》六首，写于清顺治四年（1647），萧云从时年五十二岁。诗有小序云：“畴昔小筑于东皋，则迩王处仲（晋王敦）梦日亭也。甲申后为镇兵是据，逐毁精舍为圉枥，至丁亥秋始得携儿子担书笥，薅秽葺垣，略蔽风雨而家焉。惟乱离迁播，亲友凋残，触景内伤，忽然哀愤，溯其凄戾，横集无端，况予老矣病矣，无能为矣，穷途日暮，情见乎词，得诗六首。”诗中说自己“鬓短霜繁潦倒甚，杖藜挥泪过荒墟”“身经迁播皆萍梗，一有吾庐更有愁”。生活的煎迫，人世的离乱，使他过早地衰老了，然而他并不消沉气馁，依旧是“衰年强起凭高望，赋得鹏云万里抟”“老病风前犹种药，伤心雨后亦栽花。生长贫贱原非隐，未许青门学种瓜。”[2]他的诗文不轻易示人，卒后门人辑残篇成帙，为《梅花堂遗稿》（萧云从筑室种梅，称“梅筑”）。此稿曾藏于芜湖沈家，后失传。清代黄钺后辑萧云从和汤燕生的诗，为《萧汤二老遗诗合编》，收在黄钺的《黄勤敏公全集》里。

萧云从一生不得志，但并不甘寂寞。他在一幅山水长卷中有这样一段自识：“河阳李唏古，年近八十，多喜作长图大障，至为高宗所眷爱，爰题其卷曰‘李唐可比李思训’。余草野中人，无缘献纳，虽衰年，犹不肯多让古人，于是极力经营，勉为此卷，藏之以俟知我者。”[3]一百多年后，这幅山水长卷得到乾隆皇帝的赏识，为

[1] 《（康熙）太平府志》卷二十八《人物》下，清康熙十二年（1673）刻本。
[2] 《（民国）芜湖县志》卷五十九《杂识·诗》，转引自黄钺辑：《萧汤二老遗诗合编》，《壹斋集》，黄山书社1999年版。
[3] 转引自黄钺《画友录》及《（嘉庆）芜湖县志》卷十九《艺文志·记上》。

之题诗称赞。从此以后，江南士大夫争访萧家巷老屋（即今芜湖市东门肖家巷），到处搜求萧云从的画作。有个叫王宏（字于高）的人，投世所好，取萧画伪作牟利。萧云从可以说是死后扬名的。

清初，萧家一门多画家。萧云从的胞弟萧云倩，字小曼，明崇祯十二年（1639）举人（与云从同科），年少俊才，画山水似其兄。萧云从的儿子萧一暘，字梦旭，工画酷似其父，诗也写得很好，有题画诗云："野菊花全谢，霜林叶半残。茅屋人独坐，未作布袍寒。曳杖来何处？孤亭在翠微。一条黄叶路，带得白云归。村雪已迷路，推窗对古梅。今年春信早，树杪一枝开。"[1]萧云从的生前好友方兆曾（字沂梦，号省斋，先世歙人，寓芜湖）称其画高尚绝俗，笔墨文雅，不坠阿翁家法，并赠诗云："念尔趋庭时，丹青未曾亟。毫端妙天授，岂复籍矜式。此事关性灵，尤当扩胸臆。诗书破万卷，眼界空四国。苍莽落吾手，变化孰可测。此系阿翁言，予兹尚能忆。汝今体此志，艺林故高特。"[2]此外，萧云从的侄子萧一荐（字盥升）、萧一萁（字位歆）、萧一芸（字阁友、亦作阁有），并称"三萧"，皆工画，有画作流传于世。大约到了萧云从的第三代，家学失传，门庭冷落，据说，"后人仅担水夫，老病不足自活"[3]。

清康熙十二年（1673），萧云从卒于家，终年七十八岁[4]，葬

[1] （清）黄钺：《画友录》，见《壹斋集》，黄山书社1999年版。

[2] 《（嘉庆）芜湖县志》卷十五《人物志·方伎》，清嘉庆十二年（1807）刻本。

[3] （清）陈康祺：《燕下乡脞录》卷十五，民国《清代笔记丛刊》，上海文明书局石印本。

[4] 黄钺《画友录》谓萧卒于"康熙七年己酉"，当误。据徐邦达《历代流传书画作品编年表》载，康熙七年（1668）萧云从尚有山水册十页、横幅（见清方濬颐《梦园书画录》），设色山水长卷（见徐邦达《古代书画过目汇考附目》），《春山按辔图轴》绢本（见《十百斋书画录》）。宋荦康熙八年（1669）写的《谪仙楼观萧尺木画壁歌》仍谓"当今画壁数何人，鸠兹萧叟称奇特"，分明萧云从还健在。况且康熙七年的干支纪年为戊申，而非己酉。此据吴荣光《历代名人年谱》、张惟骧《疑年求汇编》、姜亮夫《历代人物年里碑传综表》。

在城西严家山其父萧慎余墓地边隙。这里竹翠松荫，苍翳弥极，每逢春秋佳日，士人多游览其间，下马瞻拜，莫不仰止。据说，萧云从坟前的松树，很像他生前画的松树。清黄钺有首记萧云从墓的诗，云："短碣亲题篆籀工，严家山后翠重重。画工欲辨萧真本，记取坟前几树松。"并自注："萧尺木先坟在严家山，碑甚古雅，坟上松酷似其画。"[1]道光八年（1828），黄钺在赭山滴翠轩移祀宋代诗人张孝祥时，以萧云从、汤燕生等六名文人陪祀。光绪十九年（1893），袁昶（字爽秋，浙江桐庐人）任徽、宁、池、太、广道（又称皖南道）道台时，曾伐石立碣，将墓地修缮一次，因此，后来人们误传为"道台坟"。宣统元年（1909）再度修缮[2]。近五六十年来，由于芜湖市发展，墓地周闹开路筑房，逐渐成了繁盛之区。1954年芜湖大水时，坟地开始有人建房居住（今新芜区扶风里44、45、46、47号民宅地），然而该地至今仍约高出四周一米左右，墓地遗址依稀可寻。

（本文原载《安徽师范大学学报·哲社版》1979年第3期）

[1] （清）黄钺：《于湖竹枝词》，见《壹斋集》卷七。又见《（民国）芜湖县志》卷五十九《杂识·诗》，同见《壹斋集》。

[2] 汪畸：《重修萧处士墓碑记》，见《（民国）芜湖县志》卷三十七《古迹志·宅基》，1919年石印本。

萧云从里籍及生卒年考

顾平

萧云从，字尺木，17世纪中国最著名的画家之一，姑孰画派领袖。精于山水，亦擅人物。萧云从为皖南诸画派[1]中早期画家，其绘画对皖南诸画派的形成与发展曾产生过一定的影响。萧云从绘画的影响还远及日本，日本南画的发展也与萧云从绘画关系密切。[2]

萧云从里籍与生卒年一直没有定论，现据相关文献资料及其传世绘画作品款识，分别予以考证。

一 萧云从里籍考证

萧云从里籍有两种说法：一为安徽当涂，见之于张庚《国朝画征录》《图绘宝鉴》、窦镇《国朝书画家笔录》，以及《清史稿》等；一为安徽芜湖，见之于黄钺《壹斋集》及清代地方志、通行的书画字典等。那么他的里籍到底为何处？

---

[1] “皖南诸画派”一说来源于1984年5月在安徽召开的“渐江暨黄山画派国际研讨会”。“黄山画派”似比“皖南诸画派”更为准确，然因新安画派、黄山画派、姑孰画派均在皖南，不仅限于黄山一地，故称“皖南诸画派”。

[2] 见日人白井华阳：《画乘要略》，转引见芜湖市地方志办公室编：《芜湖人物志略》，第15页。

查最近于萧云从活动期间的地方志《太平府志》[1]（修于康熙十二年，即1673年），卷二十八，在“人物（下）”列萧云从为芜湖县文学类（另，非本县人物均列为流寓类），清清楚楚道出了萧云从的里籍——芜湖。

刻于康熙三十四年（1695）的《当涂县志》所记进一步证明萧云从为芜湖人不误。该志卷二十，“艺文（下）”载有萧云从同时代稍晚的著名文学家、画家宋荦《谪仙楼观萧尺木画壁》七言诗，其中有“当今画壁数何人，鸠兹萧叟称奇特……”称萧云从为“鸠兹萧叟”，对照康熙十二年《太平府志》“芜湖县沿革”，“鸠兹”乃芜湖古称。

宋荦（1634—1713），字漫堂，河南商丘人，清代著名文学家，擅画，著有《漫堂墨品》《漫堂书画跋》《论画绝句》等书画著作。宋荦《西陂类稿》卷二十六记：“谪仙楼题名，予识萧尺木在顺治乙未年，后十五年，为康熙己酉，舟过采石，登谪仙楼，观尺木画壁，作长歌纪事。”由此知宋荦这首七言诗作于康熙八年（1669），并在15年前，宋荦曾与萧云从谋面，应该所记不误。

既然明明白白记有萧云从为芜湖人，为何还有那么多文献称其为当涂人？主要原因出在其传世作品款识上，萧云从多数作品题有“于湖萧云从”，而于湖又视作当涂旧称，故定萧云从为当涂人。

那么于湖是指当涂吗?

我们再翻阅康熙十二年的《太平府志》，仔细看看当涂及芜湖的沿革情况。

从沿革看，在西晋时，于湖为芜湖、当涂两地共有，康熙三十四年（1695）《当涂县志》亦称：“于湖为当涂之东南，芜湖

[1] 本文所录地方志文献藏于南京图书馆古籍部，下不再注。

之东北，二县具有其地，不专属芜湖也。”并又说“曰混芜湖于湖为一者非”。这是考史，也正说明芜湖与于湖已约定俗成为一地了。

其实，这种约定俗成说法自宋代就已形成。当时的著名文学家张孝祥，因一生主要活动于芜湖，故其名亦称之为“张于湖”，并著有《于湖集》四十卷，芜湖当时还有张状元宅，建在县西南升平桥西并设有“归去来堂”。张孝祥死后墓亦葬于芜湖陶塘旁。[1]萧云从自称“于湖萧云从”，其意亦同。

清代晚期著名学者黄钺，一生也主要活动在芜湖，著有《于湖竹枝词》六十六首，皆写芜湖景致。黄钺亦善画[2]，他还是清代研究萧云从的代表人物，他的《壹斋集》中收入的《画友录》就定萧云从为芜湖人。

由此，凡记萧云从为当涂之文献均误，多数未详考证以讹传讹。

二 萧云从生卒年考证

萧云从生卒年文献没有明确记载，通行说法为：生于明万历二十四年丙申（1596）卒于清康熙十二年癸丑（1673）[3]，其正误现予以考订。

画家的生年即使文献上没有记载，但从作品著录款识以及传世真迹署款亦可推断出来，且不误。萧云从载于文献的和传世的作品

---

[1] 宋之后《芜湖县志》均有记载，不一一注其出处。

[2] 《南画大成》第四册载有黄钺一幅山水画，其画法类于萧云从。藤原楚水等：《南画大成》，日本东京出版社1935年版，南京师范大学美术系藏书。

[3] 此说通行于有关萧云从生卒年记载的各类书籍，不一一列举。

共有三百余件[1]，很容易考订其生年，当为明万历二十四年（1596）通常说法不误，现列举一二例以证之。

1.《石渠宝笈续编》[2]“乾清宫”册，著录萧云从《秋山行旅图》一卷，款为：“此画几十年矣，当时偶没之废册中，若不知有此，今予年六十有二，重一相遇，阅之不能复得，因以叹昔之胫力强壮，工细自适，谁谓画师必老而后佳耶？丁酉花朝题，钟山萧云从。”丁酉为1657年，是年萧云从62岁，推之当为丙申1596年出生。此图20世纪30年代初被日本人劫走，现藏日本东京国立博物馆，铃木敬《中国绘画总合图录》[3]影印全图，款识清晰可见。

2.《石磴摊书图轴》，图藏北京荣宝斋，《中国美术全集》[4]清代绘画卷录图，款署：“己酉初夏，七十四翁云从”。己酉为1669年，上推生年亦为1596年。

3.《虚斋名画录》[5]卷十记有《萧尺木山水轴》识曰：“胡公九十好林居，三十年前老秘书。……日从先生，长余十二岁。别三十年，偶来金陵。拜瞻几杖，年开九秩，人景秋千。犹镌小印，篆成蝇头，神明不隔，真寿征也。丁未九月区湖七十二弟萧云从诗画呈教。”丁未年为1667年，是年萧云从72岁，前推生年还是1596年。又“日从”即著名的十竹斋主人胡正言，安徽休宁人，后寓居南京，创制《十竹斋书画谱》《十竹斋笺谱》，胡生于万历壬辰（1584）[6]，向无疑义，他长萧12岁，萧应生于1596年。

---

[1] 本人已将之编成年表，俟发表。

[2] 乾隆敕编：《石渠宝笈续编》，乾隆五十八年（1793）钞本，南京图书馆古籍部藏。

[3] 铃木敬：《中国绘画总合图录》，日本东京大学出版社1983年版。

[4] 中国美术全集编辑委员会：《中国美术全集》，人民美术出版社1986年版。

[5] 庞元济著：《虚斋名画录》，1905年刻本，南京图书馆古籍部藏。

[6] 胡艺编：《胡正言年谱》，收入十竹斋研究部编：《十竹斋研究文集》，法律出版社1987年版。

另，萧云从还有两方印章，一曰："岁丙申生"（阴文）[1]，一曰："前丙申生"（阴文）[2]，亦可说明他生于丙申1596年。萧云从卒年定为康熙十二年癸丑（1673），则存在很多疑问，不知为何视为定论？

康熙十二年的《太平府志》为最早记录萧云从生平事迹的文献，是书近于萧活动的时间，其编纂者之一为当时芜湖知县马汝骁，应为可信。此书卷二十八，"人物（下）"萧云从条记："萧云从，字尺木，以崇祯己卯副榜充贡，伏处不仕，终日键扉，博古秘书，以经史自娱，所业不轻示人，人亦罕得识其面。诗文援笔立就，公卿士夫群器重之。轻世肆志，每发其意于墨，妙画屈子《离骚》与《太平山水图》，曲尽其致。平居，染翰落笔，云烟生楮素间，能备诸家之长。四方好事者得其真迹，如获奇珍，故萧画名海内，几不胫而走，自署无闷道人，年七十余卒于家，学徒辑残编成帙，为《梅花堂遗稿》。"

是书虽刻于康熙十二年（1673），但所记之事止于康熙十一年（1672）底，在凡例与户口统计中都明确说明了这一点。且学徒辑残编成帙也需要相当一段时间，志中文意也似萧去世已有一段时间，由此，通行说法卒于1673年便不能成立。志中所记萧"年七十余卒于家"，那么萧云从卒年应在1665年至1672年之间。

其实，在编纂《太平府志》的同时，马汝骁也在主修《芜湖县志》，成书于康熙十二年（1673）底的《芜湖县志》所记萧云从事迹与《太平府志》基本一致，但更细，兹全文录下，以进一步佐证《太平府志》所记不误。此书卷十"人物文学"载："萧云从，

---

[1] 此印见萧云从《秋林出云图》，陆心源著：《穰梨馆过眼续录》卷十三著录，光绪十七年（1891）刻本，南京图书馆古籍部藏。

[2] 此印见萧云从《山水轴》，《虚斋名画录》卷十著录，见本书12页注4；另萧云从《三清图卷》亦用此印，图藏上海博物馆。

字尺木，中崇祯己卯乡试副榜第一选贡，避也不仕，结庐东廓，日以琴书自娱，所为诗文援笔立就，大都以富有为集，精于律历，六书之学，阴阳术数靡不考究，末年书法愈佳。云从□综技艺，特妙丹青，尽离骚经、太平山水图册，人咸拟之文沈。晚以足疾不窥庭户，人士造其门者，罕识其面，所为书往往秘不示人，多致散失。卒，门生张秀壁、朱长芝取其残编，整比成帙，名曰‘梅花堂遗稿’，从弟云倩，字小曼，少亦以文学中崇祯己卯乡试，而最知名，蚤卒。”

那么萧云从到底卒于何年？

乾隆《芜湖县志》[1]卷末“志余”方省斋条记有一则十分重要的文献：“方省斋，芜湖侨客也，己酉秋寓邗江，一夕梦入萧尺木斋头，尽出其《易存》《字学》《韵谱》诸书，点次手授，情境与生时不类，觉大异之，纪其事于简末，且与诸同人言及，不三日凶问至，盖其平生服膺，及于化去，犹精英相感如此。”

查康熙十二年《太平府志》卷二十九人物志“流寓”：“方兆曾，字沂梦、号省斋。其先世新安莫考，兆曾流移避地（芜湖）。……萧云从尺木暮年一见，深契之，辄以不朽事相托。……又尝客游邗上，与征逐者绝迹往来……”

邗江即今江苏省自江都西北至淮安之运河，古时又称扬州为邗江。方兆曾为萧云从的密友，感情笃深，在邗江一梦的记载也有其合理性。根据这则文献，萧云从的卒年应为己酉秋，即康熙八年（1669）。这既与1665年至1672年间相一致，又符合“七十余卒”之记，因为是年萧云从74岁。

[1] 刘瓒修，陆纶纂：《芜湖县志》，清乾隆十九年（1754年）刻本，共二十四卷。

其实，黄钺在其《画友录》[1]中就记有萧云从“卒于康熙七年己酉，年七十八”。此“己酉”正与上则文献所记一致。但是后人为什么不能服膺黄钺的“己酉卒”的记载呢？原来是黄钺把“康熙八年己酉”记成了“康熙七年己酉”，后又缀上“年七十八”与“年七十四”不符，使人们对此产生了怀疑，而偏信于卒于“年七十八”的结论。再以画作推断出的正确生年1596年为起点，七十八岁恰为1673年，故是年便被定为萧的卒年，一直误传下来。

黄钺的记载并非一时疏忽而把“康熙八年”记成了“康熙七年”。查阅黄钺著作发现，他的纪年方法与常法不一致，他把立朝单算，第二年视为元年，如同我们今天的民国纪年，1911年辛亥革命，1912年却被定作民国元年。在黄钺的《画友录》中还记有“乾隆三十八年甲午”恰当通常所记“乾隆三十九年甲午”相差一年，所以黄钺的“康熙七年己酉”正确地记录了萧云从的卒年时间。反而是“年七十八”不知缘于何据？

既然定萧云从卒于己酉1669年，那么1669年以后就不能再有萧云从的作品或著录，否则必为赝品，这应为常识。查阅各种文献及公私藏品，尚有“壬子”（1672）两幅作品，一为文献著录，一为藏品，那么这两幅作品到底是不是萧云从的作品呢？

《陶风楼藏书画目》[2]记有“清萧云从山水轴”。识曰：“夏山逸隐多真乐，雨欲潇湘时读书。壬子冬尺木山人萧云从写于清茶谈话之轩。”因是著目作品，我们今天已无法见到画面情况。但从款识上看，仍存在许多仿作的疑点：第一，在萧云从的画作以及诗文中从未见过“清茶谈话之轩”的记录；第二，萧云从在署款中也

[1] 《画友录》收入在其文集《壹斋集》中，光绪刊本，南京图书馆古籍部藏。黄宾虹、邓实编：《美术丛书》，江苏古籍出版社1986年版，第197—203页。

[2] 汪汝燮著：《陶风楼藏书目》，国学图书馆1932年版，北京图书馆藏书。

未曾用过“山人”二字，只有“石人”“渔人”“道人”等款。萧云从老年有足疾，人们罕识其面，更不可能再署“山人”之款，“尺木”为其字，与“山人”连在一起也难以说通；第三，萧云从晚年作品常署年岁款，并有“钟山梅下”“钟山老人”等款。由此，我认为可以断定此幅当为赝品。

另一幅作品收录在郑振铎编纂的《明遗民画续集》[1]（又名《域外所藏中国古画集之七》）上。是书第68页载有“萧云从问津图扇面”。上题“问津图，壬子仲冬，尺木萧云从”。此书从南京图书馆古籍部查得，纵观全图，用笔用墨刻板无神韵，与萧云从晚年作品大相径庭。款识书法也较稚嫩。如非仿作亦当为萧云从少年时代作品[2]（因壬子年既为1672年，亦可为1612年，是年萧17岁）。凡见此画者均可断定必不能为萧云从晚年之作。

既然已经否定此二幅作品为萧云从晚年真迹，那么便从另一个侧面说明萧云从卒年当为康熙八年己酉（1669）。

（本文原载《新美术》1999年第1期）

---

[1] 郑振铎：《明遗民画续集》，1947年影印，南京图书馆古籍部藏。

[2] 邵松年：《古缘萃录》，光绪二十九年（1903）石印本，南京图书馆古籍部藏。卷七载“萧尺木青山高隐图卷”，题曰“少时习业之暇，笃志绘事，寒暑不废……”知云从少年时代即学画，17岁有作品留下来也是可能的。如王希孟《千里江山图》即为其18岁时作品，流传至今。

萧云从山水画艺术风格研究

顾平

十七世纪，中国绘画中心曾一度移至安徽南部一带，从而形成了在中国绘画史上颇具影响的皖南诸画派。萧云从属于这一时期较早且成就突出的画家，以他为领袖的姑孰画派[1]与当时的新安画派、宣城画派共同构成皖南画派的中坚力量。

萧云从一生创作了大量山水画作品，据文献著录及公私收藏计有三百余幅[2]，这些作品或长卷巨幛，或尺幅册页，多写家乡山山水水，把画家对自然山水的真切感受和对人生的态度通过画面传达出来。

研究和归纳萧云从山水画艺术风格较为困难，他经常用变化的风格作画。但作为一个成熟的画家，在他运用不同方式来表现山水之景时，总有一种趋于一致的风貌，无疑，萧云从的山水画中也存在这种一贯的手法。本章节从其传世作品的真迹出发，结合萧云从艺术思想，力求揭示出属于萧云从个人风貌的特征。

萧云从也和明清之际的其他山水画家一样，首先从传统中寻找山水画表现的理与法。困难的是在萧云从的精品中很难用传统中

[1] 姑孰画派，因萧云从属太平府人，府址在当涂县，当涂古称“姑孰”（因城中有“姑孰溪”而得名），多数美术史著作，将“孰”写成“熟”，乃误。

[2] 本人编有《萧云从绘画作品编年》，俟发表。

的一种风貌探其源头。《国朝画征录》[1]说他“不专宗法，自成一家”，《清画家诗史》[2]引评曰“不宋不元，自成其格”。确实，萧云从在借鉴传统上是广师百家的。但仔细分析其作品画面并结合题跋，还是可以看出宋元人对他的直接影响。

一 萧云从山水画中的宋人传统

萧云从山水画受宋人影响是明显的，尤其是北宋画家。黄钺在《画友录》中就说他“工画山水、人物，具有北宋人遗法”[3]。

萧云从青少年时代，在读书求功名的同时，即热衷于绘画，而且十分用功刻苦，“笃志绘事，寒暑不废”[4]。其用功所在主要是对传统的借鉴。我们从萧云从出生时的传说[5]可推知：其父慎余亦懂绘画，且对北宋初年画家郭恕先（即郭忠恕，字恕先）情有独钟。萧云从学画，学北宋，学郭恕先，皆在情理之中。他曾刻过一方“郭恕先后身”[6]之印，既反映出他对父梦的敬仰之情，也说明萧云从十分喜爱郭恕先之画，而郭恕先的风格正反映出宋初山水画的一些特色。

在萧云从山水画作品中，有些是直接来自北宋人的风格。如1653年萧云从所画《山水图》八开，全用北宋法。款识或曰：“郭恕先为仙山楼阁，而李锦奴亦有此画，锦奴学思训，时号小李将军。”或曰：“万山飞雪，为营丘之笔，缩巨幅于一册，元磴磐

[1] 张庚：《国朝画征录》，上海人民美术出版社1982年版。

[2] 李濬之：《清画家诗史》，南京图书馆古籍部藏。

[3] 黄钺《壹斋集》中列有《画友录》一卷，多记萧云从生平事迹。光绪刊本，南京图书馆古籍部藏。

[4] 详见《青山高隐图》题跋，邵松年：《古缘萃录》，光绪二十九年（1903）石印本，南京图书馆古籍部藏，卷七著录。

[5] 详见黄钺：《画友录》，载其《壹斋集》中。

[6] 此印可见之《云台疏树图》《青山高隐图》等。

折，秀木凄寒，六月着腕，不减北风图也。”或曰：“关仝笔细若蚕丝，寸幅具百里山水之韵，愧老蒙不能尽其量也。”[1]1653年，萧云从57岁，山水风格基本形成，所以这些作品虽直接来自宋人，但多掺以己意。在置景布势上多受宋人的影响，而用笔用墨则全异之，且文人趣味也较宋人浓厚。《秋山行旅图》[2]为萧云从早期作品，山石勾勒挺直有力，皴法以披麻掺用斧劈，明显也多为宋人传统，尤其是柳树和房舍画法，用笔方直全出自宋人。《黄山松石图》[3]为他74岁时作品，用笔方直有力，皴法为披麻但又包含用侧锋刮出的痕迹，亦倾向于宋人风格。当然萧云从晚年作品追求虚恬，像《黄山松石图》这种在用笔用墨上接近于宋人法的作品是不多见的，多数作品只是运用宋画布势，长幅巨制气势撼人。

北宋山水以表现自然山水气势见长。通常以自然山水真实的景致构成感人的画面意境，唤起我们情感的共鸣。萧云从通过对北宋传统的师事，丰富了画面的表现形式，坚实了作品的骨格。

二 萧云从山水画中的元人传统

明末清初，中国山水画从继承传统的角度讲，几乎成了元人风格的一统天下。明末董其昌倡“南北宗”论，崇南贬北，南宗绘画成为效法的正宗。又因元人风格为最典型的南宗绘画，于是人人效法元人。客观上讲，元人山水较多抒情意味，尤是书法用笔的出现，笔墨愈加灵动活泼，远较宋人绘画更贴近文人的欣赏口味。文

---

[1] 图藏安徽省博物馆，八开分别为：《仙山楼阁》《松溪渔隐》《西台恸哭》《闭门拒客》《万山飞雪》《仿关仝》《学洪谷子法》《碧山寻旧》，下不再注。

[2] 图藏日本东京国立博物馆。铃木敬：《中国绘画总合图录》，日本东京大学出版社1982年版，影印全图。

[3] 图藏浙江省博物馆。

人出身的萧云从，不可能不师事元人的风格。

在萧云从的作品中，直接来源于元人画风的几乎没有。《停琴共话图》[1]虽较近于元人，也只是书法用笔及空灵的景象上类于元人。那空勾无皴的大石块叠垒，显然与元人风格迥然有别。但是萧云从在山水画用笔用墨上还是多从元画中吸取有益的养分。《百尺明霞图》[2]虽在设景上与宋人相近，但用笔及皴染全用元人法，其线细柔而内含，皴法与松树画法受王蒙影响较大，杂树则类于黄公望。《设色山水图》[3]画江南芜湖之景，用笔亦以元人法为之。

萧云从山水特重用笔，这也是受元人影响之故。在《深山溪流图》跋中，他说："第世人画山水务墨气而不知笔气，余见大痴全以三寸弱翰为千古擅场。"[4]由此可见，他是从元人画中悟出用笔力古势健之理的。

在萧云从山水画中，固然骨体上多与宋人相近，但在大的石块中他喜勾添一些小的石块，而这些小的石块恰来自元人的方法，只不过萧云从将其圆形土质变为方形石质。《秋山读书图》[5]是他63岁时作品，近景树石造型多有宋人遗意，但中景及远景小石块的垒叠及点插的杂树则为元人画法，尤其是远景上的小树画法与黄公望的《丹崖玉树图》完全一致。

萧云从在借鉴和吸收元人的画法时，和学习宋人法一样，总是将其形式化为自己所用，并非刻意摹古。所以，我们从他的作品中很难找到元人的某家某法。但这不能说明萧云从画中没有元人的影响。

萧云从对元人风格的师法还体现在画面意境表现上。萧云从为

[1] 图藏上海博物馆。
[2] 图藏上海博物馆。
[3] 图藏辽宁省博物馆。
[4] 转引自王石城：《萧云从》，上海人民美术出版社1979年版，第6页。
[5] 图藏天津艺术博物馆。

明末清初高士，“诗文援笔立就”，是位颇有才学的文人画家，这一点他与“元四家”十分相近。云从晚年画面追求虚恬超脱境界更是近于元人。所以元画中这种对意境传达手法的运用多给萧云从以启发。《停琴共话图》画二隐士坐于松下倾心交谈，二棵老松喻二高人圣洁的品德，与款题之诗：“玉露涵秋茗挖深，清溪拂草趋闲心，停琴共话商山乐，转得松风万壑吟”相表里。此乃元人所开意境表现法，为萧云从所灵活运用。《秋山读书图》画秋天的景致，长松下有茅屋二间，一人侧身弹琴，一人正面端坐听泉声而读书，琴声和泉声并存。右上角题诗：“林间营草屋，石上有流泉，静坐复何虑，端心挥五弦，读书还太古，种树径口年，目极秋云外，情深霜叶边，野人爱山水，半壁写寒烟”，画面意境清晰明朗，这也是元代才开始出现的一种意境表现法。

三 萧云从山水画艺术风格

萧云从山水画艺术风格的形成，除了受宋元传统影响之外，应还包含其他方面因素的作用。比如萧云从的艺术思想，萧云从对周围自然山水的感受等。萧云从完整的艺术思想我们已很难从文献及他的作品款识中捕捉出来，但画面风格的个性特征以及画面意境特色都体现出他艺术思想的倾向性。萧云从一生较少远游，皖南诸景是构成他画面的主要形象，他对皖南山水的独特感受也是构成他艺术风格的一个重要方面，所以虽崇尚北宋山水结体，但总是离不了皖南，尤其是姑孰一带景色的影子。

《国朝画征录》说他的绘画风格：“不专宗法，自成一家，清快可喜。”乾隆帝在《秋山行旅图》上题有“几点萧萧树，疏皴淡淡山。”对照萧云从前后各期作品，这些评价是十分恰当的。下面我们从笔墨、章法、意境三个方面来仔细探讨一下萧云从山水画的风格特色。

1. 笔墨运用

萧云从特别注重用笔，他在赠友人方兆曾《深山溪流图》款识中说："第世人画山水务墨气而不知笔气，余见大痴全以三寸弱翰为千古擅场，虽复格纤皴以蒙茸杂乱，而力古势健，流览而莫尽者笔为之也。"他要求用笔"力古势健"，如此方可"流览而莫尽"。在一幅仿关仝《山水图》上他题有："关仝笔细若蚕丝，寸幅见百里山水之气韵，愧老朦不能尽其量也。"也是讲用笔要如春蚕吐丝，细柔而有内力。在他撰写的《太白楼画壁记》[1]中，他甚至把作画视为作书："余但知为书，不知其为画也""吴道玄之画受笔法于张旭，李龙眠书画精妙，黄山谷谓书之关窍透入画中"。可见萧云从是何等重视用笔之法的。

1669年萧云从已74岁高龄，他为友人方沂梦作有一幅《山水长卷》[2]特重笔法，方沂梦在尾跋中题有：

> 尺木先生尝教予以六法矣。曰："世人知有墨气，而不知有笔气，故浓淡远近以语境界则可，而情致风韵，飞运腕之妙不能出也。"予虽领其言而未获，顺其意，每用自歉。今观此卷，姑无论丘壑布置亭馆安顿之妥，想见握管挥毫时，实有一种自得之趣，令人不可企及者，笔为之也。先生游心此道凡五十余年，而后入是三昧，岂近日偶然磐礴者所仿佛。秘此卷，在其矜慎之。省斋方兆曾漫识。

他的山水画喜用细而遒劲的笔勾勒山石树木结构，十分清快。

---

[1] 见《萧尺木绘太平山水图》跋文，清顺治刊本，南京图书馆古籍部藏书。

[2] 图藏美国洛杉矶博物馆。陈传席：《海外珍藏中国名画》第八册录图，天津人民美术出版社1998年版。

这种细笔勾勒可能也有吴门画派文徵明的影响，但他的细笔与文的不同，文徵明细笔加细皴，而萧云从细笔勾勒之后皴法清淡且多以侧笔皴擦，故较之文徵明更加利索而清爽。

萧云从画面墨色变化较少，勾勒用浓墨，皴染用淡墨，几乎没有中间调子。但他画面中喜用疏密不同的浓墨苔点，这种墨点在董源的作品中较为多见，元之后画家亦常用之。但他们用在山头，且以竖点或大混沌点为多。萧云从因为画面缺少灰色，他常以小圆点（亦有鼠足点）贴山石结构点之，这样，画面既得到了丰富，又增强了山石的力度。在墨法上他受元人吴镇影响较大，乙酉年（1645）他曾仿吴镇作山水一幅[1]，全以墨点为之。

2. 构图设景

古人作画极重构图，龚贤说：“先言笔法，再论墨气，更讲丘壑，三者得则气韵生矣。”[2]萧云从山水画的构图繁景较多，这可能缘于早期他热衷于北宋人传统所致。但他的画面景物虽多，却不用繁密细碎的描绘，他善于以多变的丘壑，蕴藉的烟云，参差的林树，飞流的泉溪作大块面组合，使得本该繁稠的画面、狭小的天地出现满纸清快之感，创造出构图繁而有序，多而不满的妙境。

萧云从72岁所画的立轴《百尺明霞图》最能体现这一特色。通幅崇山峻岭，颇类于北宋人设景，但在皴法上，一变宋人法而以元人王蒙法为之，且淡而柔曲，使得本来十分塞迫的画面变得清爽可喜。为弥补少皴而觉画面空洞之不足，他又通过千千万万个小墨点疏疏密密地布满画面，画面既显充实又活跃了气氛。烟云绵邈之

[1] 图藏日本黑川古文化研究所。铃木敬：《中国绘画总合图录》，录图，日本东京大学出版社1982年版。

[2] 详见龚贤：《半千课徒画说》。载俞剑华：《中国画论类编》（下），中国古典艺术出版社1957年版。

景、虚恬宁静之韵凸现而出。

1653年，萧云从所画《万山飞雪》山水册页，在构图上给人的感觉亦如此。画面山石相叠而出，婉转而变化，远观之亦为大景山水，云从通过简化皴法和弱化树的枝叶等方法使得画面景多而空灵。这正如他所说的“至奇之山须以至灵之笔写之”[1]，这至灵之笔是他处理至奇之山的一种特殊手法，乃云从自得之法。

在大的章法上，萧云从喜用“S”形定其大势，这种构图法极利于表现传统章法中的“起、承、转、合”。萧云从在运用这一手法时特别巧妙，以至于不作细心分析颇难会意。起手处他喜用树木为之，其中松树尤多，然后以树梢“承接”中景。中景为画面主体，较多变化，所以“转”字在中景最见功夫，可以说在他的精品中，每“转”处皆可见其匠心。《秋山读书图》在大小山石上杂树丛生，向右“转”出一泓清泉；《停琴共话图》以一间房屋为“转”，屋宇的直线造型恰与通幅曲线形成对比，醒目而跳跃；《百尺明霞图》之“转”就更为丰富复杂，给人有品之无穷之感；《西台恸哭图》以人物作为“转”的对象，突出画面主体。萧云从画面“合”处通常为题款。云从极善书法，各体兼备，晚年愈加高古。加上他出众的文学才华，他的款识多为点睛之笔，从而给面画以完美的一“合”，幅幅如此，无一例外。尤其值得称道的是，他的题款所用书体常随画面用笔变化，且都能相得益彰，互为映衬。《秋山读书图》用笔随意奔放，款题以行草为之，灵动活泼；《停琴共话图》用笔简古清爽，款识书法用笔亦多庙堂之气；《百尺明霞图》画面用笔虚恬超逸，其款用笔天真率意，外拙内敛；《山水图》八开，用笔细腻谨严，其题款书法工整秀美，一丝不苟。

[1] 渐江《黄山图册》60幅，萧云从跋文，图藏北京故宫博物院。

3. 境界

中国山水画的境界可分为三层。首先是形式境界，亦即画面形式的组合所构成的境界。这类似于西方画面之构成，追求的是画面形式元素所呈现的画面韵律。讲究点、线、面的组合，崇尚画面黑、白、灰的变化。第二层境界是指山水画表现出的时空境界。主要是指山水、树木、屋宇、舟船等在画面中所占空间，以及朝夕、阴晴、雨雪、春、夏、秋、冬等时间变化所呈现的瞬间景象。这一层境界，宋人特别擅长。画家须通过长时间地深入自然，体察山水的变化，可谓“座究四荒”方可得此境界。第三层境界为精神境界，也是最高境界，通过形式境界和时空境界的共同作用，使得画面传达出来某种撼人心灵的意境。一个成功的画面都应包含这三种境界，但侧重不同。萧云从山水画在境界追求上是通过前二层境界的叠合，最后以获得精神境界为指归的。

萧云从画面形式境界的追求有其个性特征。从黑、白、灰色的形式因素组合上讲，他常以浓墨为黑，以留空为白，灰色调通常由皴擦体现。从整个画面讲，他的灰色有时通过线和点的疏密变化来呈现，密集处趋浓，稀疏处近灰。萧云从不追求色的局部起伏变化，通常以大的倾向色平涂画面，整体上看既协调一致而又变化多姿。在点、线、面的处理上，萧云从特擅用线，线是其画面的主干，有的山石树木，他仅以线勾之，不皴或少皴。面的运用体现在以侧锋皴擦的石纹和平涂的色块。点也是萧云从构成画面的重要元素，点不仅起到与线、面的对比作用，他通常还用点来统一画面，活跃气氛，尤其是晚年作品，点的运用极为灵活多变，《百尺明霞图》最为典型。

我们在分析他的构图时就已提及过他对时空的处理。在空间表现上，萧云从多以皖南，尤是芜湖周围山水入画。皖南为丘陵地带，出现在萧云从山水画中的空间景象也多低山矮岗，连绵起伏。但为表现山水气势，他有时也用长幛飞瀑来处理空间。在时空境界表现上他既有宋人的影响，也存元人遗意，但更多他自己对真实山水的切身体察与感受。《设色山水图卷》即画皖南之景，山清水秀，景色宜人。

在精神境界表现上，萧云从画面有两种大的倾向。一种倾向于对自然山水精神的表现，即第二层境界占主导地位，这是受北宋山水风格的影响所致，多见于他早期的山水作品。《秋山行旅图》完全是一种对自然山水之美的颂歌，此景乃皖南之典型风貌，可知画家因倾心于家乡山水之美才得以呈现出画面。早期所画《太平山水图》43幅，其境界也多有这样倾向。另一种倾向是借山水之景寄托自己的精神表现，这在晚年作品中最为常见。《闭门拒客图》通过山水之景，传达出子固爱山水胜于爱世事之情，侧面反映出萧云从的隐逸思想。《秋山读书图》画秋山红叶，清泉长松，读书绰琴，真乃“静坐复何虑，端心挥五弦，读书还太古，种树经口年，目极秋云外，情深霜叶边，野人爱山水，半壁写寒烟”，这正是萧云从晚年心理思想的真实写照。《百尺明霞图》虽对自然山水竭尽刻画之能事，但长松下一老者端坐，桥对面一侍童放鹤，充分表现出一种隐于深山的高士心态。这幅画虽然以第二种倾向为主，但其中也包含着第一种倾向。

萧云从以其独特的笔墨形式和意境追求创造出属于自己风格特色的山水画作品。总结一下他的艺术风格，那便是：萧云从喜用细柔之线勾勒山石树木，清爽而利索，山石之形方多圆少，形之中施以淡皴，复以侧锋擦之，力古势健，清快可喜；喜作立轴长卷，或竖长或横展，景大韵深；又多借山水真景表隐逸之情，虚恬超俗，一片世外烟火。萧云从作品整体上给人的感受是清爽韵秀，洒脱逸致。

（本文原载《南京艺术学院学报·美术与设计版》1999年第3期）

萧云从乡籍考辨

——兼与陈传席先生商榷

李丛芹　刘诗能

陈传席先生是一位受人尊敬的卓有成就的美术史专家。1986年陈先生在美国访学期间，得窥萧云从《太平山水诗画》全豹，为“济学术界之急”，全部复印带回，并“略作一些说明”后，交安徽美术出版社梓行，遂使这套绝版三百多年的画谱重新与读者见面。但陈先生在该书中对萧的乡籍重加稽考，以为“国内外的学者对这一问题皆搞错了”，也就是说萧是当涂人，而“国内外学人，甚至1986年在芜湖召开的纪念萧云从诞生390周年的学术讨论会，皆以萧为芜湖人，实乃不考之误，或过于轻信了乾隆帝及其近臣的妄语”[1]。事实是否真如陈先生所言？细读陈文，其认定萧为当涂人的主要理由有四条。其一，萧氏自称“于湖萧云从”，而于湖就是当涂，所以萧自然是当涂人。其二，“黄钺在《画友录》前赫然题着‘当涂黄钺左田著’（左田是黄的字），卷首小序也明白写着‘乾隆乙卯年，余综同里诸君，暨国初诸老之善画者，为《于湖画友录》一卷……’真是明白如火”[2]。黄氏自己是当涂人，与其“同里”的萧云从必然是当涂人。

---

[1] 陈传席编著：《萧云从画谱》，安徽美术出版社1995年版，第6页。

[2] 陈传席编著：《萧云从画谱》，安徽美术出版社1995年版，第5页。

其三，萧云从开创的画派被称为“姑孰画派”，而“中国古代的画派皆以创始人的原籍命名”，姑孰为当涂古称，无疑萧是当涂人。其四，就萧氏《太平山水诗画》之“跋”，“以经解经”。以上高论间有征引，言之凿凿，但深加推究便觉得武断、臆测，完全不合实际。今不揣浅陋，逐一辨析，尚祈陈先生及读者匡谬。

在正式论述之前，有一点须加澄清。陈先生以为，萧云从是芜湖人这一说法，“其源出于清代乾隆时的既是萧云从的研究专家又是萧云从的同乡黄钺”[1]。而在此之前，宋荦、方观承早有申述。尤其宋荦《谪仙楼观萧尺木画壁歌》曰：“当今画壁数何人？鸠兹萧叟称奇特。”鸠兹乃芜湖古称。他还在《谪仙楼题名》中称：“予识萧尺木在顺治乙未，后十五年为康熙己酉，舟过采石，登谪仙楼观尺木画壁，作长歌纪事。”[2]可见宋与萧为旧相识，且都精诗善画，似应有过深切的交流，对彼此的乡籍应不会弄错。因此，“萧云从是芜湖人这一说法”应出于当时与王士祯齐名的精鉴赏、善诗画的宋荦。

以下条分缕析。

首先，萧云从到底是何处人，“不论找出多少证据，查出多少文献，总不如萧云从自己所说为确。因之，有了萧自己所记无须博引旁征”[3]。于是乎，陈先生抓住“于湖萧云从”大做文章，并轻率地认定于湖就是姑孰，即今天的当涂，这样一来萧的乡籍便无可争辩地归于当涂。所以问题的关键便归结到“于湖”所指上。若于湖确指当涂，陈先生的结论便令人折服，若相反，就要推倒重来。陈先生讲“后人所说的于湖就是当涂，这在各种文献中所记皆甚清”。可事实正好相反。翻开《太平山水诗画》，描绘当涂山水

[1] 陈传席编著：《萧云从画谱》，安徽美术出版社1995年版，第3页。
[2] 宋荦：《西陂类稿》卷二，清康熙五十年刻本，安徽师范大学图书馆藏。
[3] 陈传席编著：《萧云从画谱》，安徽美术出版社1995年版，第4页。

名胜的计15幅，繁昌的13幅，无一题记中言及于湖。而画家在芜湖《范萝山图》上作记曰："于湖范萝山出郭临江，所谓少尘事消客愁者也。"[1]又在《江屿古梅之图》上题记云："于湖旧传有古梅，耸峙干霄，放于十月，意即荆公之早梅耶。"[2]所言古梅虽已无存，而范萝山今为芜湖市委所在地，风影郁秀，可游可居。可见在萧云从看来，于湖即芜湖。而陈先生在给四十四幅画上题字、印章作初识时，似应注意到以上两条。实际上陈先生还忽略了一个重要事实：在历史上，与"于湖"发生密切关系的还有一位著名人物，即南宋的张孝祥。张孝祥（1132—1169），字安国，历阳乌江（今安徽和县）人，"寓居芜湖，因号于湖居士"[3]。张是和县人，因寓居芜湖便号于湖居士。对此，已故词学家宛敏灏先生详考云："孝祥别号于湖，当即因迁居芜湖关系。汉置芜湖县于春秋吴邑鸠兹（《左传》杜预注）。晋太康二年分丹阳置于湖县，其地本吴督农校尉治（《宋书》等）。两县同属丹阳郡。晋成帝时曾分于湖境侨置当涂县。至隋又废于湖县而并入当涂。于湖故城或谓在芜湖县东40里的咸保圩（《括地志》），或谓在当涂县南38里（《读史方舆纪要》等）。由于诸县几经废置和分属，故仅能推知其县治在今当涂与芜湖之间。芜湖县治徙于吴黄武二年，今为芜湖市（县治移湾址）。陆游《入蜀记》所称者即此。其因《王敦传》断句错误而称为'湖阴'者，温庭筠已谓'乐府有《湖阴曲》而亡其词'，可见前已如此。故一般久已视于湖、湖阴为芜湖的古名。"[4]又云"自宋以来一般已视于湖与芜湖为古今名。"[5]但陈先生称："于

[1] 陈传席编著：《萧云从画谱》，安徽美术出版社1995年版，第16页。
[2] 陈传席编著：《萧云从画谱》，安徽美术出版社1995年版，第19页。
[3] 马兴荣等主编：《中国词学大辞典》，浙江教育出版社1996年版，第87页。
[4] 宛敏灏：《张孝祥词笺校》，黄山书社1993年版，第140—141页。
[5] 宛敏灏：《张孝祥词笺校》，黄山书社1993年版，第97页。

湖是何处？《资治通鉴》‘晋太宁元年’记云，‘（王）敦（自武昌）移镇姑孰，屯于湖’。”[1]由此便确认于湖就是姑孰。如果于湖就是姑孰，《资治通鉴》就不会既讲“镇姑孰”，又讲“屯于湖”。查成书更早的《晋书》，其称太宁元年“夏四月，敦下屯于湖。太宁二年六月，敦将举兵内向。帝密知之。乃乘巴滇骏马微行，至于湖，阴察敦营垒而出。有军士疑帝非常人。又敦正昼寝，梦日环其城，惊起曰：‘此必黄须鲜卑奴来也。’”“于是使五骑物色追帝。帝亦驰去，马有遗粪，辄以水灌之。见逆旅卖食妪，以七宝鞭与之，曰：‘后有骑来，可以此示也。’俄而追者至，问妪。妪曰：‘去已远矣。’因以鞭示之。五骑传玩，稽留遂久。又见马粪冷，以为信远而止不追。”[2]北宋元丰八年（1085），芜湖东门承天寺方丈蕴湘据此募建“梦日”“玩鞭”二亭。梦日亭原址在今芜湖市鸡毛山，明嘉靖前毁坏，清咸丰后曾修火药库，今地名犹称“火药房”。玩鞭亭在县北二十里，屡建屡毁，至民国初仅存遗址。今秀立于芜湖市汀棠公园内的玩鞭亭，为1982年重建。另据县志记载，王敦当时在芜湖筑城垒墙，加强军备，规模虽小，名气却大，史称王敦城。很明了，“梦日”“玩鞭”的故事发生在芜湖境内，而《资治通鉴》所记与《晋书》或有出入，但“屯于湖”却是一致的。元吴师道云：“于湖玩鞭亭，晋明帝觇王敦营垒处。”[3]显然，于湖已等于芜湖了。而张孝祥早写有《满江红·于湖怀古》和《蝶恋花·怀于湖》，尤其后者是对“家山”芜湖的深情描绘。后人据“绕院碧莲三百亩，留春伴我春应许”两句，在陶塘（今市内镜湖）边建有留春园、留春茶社。黄钺也写有《于湖竹枝词》50

[1] 陈传席编著：《萧云从画谱》，安徽美术出版社1995年版，第4页。

[2] 房玄龄等著：《晋书》第一册，中华书局1974年版，第160—161页。

[3] 施蛰存、陈如江编：《宋元词话》，上海书店出版社1999年版，第696页。

首，全咏芜湖风物。黄氏还在《过莒州宿故芜湖县令张君肇扬家，留二绝句》中云："道经莒子城边过，假馆于湖旧尹家。"用"于湖旧尹"称原芜湖县令张肇扬，显然于湖与芜湖要画上等号。他还称："乌江后起秀，卜筑于湖栖。"把张孝祥寓居芜湖写成"卜筑于湖栖"，再次表明于湖就是芜湖。此外，施愚山《张来初吏部园林诗》有句云："平子归田早，于湖傍碧岑。"而吏部园林在芜湖，于湖亦显然是就芜湖而言。由此可见，于湖即芜湖已是不争的事实，是铁板上钉钉，更改不了的。而陈先生讲："大约一般学者看到'于湖'，便以为就是文献中的'芜湖'，其实二湖并非一地。"又云："后人所说的于湖就是当涂。这在各种文献中所记皆甚清。"[1]我们不知道"所记甚清"的是哪些文献？事实上，不是"萧云从为当涂人，无可置疑"，却是萧云从为芜湖人，难以辩驳。而和萧云从关系密切，且身居当涂四载的地方官张万选为萧所作《图画小序》中亦称"于湖萧子尺木"[2]，的确也"完全不会错"。相反，倒是陈先生自己真的"弄错了"。

其次，陈先生因黄钺在《画友录》前题有"当涂黄钺左田著"，同时就其序中"余综同里诸君暨国初诸老之善画者，为《于湖画友录一卷》"，而说明"同里"者必然是当涂人。并以为，如果萧云从是芜湖人，又怎么会成为当涂"同里"？"世界上竟有这样明显的矛盾吗？"因此他"苦思冥想，翻遍了当时的文献"，得出如下结论：因为"钦定"《四库全书》中说萧是芜湖人，黄钺畏惧文字狱的酷烈，不敢违反圣意，于是睁着眼睛说瞎话，"大讲萧是芜湖人"。但这样做于心又不安，便故意设下矛盾，以期后人能体察他的苦心，理解他的蕴意。如果事情确如所指，黄氏于九泉之

[1] 陈传席编著：《萧云从画谱》，安徽美术出版社1995年版，第4页。
[2] 陈传席编著：《萧云从画谱》，安徽美术出版社1995年版，第4页。

下应能开颜一笑。可惜陈先生不是他等待的“后世知者”。我们试加剖析：其一，《清史稿》《清史外传》等均称黄为当涂人，而黄亦自称为当涂人。但黄家清初已迁来芜湖，至黄已历数世。黄钺之子富民编次，并经黄氏“手自删定”的《黄钺年谱》称：“黄氏分源江夏本支，祖居徽州祁门左田村，宋末迁当涂，遂为当涂人。国朝顺治初年，先高祖州同职衔赠光禄大夫尔昌公再迁芜湖，因家焉。大人字左田，示不忘本也。”[1]黄自己也两次谈及迁芜之事。“我籍当涂家芜湖”，可以说，祁门是黄的祖籍，而当涂是其原籍，芜湖则是其现籍或家乡、里第。其诗云：“晓风吹我乡梦回，檐鹊为语荷花开。”而注中曰：“陶塘荷花以崇仙院门外为胜。”陶塘即今芜湖市之镜湖，故所云“乡梦”即指梦回芜湖。他在《马远园亭雪霁》诗中又云：“移我乡园情，玩雪湖山曲。一角山房中，围炉膝曾促。”一角山房在镜湖边，旧名桂园，后为马千之宅。故此处“乡园”亦指芜湖。此外，他在《廿四日消寒第五集，与子卿、补之兄自一角山房步至三昧庵》《己丑元日立春，子卿、骏生集人海归航，即席赋此》等诗中所称之“乡园”“里社”等皆指芜湖。而无独有偶的是，其夫人邵氏与他的情况极为类似。故《黄钺年谱》载：“先妣祖籍休宁，高祖迁芜湖，遂为芜湖人。”[2]因此讲黄钺是“芜湖人”，应不为错。黄氏死后，“当涂、芜湖绅士具呈公请入祀两邑乡贤祠，旋奉旨：‘准其入祀，钦此。’”[3]亦可以旁证这一点。所以“当涂黄钺”的“同里诸君”就不一定是当涂人。这一点黄自己也作了交代。他在《壹斋集》自序中称：“钺生九年，从同里钟实园先生游。”[4]而钟实园是何许人?“先生名

[1] 黄钺：《壹斋集》，黄山书社1999年版，第921页。
[2] 黄钺：《壹斋集》，黄山书社1999年版，第923页。
[3] 黄钺：《壹斋集》，黄山书社1999年版，第956页。
[4] 黄钺：《壹斋集》，黄山书社1999年版，第1页。

华，芜湖诸生，工行楷书，尝命大人署书‘松风堂’三大字，见者以为奇。”[1]黄钺也云：“吾师钟实园，芜湖老学究。”显然钟是芜湖人，而黄称其为“同里”，这就“明白如火”地印证了我们的分析，并能使陈先生的万千疑虑悄然冰释。其二，《画友录》著录画家72人，其中芜湖籍28人，外籍27人，寓居芜湖的外籍画家9人，里籍未详的8人，而在27位外籍画家中只有3位是当涂人。《画友录》原名《于湖画友录》，初编于乾隆六十年，当时黄氏46岁。因其“潦草付刻，存殁混淆”，所以作者后来又“因即夙所见闻，重为编次”，并题现名。应该说从《于湖画友录》到《画友录》所录画家有增无减。假如“于湖”即是当涂，而《于湖画友录》又“专记于湖画人”（余绍宋语），为何只收录三人？即便加上萧家四位也仅7人，这又“专”在何处？又如何说明“所录画人以于湖为中心”？而芜湖籍画家加上寓居芜湖的外籍画家多达37人，显然，黄氏所言“同里”是就芜湖而言，所言于湖即指芜湖。其三，乾隆在题萧云从的山水长卷中把萧定为芜湖人。但“钦定”并不一定就是向壁虚造，一者四库馆进献萧画《离骚图》，似应要奏明萧是何处人，而四库馆中也不乏饱学博闻之士。再者曹文植进献山水长卷，也应说明萧之里籍，而曹为徽商后裔，徽商又常涉足芜湖，所以对萧的情况应能了解。同时皇帝身边的侍臣也并非全是酒囊饭袋，因此，“钦定”萧是芜湖人未必就一定不对。其四，萧云从在《太白楼画壁记》中称，太平府知府胡季瀛“知余为老画师，折简相招”。太平府治在姑孰，如萧是当涂人，似不必“折简相招”。此外，萧云从去世后葬于芜湖城西严家山，其父慎余之墓亦在此。而其死后，“所居萧家巷，屋址犹存”。乾隆年间黄钺曾访其后人，

[1] 黄钺：《壹斋集》，黄山书社1999年版，第922页。

“仅一担水夫，旋老病死”。这至少说明萧家前后几代人均在芜湖居住。其五，黄钺所言“国初诸老”，《画友录》中能推知年代的除萧云从、云倩外，只方兆曾、释海涛、孙据德、韩铸、周翼圣几位基本相称。其中孙是芜湖人，其他4位皆为寓芜的外籍人。《于湖画友录》中诸老人数与《画友录》所载应大致相同，所以“国初诸老”与当涂无关，即使萧家两位算作当涂人，也只占少数，由此亦可推断于湖并非当涂。其六，萧云从有时称“区湖萧云从”，区湖在何处？区湖即荆山湖，在今芜湖市东南8公里处。该湖为芜湖古八景“荆山寒壁”的四大组成部分之一，明代以前湖面辽阔，大小荆山矗立其中，宛如出水芙蓉。而六朝以前，荆山湖的山光水色为芜湖最佳风景。南朝梁元帝《汎芜湖》写的就是此湖景色。元代历史学家、文学家欧阳玄延祐年间任芜湖县尹时也最爱荆山湖美景，因芜湖荆山与其故乡荆州荆山同名，曾咏有“三年楚客江东寓，每见荆山忆故乡”句。欧阳玄在芜时不畏权贵，清理积案，严正执法，修葺名胜，深得民众拥戴。后人为纪念他，遂将荆山湖取名“欧阳湖”，简称“欧湖”。黄钺一生亦多次游览、回忆、吟咏荆山之景，曾有“欧湖一碧明镜磨”云云，荆山的另三景为荆山寺、寒壁佛刻和朱园。其中朱园为明万历举人朱万爵所筑。朱氏抱节自高，隐居荆山，布衣蔬食，二十年不至都市。他与萧云从十分友好，故萧常往朱园探访，流连欧湖风物。朱氏死后，云从又游荆山，见人亡园圮，遂作《重过荆山朱家园》抒怀。而“欧”与“区”同音，“故将欧湖”写成“区湖”。这就再次锁定萧为芜湖人。陈先生文中也注意到“区湖”，他在“是知萧云从为于湖人”后，加括号说明萧“有时又自称区湖”。显然他以为云从自己把“于湖”擅自写成“区湖”，也就是说区湖就是于湖，此亦“不考之误”。其七，将萧云从归入当涂之说的代表人物，较早的恐怕要数蓝瑛、沈德潜、张庚三家。沈氏称：“尺木，名云从，当涂人，画泰岱、衡岳、匡庐、峨眉于太白楼壁中间。”[1]此处明显有误，尺木所画没有衡岳，而是华岳与泰岱、峨眉、匡庐四山。可见沈氏并未亲睹萧画，其云尺木为当涂人似亦耳食。至于蓝、张两家，黄宾虹先生早有驳斥：“今阅蓝瑛《图绘宝鉴》、张庚《画征录》，皆误芜湖人为当涂人。张又以太白楼画壁为五岳，尤误。黄左田《画友录》言蓝田叔称其画不宋不元，自成其格。张浦山称其笔亦清快可喜，皆评骘未当。”[2]可见三家之说均须再作推敲。最后再看萧氏《宿兹姥镇》诗。慈姥镇在当涂，而诗中云：“十里江声闻古驿，五更乡梦续寒衾，年来茅店听鸡唱，迷却羁魂逐好音。”身至兹姥，犹有“乡梦”，而“茅店”句明显从温庭筠“鸡声茅店月”化出，表明人在旅途，这就进一步表明当涂并非作者故乡。

再次，陈先生说：“中国古代的画派皆以其创始人的原籍命名，这是众所周知的。”[3]此说可以“扬州画派”“海上画派”等驳之。实际上，画派的命名情况比较多样，有的是按开创者籍贯而定，如虞山、娄东等；有的按风格与师承关系而定，如院派；有的又以题材的一致性来定，如黄山画派；有的则地名、师承、风格等兼而有之，如浙派、吴派等。即使是第一种情况，其范围也比较宽泛，多称州或府，不一定具体到县。如新安画派、岭南画派，包括浙派、吴派等等都是这样。而且不独画界如此，其他领域亦相类似，如清代词界就有浙西词派、常州词派和临桂词派之分，其名称虽都与开创者籍贯有关，但并没有具体而微。而以萧云从为代表的画派以“姑孰”命名，主要因为萧画所绘大都为太平山水，而“太平山水”包括当涂、芜湖、繁昌三地，不独在芜湖或当涂，同时姑

---

[1] 沈德潜：《清诗别裁集洲》（上册），岳麓书社1998年版。

[2] 上海书画出版社、浙江省博物馆编：《黄宾虹文集·书画编（下）》，上海书画出版社1999年版，第274页。

[3] 陈传席编著：《萧云从画谱》，安徽美术出版社1995年版，第4页。

孰自隋代作为当涂县治以后，宋元明清一直作为太平州、太平路和太平府的治所，故以“姑孰”名其画派，主要是就整个“太平”而言，并非局限于当涂县，这与把姑孰作为当涂的古称是有分别的。

第四，陈先生认为：以经解经乃是最可靠的方法，于是据萧氏《太平山水诗画》之跋展开宏论。萧跋云：“姑孰滨大江，攒石环冈，不数百里，而平遥铺芜，潆洄薮薄，地乏良杰，多得古人之流寓于斯者。如谢玄晖、李青莲，苏黄诸名夙，流连庚赞为无穷也……有玄览焉，则青山、采石、赤铸、丹丘……”[1]陈先生望文生义，断定萧云从“所说姑孰正是当涂，谢朓（玄晖）、李白（青莲）、苏轼、黄庭坚等的遗迹也皆在当涂，而不在芜湖。青山、采石、赤铸、丹丘皆当涂之景，而非芜湖之地。”[2]真是“乱点鸳鸯谱”。此跋是为《太平山水诗画》而作，所谓“姑孰”明显是着眼整个太平山水，因为《诗画》是应张万选“属于湖萧子足本，为撮太平江山之尤胜者”而绘。张“理姑四载所任之职为‘太平推官’”，亦非当涂县令，所以张要萧画“太平江山之尤胜者”，而不仅仅是当涂名胜。此其一。其二，谢朓、李白遗迹在当涂，而苏、黄遗迹则主要在芜湖。北宋元丰七年（1084），苏轼应芜湖东承天院方丈蕴湘之约，携幼子苏过自黄州乘船抵芜，为刚竣工的玩鞭亭和梦日亭题诗。他还在东承天院挥毫书下《湖阴曲》七古一首，又作有《吉祥寺看花》诗。在芜期间，他还与名士韦许相往还，结下友谊。黄庭坚与芜湖关系就更为密切，“绍圣元年六月丁亥，新知鄂州黄庭坚管勾亳州明道宫，于开封府界居住，就近报国史院取会文字，山谷遂寓家于太平州之芜湖”[3]。他在芜读书、访

---

[1] 陈传席编著：《萧云从画谱》，安徽美术出版社1995年版，第69页。

[2] 陈传席编著：《萧云从画谱》，安徽美术出版社1995年版，第4页。

[3] 黄庭坚：《黄山谷诗集》，世界书局1936年版，第7页。

友，直到谪迁涪州别驾、黔州安置。山谷自己寓居芜湖大约有半年多，而其家眷直到绍圣三年（1096）秋才离开。山谷在芜湖写有《芜湖县吉祥禅院记》《赤铸山》诗，并为县南丹阳乡石氏父子题刻二道墓碑。而芜湖相传有其三处读书遗迹，今赭山广济寺滴翠轩便为其一。相比之下，黄与当涂的缘分就浅得多，他只在崇宁元年（1102）六月，内迁知太平州，到任九天即被罢免。其三，赤铸、丹丘并非当涂之景，而赤铸在芜湖，相传为干将铸剑之地。此《太平府志》《芜湖县志》等记载甚清。今此山被辟为森林公园，山上犹有"志喜亭""淬剑池"等景观。由此可见，陈先生的"以经解经"恐怕是在雾里看花了。

综上所述，陈先生断定萧云从为当涂人的理由是站不住脚的，其论述亦多牵强处，似存"六经注我"之嫌。其书中还出现几处硬伤[1]，读之如骨鲠在喉。但他在《中国山水画史》第三版中将萧的乡籍做了更改，明显失之草率，我们诚请他在其巨著的下一版中，再做更正，这样一能明事实之所在，二能显学人之襟怀，三能嘉惠于艺林。

（本文原载《美术》2003年第1期）

[1] 如陈先生称黄钺"既是萧云从的同里，又是萧云从的门人，诗画学萧云从"。黄与萧相隔七十多年，如何称"门人"？最多是艺术上的继承而已。且黄画早年追摹董、巨，晚年学王原祁、王石谷，同时又借鉴武进恽氏画风，不独专学云从。其诗则深受韩愈、苏轼影响，所谓"平生爱学昌黎体""韩苏为奴仆"云云皆表明取向，更谈不上学萧。又如陈先生称《画友录》所记载的于湖画家，"皆是围绕萧云从的"。这与事实明显不符，检读《画友录》，除萧家几位外，只方兆曾、释海涛或受云从称赏，或蒙云从赠诗，其他如孙据德也只是说其与云从同时，"笔墨不让萧公"。其余几十人，不讲与萧云从毫无关联，至少不能说"围绕"。

萧云从采石太白楼壁画考评

刘诗能

明末清初著名画家萧云从，其一生创作出众多的艺术珍品，而尤以《太平山水图》《离骚图》《采石太白楼壁画》最为杰出，亦最具影响。但在这三件代表作中，前两者每为论者述及，而后者因早已毁败，常被忽略，像王伯敏《中国绘画通史》、楚启恩《中国壁画史》等均只字未提。实际上，萧氏此作，因其高超技艺和所涉人物，当时就已驰誉画坛、文坛。而今天研究它，其意义不仅在于辨析其制作情况和艺术水准，更在于作为文人画家所绘之大型壁画，在当时是绝无仅有的。有鉴于此，本文加以考评。

一 壁画创作的经过

采石太白楼，在安徽当涂县，今属马鞍山市，始建于明正统五年（1440），原名谪仙楼，顺治十四年（1657）毁于火。康熙元年（1662），太平知府胡季瀛“景仰前贤，从灰烬瓦砾中寻仙楼故迹”重建，“楼下萧云从绘壁，粮道周亮工易今名（即太白楼）”[1]。

---

[1] 转引自马鞍山市当涂县地方志办公室编：《李白与当涂》，1987年，第542页。

关于“绘壁”的起因，有两种文献至为重要：一是陈琰的《旷园杂志》，二是萧自己写的《太白楼画壁记》。《旷园杂志》卷上“名笔往役”条载：“胡季瀛守太平日，慕芜湖萧尺木能画，三访俱辞不见，胡怒。时新修采石矶太白楼成，遂于案牍中插入尺木名，摄之至，送至楼中，令白壁间若图成，即当开释。尺木年已七十余，方卧病，不得已画匡庐、峨眉、泰岱、衡岳四大名山，凡七日而就。遂绝笔。”[1]按陈氏所述，萧作此画为“不得已”而为之，即被迫而作。此事《国朝画说》等书均转载，黄宾虹在《黄山丹青志》中也深信不疑，近年出版的一些著作仍延其说。但陈书所记有两点失误：首先，萧所画为泰岱、峨眉、匡庐、华岳四山，而无衡岳。其次，胡季瀛1660年任太平知府，1662年重修太白楼，1663年修楼完竣，萧画应作于是年，时萧云从68岁，而非“年已七十余”。此时离萧云从弃箦（1673）尚差10年，这10年里他创作了《黄山松石图》等众多精品，何来“遂绝笔”？当然有人说，“遂绝笔”“是指画太白楼壁画七天完成，从此不再画壁画了”[2]。而据文意看，这种解释明显牵强。可见，《旷园杂志》所记未必完全靠得住。

再看画家自己的《太白楼画壁记》。文中说，胡季瀛在斯楼落成后，“诗文纪胜，倡和流连，锲之金石，传大雅焉。复简供奉集中有姑孰诸咏，出素所摹临晋唐宋元真楷行草，榜锓以矜式来学。是以星斗龙蛇，灿焉腾跃，又以供奉瞻泰岱、登峨眉，读书匡庐、飞杯华岳，古风高韵，不殁人间，则名山之胜，仙魄攸存。乃顾瞻四壁，粉若空天，欲秃笔貌之，以为迎神之曲，招魂之辞，巍然俎豆，知有谪仙人焉！时以郡务云集，不遑经营。知余为老画师，折简相招，且云：‘飞白泼墨，人生快事，但乘兴含毫，醉后

[1] 吴震方辑：《说铃》后集卷十四，清同治七年（1868）刊本，安徽师范大学图书馆藏。
[2] 王石城：《萧云从》，上海人民美术出版社1979年版，第9页。

能作草书。而无声之诗，非凝神定想，终难淡描。’是则先生知画者也。”[1]可见，胡氏精通八法，热衷歌咏，其所作《募建采石谪仙楼记事》亦具文采。又参看许岩光《重建太白楼始末》及《重修太白楼记》，可断定胡乃风雅之士，且于书画十分当行。如果他真因“三访”而引以为恨，那像画壁这种流芳百世的盛事，就不会让给萧了。萧为崇祯时副贡，曾参加复社。甲申后抱志守节，不仕清朝，所绘《离骚图》《闭门拒客图》《西台恸哭图》等“感慨系之”。作为一个遗民意识十分强烈的人物，对于自己的出处、交游均极考究，而时人和后人往往也据此做出评判。沈永壶撰《重麟玉册》，记述南明诸王史事，其中《李映碧（清）传》后附记中骂“江浙五不肖”之钱谦益、吴梅村、龚鼎孳、陈之遴、曹溶为“蒙面灌浆”之人，意即蒙着人的面皮却无心肝。那么说萧云从不与清朝知府为伍，不管有无依据，反正是锦上添花，能够突出他的人格魅力。而且这也是时人或后人共同企盼的心理，就像黄钺记述云从始生之夕，其父梦见郭忠恕为嗣之事，虽属荒唐，于萧却能增加些有益的点缀。好在萧自己说是“折简相招”，而非“摄之至”。当然有论者认为，萧云从“文章末尾有‘陆子醇儒，共研撰事，资余不逮者’。这位姓陆的，可能是胡季瀛太平府中人，他代表胡季瀛与萧云从共同写这篇文章。文中‘折简相招’，以及写胡季瀛能书、知画，可能都是陆醇儒的意见，但萧写得有分寸，只说这些，不谈其他，如胡季瀛的‘德政’‘为人’等等。这里可见萧云从的为人，他是爱憎分明的”[2]。此说以“可能”立据，缺乏让人信服的理由。同时说萧“只谈这些，不谈其他”，似乎让人觉得胡在当涂的政绩、为人均有问题。实际上，胡“出守姑孰，以德化民。不

---

[1] 《当涂县志》卷二十九，乾隆十五年（1751）刊本。

[2] 王石城：《萧云从》，上海人民美术出版社1979年版，第10—11页。

事箠楚，在任数载，戒苍苴，杜干谒，或有遗兰数盆，启之，黄金也。季瀛曰：‘暮夜岂无知者耶？’受兰返金。”[1]这就基本涤除了我们的疑虑。因此说，在没有找到更充分的材料之前，我们认为采石太白楼壁画是胡季瀛为纪念李白而请萧云从所绘。

至于整个壁画的绘制用了多长时间，萧仅说“竭道子一日之功”，似亦无法判断。而方观承称：“当年画此伊何意，萧翁妙手来芜关。闭阁深思三阅月，一朝落笔无精拆。”这似表明萧氏构思的时间较长，而落笔很快。但诗毕竟是诗，此处姑从“凡七日而就”之说。

二 壁画概况

太白楼壁画为四幅，匡庐、峨眉、泰岱、华岳各具其一。王士祯观后作诗曰：“锦袍乌帽太潇洒，回看四壁风飕飕。”宋荦云：“解衣般礴使其气，倏忽四壁腾风雷。”方观承云：“谁探万古鸿蒙奇，扫开四壁丹青色。”韦谦恒称：“谪仙平生挂杖处，一一都向四壁收。”黄富民称：“山云变灭无阴晴，四壁驱走江海声。”唐莹称：“酒酣抽毫啼向天，名山四壁酬供奉。”足见这四幅画是绘在四面墙上。又蒋士铨诗云：“萧生昔画楼下壁，左岱右华峰历历。匡庐峨眉更相对，墙坼泥倾青尚滴。”可见匡庐和峨眉这两幅是画在相对的两面墙上。而进门的这面墙因门两分，左边绘着泰山，右边绘着华岳。这一推测也可从吴家驷“匡云峨雪两对峙，西华东岳纷遨游”句，及李庆观“左岱右华森云烟，峨眉雪色匡庐瀑”得到进一步印证。但方观承在其《太白楼观萧尺木先生画壁歌

---

[1] 参见《（光绪）海盐县志》卷十六《人物志》，安徽师范大学图书馆藏。

同吴四世勋》诗题下自注云："壁西峨眉华岳，壁东匡庐泰岱。"[1]而其诗中又称"扫开四壁丹青色"，似乎自相矛盾。唯一可解的是，"壁西"指西壁和南壁西段，"壁东"指东壁和南壁东段。这样，综合诸家之说就可初步推断，壁画在楼的底层，其中北壁可能镶嵌有镌刻诗文的金石或陈列着胡季瀛"榜锓以矜式来学"的"素所摹临晋唐宋元真楷行草"。而从云从题记中"解衣坐于先生书碣之末"来看，应以后者的可能性较大。此外，西壁绘着峨眉，东壁则画着匡庐，南壁东西段各绘着泰岱和华岳。

关于这四幅画的大致内容，我们今天只能从当时人的题咏中约略窥见。如王士祯诗云："萧生何年画此雪色壁？峰峦出没烟岚稠。元气淋漓真宰妒，江湖澒洞蛟龙愁。吴观越观（笔者注：泰山峰名）上海日，苍烟九点横齐州。祝融诸峰（笔者注：衡山最高峰名）配朱鸟，潇湘洞庭放遨游。峨眉雪照巫峡水，匡庐瀑下彭湖流。须臾使我行万里，瞥如怒隼凌清秋。"渔洋此诗作于康熙二十四年（1685），他还写有《萧尺木〈楚辞图画〉歌》，另有安徽省博物馆藏萧画设色山水八开，其中七开有王氏对题，可见他对萧云从画艺十分推崇。又宋荦诗称："谪仙楼外长江流，谪仙楼内烟云浮。悬崖峭壁欲崩落，虬松怪树风飕飕。泉声山色宛然在，渔翁樵子纷遨游。细观始知是图画，扪壁惝恍凌沧州。""匡庐云海泰山松，华岳三峰点秋树。朦胧细景不知数，一一生成出毫素。杂花窈窕溪涧深，野水逶迤洲渚露。危桥坏磴荒村连，多少林峦莽回互。"宋氏与萧云从于顺治十二年（1655）相识，此诗作于康熙八年（1669），所以诗中有"我家赐画旧满箱，年来卷轴多沦亡。每与名流讲绘事，辄思鸿宝为彷徨。"可见这位精鉴善画，淹通典

[1] 《当涂县志稿》，民国二十五年（1936）刊本。

籍，诗名卓著而又官至吏部尚书，加太子少师的宋漫堂并非出于溢美。再如韦谦恒诗亦颇能状物，其云："迩来挂席向采石，摄衣直登太白楼。太白楼下何所有？但见丹崖翠嶂空中浮，顿使白画云烟生满屋，对此恐有长蛟出没哀猿愁；近看都是壁上画，老笔幻出人间秋，日观缥缈插天际，秦松汉柏纷龙虬。玉女洗头盆宛在，巨灵仙掌痕犹留，匡庐奇秀甲天下，石门瀑布争飞流。大峨小峨二山崎，积雪倒映瞿塘舟。钉头鼠尾皴法异，荆关巨手谁能俦？"还有方承观的诗亦能描摹入微，其中有句云："峨眉积雪千崖冻，庐山对峙寒阴重。银河一派喷珠帘，华岳山峰压高栋。秦松岱影各森森，海风伊有涛声送。"此外像吴家驷、李庆观等人的诗均描述甚详。总括诸家题诗来看，峨眉画的应是雪色，匡庐突出的是云海和飞瀑，而泰山则勾绘了秦松汉柏，华山又点染秋色，其间危桥、屋宇杂陈，繁花、野水纷披，加之渔翁、樵子往来其间，真可谓"龙拿虎攫腕环悬，万里奇观归咫尺"。

另外，从方观承"扫开四壁丹青色"，蒋士铨"墙拆泥倾青尚滴"，吴家驷"凝青滴翠争膏沐"来看，这四幅壁画为设色山水。

三 历代题咏

李白一生先后七次到过当涂，最后客死于斯，写下了五十多首与此地有关的诗作，其中如《望天门山》《夜泊牛渚怀古》《横江词》等早已成为千古传诵的不朽名篇。所以历代文人到此，无不追怀凭吊。萧云从以名人身份和名人题材在名楼里画出了名画，形成了综合效应，产生了广泛的影响，赢得无数赞叹。今就所知，将历代题咏列目如下：

1.王士祯（1634—1711）《采石太白楼观萧尺木画壁歌》。

2.宋荦（1634—1713）《谪仙楼观萧尺木画壁歌》。

3.田雯（1635—1704）《登采石矶太白楼观萧尺木画壁歌》《采石矶重登太白楼有感题壁》。

4.郑廉（约1675年前后在世）《谪仙楼上作》《太白楼观萧画》。

5.方观承（1698—1768）《太白楼观萧尺木先生画壁歌同吴四世勋》。

6.袁枚（1716—1797）《间霞裳游黄山过采石登太白楼》。

7.蒋士铨（1725—1785）《萧尺木画壁》。

8.章櫆（约1748年前后在世）《谪仙楼咏古》（三首之一）。

9.韦谦恒（约1763年前后在世）《采石太白楼观萧尺木画壁歌》。

10.黄富民（1795—1867）《采石太白楼观萧尺木画壁歌》。

11.吴家驷（约1804年前后在世）《采石太白楼观萧尺木画壁歌》。

12.唐莹（1813—1884）《谪仙楼萧尺木画壁》。

13.李庆观（约1818年前后在世）《采石太白楼观萧尺木画壁歌》。

14.桂迓衡（约1852年前后在世）《重登太白楼有感》。

15.谢元镇（生卒年不详）《采石太白楼观萧尺木画壁歌》。

16.杨锡汝（生卒年不详）《太白楼观萧画》。

这里有三个问题需加陈述：其一，由上述题诗可约略推知壁画存毁时间。王士祯、宋荦、田雯、郑廉四人年龄相仿，方观承略晚，此五人观画时，壁画尚保存完好，所谓“燃犀波动石皆动，尺木画存松亦存”就说得很明确。而袁枚登楼时，已感叹“岁久壁泥蚀，我来见已迟”。与他年龄相若的蒋士铨、章櫆见到的也是“墙坼泥倾青尚滴”“黍华有图苍藓落”，可见彼时壁画已开始溃毁、剥落。但与他们同时代的芜湖人韦谦恒在题诗中又描述得非常完整，甚至连皴法都仔细道来，说明其间或有修复，即使没有，其画整体面貌尚存。这种状况一直维持到黄钺儿子黄富民的时代。富民出生于乾隆末世（1795），而卒于同治六年（1867），所以他去采石应在嘉庆或道光朝。与他同时的当涂人吴家驷诗也题得兴酣淋漓，却没有说到画的破损。而主要活动于咸丰、同治时的当涂人唐莹以及略早于他的李庆观，均未言及此事。不过另一位活动于道光、咸丰和同治年间的桂迓衡在诗中就明确说出："萧尺木画不可见，白袷诗人传楼中。"其诗题为"重登太白楼有感"，且有"少时征帆屡泊此""我今重来寻旧踪"云云，说明此行似应在成年、成名之后。桂氏咸丰二年（1852）考取进士，所以此诗与是年相去不远。据此我们可断定，采石太白楼壁画在咸丰二年前后完全毁败。这与史载太白楼咸丰年间毁于兵火基本一致。也就是说该壁画与楼俱毁，非自行败落。其二，题咏订误。一是王士祯诗将华山误作衡山，而沈德潜在诗后作注时又延其误。二是唐莹诗将华山误作衡山，同时称"当时迫使羞画师，身后名犹动天子"。"当时迫使"即指胡季瀛强迫云从事，承陈琰之讹。三是宋荦诗中只云"匡庐云海泰山松，华岳三峰点秋树"，未提及峨眉，但他又云"倏忽四壁腾风雷"，不知何故漏掉一山。其三，以上诸家题咏，亦有谈画外事者，其中以方观承之作为研究萧氏者最宜参考。方氏称萧云从"非关丘壑寄超然""有意须存笔墨外"，又称："须知青莲不独能诗客，莫以萧翁是画师。"可谓知人论世。但又云："萧先生，古逸民，烧残劫火空一身。"这就将萧云从的遗民身份改成了逸民。所谓逸民"殆指居清平之世而隐逸之民"。而"处江山易代之际，以忠于先朝而耻仕新朝者"[1]则为遗民。这一点与云从同时代

[1] 谢正光：《清初诗文与士人交游考》，南京大学出版社2001年版，第6页。

的朱子素在《历代遗民录》中已作审析。萧云从入清不仕，其诗画皆折射出对故国的深思，是典型的遗民。而从方氏“烧残劫火空一身”“况抱邱芜异代悲”等句来看，在他心目中，云从已具有十足的遗民气节，只不过是他把逸民与遗民搞混淆了。这种情况在清初也非偶然，像华渚在《逸民传》中就将“怀道抱德”的逸民与“前朝所遗”的遗民统称为逸民。但逸民与遗民的区分关乎人的品行、气节，是十分审慎的事，故在此处略作申述。此外，黄富民、唐莹所论亦未局限在画中，多有见地。

四 壁画的历史地位

萧云从《采石太白楼壁画》虽已杳如黄鹤，但其发生在壁画衰落的明清时代，至少有三点值得关注：

首先，中国画史上有迹可考的壁画，自秦代以后，延绵不断，但鼎盛时期要数唐代。“壁画在唐代极为发达。宫殿、寺观、衙署、旅舍、斋堂、石窟、墓室都有作品，而且题材丰富，各体具备。佛教画之外，尚画人物、历史故事、山水、花木、禽兽，皆‘以五彩施之于壁’。”[1]而就画家而言，辉煌灿烂的敦煌壁画虽出自众画工之手，而“天付劲毫”的一代画圣吴道子一生却主要浸淫壁画，像他在大同殿画嘉陵江山水，默记于心，挥洒迅速，虽只用了一天的工夫，却可与李思训“累月方毕”的作品媲美。以至玄宗赞曰：“李思训数月之功，吴道子一日之迹，皆极其妙也。”[2]萧云从在《太白楼画壁记》中所云“竭道子一日之功”即指此。吴氏之后，名家绘制壁画的恐怕要首推郭熙，此后便很难见画史上著名

[1] 王伯敏：《中国绘画通史》（上册），生活·读书·新知三联书店2000年版，第294页。
[2] 何志明、潘运告：《唐五代画论》，湖南美术出版社1999年版，第84页。

人物留下壁画佳作。特别是在明清时期，除太平天国壁画较为发达外，明代壁画主要局限于寺庙之中，流传至今的有北京法海寺、山西新绛东岳稷益庙、四川蓬溪空梵寺的壁画等。清代壁画也主要保存在寺庙、道观中，其他像宗祠、会馆、戏台内亦有遗存，有的规模还十分宏大，如兰州金天观壁画，长约200米，所绘人物在千人以上，情节复杂，绚烂多姿。但此时壁画多为民间画工或艺人所制，即使像太平天国设有“绣锦衙”这一专门机构，招募来的艺人中也有士大夫画家，但画史上著名的还没有。因此，作为清初著名文人画家，萧云从创作的大型壁画似应具有特殊的意义。

其次，历代壁画以佛道人物为主，而独立的山水作品相对较少。现在能看到最早的独立性山水壁画恐怕要数莫高窟303窟隋代壁画山水。该画位于洞窟的最下部，宛如长卷，王伯敏先生将其拟名《山林图》，并就作品的概况、内容、风格以及意义和价值进行了详考和精论。此后的山水壁画除文献记载的李思训、吴道子和郭熙作品外，莫高窟唐代壁画中也偶能见到，但规模不大，制作也嫌简略。辽代永庆陵主室中画有四幅《四季山水图》，但绘制也较粗疏。真正技巧纯熟的山水壁画则是1958年在山西大同市西郊宋家庄发现的元代冯道真墓北壁的一铺横幅山水。该画“用笔洒脱，水墨淋漓”“具有南方文人画的意趣，无论笔墨、章法，都有北宋董巨的遗意”[1]。此外，1984年发现的山西长治郝家庄元墓内，也绘有水墨山水。明清两代壁画中山水作品，如果论规模之宏大、制作之精良、作者之名望、影响之广泛，恐怕只有萧云从所绘的《采石太白楼壁画》了。可以说，它遥接唐代吴、李和北宋郭熙的遗绪，应当引起美术史特别是壁画史研究者的重视。

---

[1] 王伯敏：《中国绘画通史》（上册），生活·读书·新知三联书店2000年版，第648页。

再次，就萧云从一生对绘画艺术的贡献来说，应该是巨大的，虽然有些论者把他归入二流画家，像徐书城先生便将其与王铎、程正揆、傅山、程邃、罗牧等人归类，并称“画艺大抵均属二流，对画史发展的影响不大，均难以和八大山人及石涛比肩而论”[1]。萧氏画艺略逊于石涛、八大是事实，但他作为姑孰派领袖，特别是他的《太平山水诗画》当时在国内外的影响，以及他对渐江的影响，对铁画的关注和支持，其绘画成就应远远超过傅山、王铎等人。而就其对壁画的实践来看，也不是偶然的。萧云从一生创作的壁画，除上述四幅外，现在可知的还有芜湖城北劳公祠壁画，画迹虽亦无存，但黄钺当年曾亲睹，并作有《道光丙申夏五廿二日，与许小琴劳公祠观萧尺木画壁，口占九言长歌记之》，其中有句云：“墙纵八尺其横亦如之，四松矗立翠叶交纷披。划然五丁擘开两青壁，中有白龙掉尾从天垂。琤琤不知几千尺，凉雨洒面谡谡松风吹。”可见题材亦为山水。这就进一步告诉我们，萧云从的壁画成就和地位是不能从画史上轻易抹掉的。

（本文原载《国画家》2004年第2期）

[1] 徐书城：《中国绘画艺术史》，人民美术出版社2001年版，第235页。

画师本色是诗人

——萧云从诗歌札记

孙文光

一

明末清初之际，在中国画坛上，萧云从是一位开宗立派的画家。他的山水、人物画作，以其深刻的思想蕴涵和独特的艺术魅力，冠绝一时。萧云从一生，身处“天崩地解”的乱世。国破家亡的惨痛，谋生觅食的坎坷，以及艺术探索的艰辛，使他与一些啸傲烟霞、优游岁月的画家们经历和成就大相迥异。但萧云从其人其画，却产生了他本人所未料及的深远影响，从而确立了他在中国画史上的崇高地位。

概而言之。其一，他开创和形成了姑孰画派，在当时画坛上独树一帜。其二，他影响和推动了新安画派的诞生。据资料记载，新安画派创始人渐江大师，曾以云从为师，向他多有请益。[1]其三，他对芜湖铁画艺术的诞生，起过催生和完善的特殊作用。黄钺在《汤鹏铁画歌有引》中说，汤鹏在试制铁画时，“随物赋形，无不如意，第山水不能也。”汤鹏“法无从得心烦忧”，于是，便拜

[1] 曹寅：《十竹斋图跋》“渐师学画于尺木，而品致迴出其上。”

访萧云从，请求帮助，云从慨然应允，并热情为其提供山水画稿，遂使铁画艺术大放异彩。黄诗云：“萧君隐德如沈周，寄情诗画娱清修。汤亟造请遂所求，皴为减笔林不稠。寒山古寺宜深秋，间有衰柳维扁舟。请看真本铁笔遒，果与萧画无别不？”就是萧云从对铁画艺术所做贡献的生动证明。其四，他的《太平山水图》《离骚图》雕版问世后不久，即传入东邻日本，为该国著名画家祇园南海、池大雅等所崇拜研习和临摹，对日本南宗文人画的勃兴，以至日本的绘画界，都有着不可低估的潜移默化的影响。

尤为值得注意的是，在萧云从去世整整一百年之后，乾隆皇帝对这位身后萧条的画家，给予了特别的眷顾。乾隆三十八年（1774），四库全书馆将萧云从的《离骚图》进呈御览，乾隆皇帝大喜不禁，并命馆臣为补云从所未图画的《天问》以下部分。然后，又在题萧云从山水长卷的诗中，备述其了解萧云从的详细经过和对萧画的评价。诗曰：

四库呈览离骚图，始识云从其人也。
群称国初善画人，二王恽黄伯仲者。
二王恽黄手迹多，石渠所藏屡吟把。
萧则石渠无一藏，侍臣因献其所写。
堪备宝笈之遗阙，事属文房敦儒雅。
展观长卷四丈余，观之不厌意弗舍。
崇山覆岭绕回谷，古寺烟村接书社。
士农工贾莫不具，飞潜动植乃咸若。
运以神而法以古，丽弗伤艳富如寡。
快哉名下果无虚，图末识语嘉诚泻。
德寿曾赏晞古图，自怜作此终田野。
岂知一百余年后，果入石渠珍弗假。

是老人愿竟天从，剪烛长歌题笔洒。

这首诗，凡二十六句，其篇幅之长，敷陈之细，注释之详，在乾隆皇帝诸多题画诗中，实为罕见。以至在又经过了二十年之后的乾隆六十年（1795），黄钺在编撰《画友录》时，对乾隆皇帝此举，依然欣羡无已，感同身受，发出了感激涕零的议论："所见圣人爱惜人才，虽荒江野老，身后一艺之长，犹蒙甄录，著之天章，云从老骨真可不朽矣。"[1]

不过，乾隆皇帝并非是萧云从的真正知音。他在诗中除了称赞云从"运以神而法以古，丽弗伤艳富如寡"的画技之外，其注意点乃在于"图未识语嘉诚泻"，他所津津乐道的则是自已终于让云从"卷入石渠，竟符其愿"。

那么，萧云从画作的精髓究竟是什么呢？他生前的挚友和后世的评论家，早就对他有过正确的评价。比如汤燕生的《萧尺木画兰》：

冒雪停霜韵早含，惊香悼色散余酣。
燕妃梦里芬如积，蜀客琴中思未堪。
念欲操壶临水岸，誓将毕赏就烟岚。
高情散朗传疏叶，逸事犹夸郑所南。

诗的前六句，写萧所画的兰花的高雅气质，以及观赏者的感受和联想，恰到好处地发掘了画家在画面上所传达的意蕴。最后二句，则直陈画家以郑所南为榜样，通过画兰，荡漾出一种浩然正气和崇高的爱国精神。郑所南本名思肖，是南宋末期诗人、画家。

[1] 黄钺：《萧云从七言律诗三十首引言》，《壹斋集·萧汤二老遗诗合编》，黄山书社1999年版。

宋亡后，他隐居苏州，称其室曰："本穴世界"，以"本"字之"十"置"穴"中，即"大宋"。他坐卧必向南，自号所南，以示不忘宋室。爱画兰花，但画面多花叶萧疏，不画土、根，寓家国沦亡之意。汤燕生在这里盛夸郑所南，实际上正是对萧云从的热情肯定，称赞他的"高情散朗"绝不让于郑所南。

再如，黄钺《读画》诗之十二：

尺木前身老画师，家山一一貌幽姿，
可怜乱后荒寒甚，但对梅花写楚辞。

黄钺以萧云从同乡后辈和画家的双重身份，对萧云从在明朝覆亡后的生活境遇和绘画成就，作了精确的概括。人们在观览品鉴《太平山水图》《离骚图》的同时，依稀见到的也正是萧云从犹如屈原一样，长歌当哭，"长太息以掩涕兮，哀民生之多艰"，以及他奋扫如椽的画笔，传达出国破家亡的惨痛之情。

二

然而，从本质上说，萧云从乃是一位诗人。

清康熙四年（1665），萧云从年届七十，他的挚友、著名诗人方文特地为他写了《寄萧尺木先生七十》的诗："独惜君生离乱时，中怀抑郁少人知。读书万卷诗千首，自晦宁称老画师。"这本是一首祝寿诗，按照常情，应当多写几句祝福的话，但在这里，方文却一扫谀辞、浮词，以酸苦、沉痛的笔触，为老友七十年间的苦难历程，作了质朴而又传神的写照。尤其是末句"自晦宁称老画师"，一语破的，深刻揭示出萧云从一生行藏出处的苦衷。其中饱含有多少沧桑，多少坎坷，多少辛酸，多少血泪！

明万历二十四年（1596）,萧云从诞生于安徽芜湖。他的家世并不显赫。父亲萧慎余，没有什么功名头衔或官职，只不过是一位做过乡饮大宾[1]，在当地有着一定声望的长者。萧云从自幼受过很好的教育，读书万卷，博学能文。为其工诗善画，打下了扎实的基础。与“年少俊才”的弟弟萧云倩一起，有“二萧”之誉。他曾两赴乡试，先后得崇祯九年丙子（1636）、十五年壬午（1642）两科副榜，但始终未能获中举人。明朝覆亡后，隐居不仕，潜心著述，有《易存》《杜律细》若干卷，《四库全书》载存目中。

萧云从早负诗名。据康熙《太平府志》记载，他才思敏捷，创作诗文“援笔立就，公卿士大夫群器重之”。他的好友，大多是蜚声士林的诗人。所著《杜律细》，又是一部论诗的专著。但“尺木诗因画不传”[2]，他的诗名，却为其画名所掩。特别是清王朝建立后，他韬光养晦，不得不以“画师”的姿态出现在世人的面前。因此，他的诗歌创作成就，就更不为人们所注目了。

“读书万卷诗千首”，萧云从诗歌创作的数量，应当是相当多的，可惜大多遗失。他的诗文，在他死后才由其门人辑为《梅花堂遗稿》，又因未刊而失传[3]。嘉（庆）道（光）之际，黄钺访得一种抄本，见“诗集仅为七言律诗一体，裒集草草，又多讹字”，赶紧从中选得三十首，与汤燕生的六十首诗一起，汇辑为《萧汤二老遗诗合编》，附在自著的《壹斋集》中刊行。至此，萧诗才有了一本面世的弥足珍贵的本子，这也可说是孑遗中之孑遗，不幸中之大幸了。

[1] 乡饮大宾：古代乡饮酒礼，每推举年高有望者一人为宾，成为“乡饮大宾”。

[2] 黄钺：《于湖竹枝词》之四十二，《壹斋集》卷七，黄山书社1999年版。

[3] 清代中叶郭麟《爨余诗话》云：“芜湖萧尺木居士以画名一时，诗不多见，近得见其集……”似乎说明萧云从诗集曾另有刊本（或稿本）行世。兹录此备考。

三

面对《萧汤二老遗诗合编》（以下简称《遗诗》）中仅存的三十首律诗，要全面、深入进行萧诗的研究，无疑存在着很多的困难。但是，一斑可以窥见全豹。现有的三十首诗，大体上为我们考察诗人的心迹、创作倾向、审美追求、生平交游，以及跳动的时代脉搏等等，勾勒了大致的轮廓。

从内容上看，《遗诗》的题材十分广泛。它上哀国运，下恸民生，吊古伤今，谈诗论画，涉及到当时社会生活的许多方面，充分显示出诗人那种悲天悯人的心境和操守，显示出一种大作家的气概和风范。

从艺术上看，《遗诗》格律工整，声韵和美，技巧娴熟。尽管目前我们已无法见到诗人七律以外各体的创作情况，但《遗诗》恰恰保存了最能体现诗人艺术特征的作品。萧云从平生最服膺唐代大诗人杜甫，并在创作中努力继承杜甫关心国家、关心人民的崇高精神，继承杜甫诗歌创作的现实主义传统。他特别推崇杜甫律诗的“沉郁顿挫”风格，钦佩杜甫“晚岁渐于诗律细”的严谨态度，并为此专门写了一部《杜律细》的著作。清初大诗人王士禛（渔洋）曾称赞这部书“援据甚博”[1]。他在写作时更是以杜诗为圭臬，用律诗作为抒情遣兴的载体。郭麟说他“诗多七言律，又每作必尽三十韵”[2]，是符合实际的。

从交游上看，萧云从虽偏居江左，主要活动在芜湖、当涂、南京一带，但其所交往的诗友，多为东南才俊，在国内具有积极的影响。他们相互切磋诗艺，砥砺气节，声息相通，写作了不少优秀作品。他们的创作活动，在当时波澜壮阔的遗民诗潮中，成为不可或缺的一部分。

---

[1] 王士禛：《池北偶谈》卷十二《谈艺二》，中华书局1982年版。

[2] 郭麟：《爨余诗话》。

在这里，不妨介绍几位与萧云从有关的诗人，借以概见当时的一些情况：

汤燕生，字玄翼，一号岩夫，安徽当涂县南姑溪人。明诸生。清初流寓芜湖，教授方沂梦家，课徒自给。他“志尚甚高，县令馈金，不纳，亦不枉见。”[1]工诗，通六书，精篆籀，有《商歌集》若干卷，不传。黄钺从简翰留遗中，抄得古今诗体六十首，与萧云从遗诗一起，合辑为《萧汤二老遗诗合编》行世。他与芜湖著名人士沈昆铜等，“相与励名节，诗歌忍怼愤，或举事触时忌，戮身弗恤。”[2]他的《赭山怀古》四章，写南明覆亡事极切，“哀婉凄节，使人不忍卒读”[3]，受到大诗人吴伟业的激赏，并被推为诗史。他与萧云从友情甚笃，作有《萧尺木画兰》《和萧尺木题杜苍略闭门种菜图》诸诗，对云从的高尚品节深致赞许。萧亦有《题浙江为汤玄翼写梅》以寄意。萧、汤二老遗诗合编，堪称珠联璧合，在芜湖地方文献中，闪耀着特异的光彩。

方文，字尔止，一名一耒，安徽桐城人。明诸生，入清不仕，与钱澄之齐名，隐居金陵（南京）。少多才华，与复社、几社诸君子相友善。著有《嵞山集》。他的诗，专学南宋遗民诗人汪水云。陈维崧评其为“字字精工费剪裁，篇篇陶冶极悲哀”。他对萧云从相知极深，我们从前引的《寄萧尺木先生七十》诗中，约可见其仿佛。而萧亦有《同方尔止、方位伯饮计部宋玉叔署中》，抒发了他们“升沉共叹在冰霜”的情愫。

钱澄之，字饮光，初名秉镫，字幼光，号田间，安徽桐城人。通经学。南明桂王称帝时，授庶吉士，官至编修、知制诰。桂林被清

[1] 卓尔堪：《明遗民诗》（上册），中华书局1961年版，第2页。

[2] 邓之诚：《清诗纪事初编》（上），上海古籍出版社1984年版，第115页。

[3] 吴伟业：《梅村诗话》，《续修四库全书》第1697册，第496页。

军攻占后，一度削发为僧，名西顽。工诗，著有《田间诗集》《田间文集》等。清顺治九年壬辰（1652），在《和萧尺木九日见梅之作次韵》中，委婉深情地唱出：“气至未妨时节早，阳生特报隐沦知”，借以相互关怀，相互鼓励，企盼反清复明的事业有所成就。顺治十六年已亥（1659）在《寄萧尺木索画》诗中，他又对云从晚年的生活境遇作了生动细致地刻画：“吾怜萧尺木，白发老江天。埋迹市廛里，闭门风浪边。供僧惟一饭，卖画有闲钱。许写青山寄，欠来已十年。”这些都为我们研究萧云从生平，提供了十分宝贵的资料。

四

作为诗人，萧云从的诗歌，极具鲜明的时代特征和个人风采。现存萧诗，大多是他五十岁以后的作品，其时，清朝刚刚建立，阶级矛盾和民族矛盾极其复杂而尖锐。江南地区在经历“扬州十日”“嘉定三屠”之后，民族矛盾更凸现为主要的社会矛盾。芜湖地处明故都南京之侧，形势险要，为兵家必争之地，抗清志士郑成功、张煌言等在此都进行过艰苦卓绝的战斗。而众多的遗民，在民族危亡之际高扬反清大旗，决不妥协，坚决抵抗，其惨烈悲壮与规模宏大之程度，更可称为史无前例。

不过，遗民们的反清抗清方式，是不尽相同的。首先是一些运用武装斗争，反抗清廷统治的志士，如陈子龙、夏完淳、张煌言、郑成功等。陈子龙是几社的创始人，江南既失，他在松江与夏允彝聚众起义，事败后复拟结太湖兵抗清，事泄被捕，投水自尽。夏完淳是一位少年英雄，十四岁即随父允彝参加抗清活动，其父兵败自杀，他又与陈子龙歃血为盟，上书鲁王，鲁王遥授其为中书舍人。顺治四年（1647）在家乡被捕，就义于南京。其次是一大批看重文行出处的文人学者们，他们退隐乡里山间，草衣木食，誓不为清朝臣子，张岱、归庄、顾炎武、王夫之、黄宗羲等人是其代表。他们或著书立说，或吟诗作文，无不流露出一种遗民情怀和意图恢复的情绪。

萧云从当属后者。他积极从事诗歌创作，自觉地汇入反清复明的大潮中。他的诗典型地反映了当时的遗民心态和遗民诗特色。因此有评论家指出：萧诗“盖《谷音》《晞发》之流也。”[1]

遗民诗作为一种特定的文学现象，在中国诗坛上，具有悠久的历史。从《诗经·黍离》、屈原《离骚》起，我国诗歌就开启了写丧乱诗的传统。唐代杜甫，经历安史之乱，身遭乱离而心系朝廷，又进一步弘扬了《诗经》与《离骚》的精神，遗民诗正是这一创作传统的继承和发展。金元之际，北宋、南宋政权，先后沦亡于少数民族之手，一些讲气节、重操守的诗人，长歌当哭，逐渐形成了一个遗民诗人的群体，出现了像刘辰翁、汪元量、谢翱、郑思肖、周密等具有代表性的诗人。迨至清初，明遗民诗人及其创作，无论是它的规模或声势，都已成为文学史上一道绚丽的风景和波澜壮阔的诗潮。仅清代卓尔堪编选的《明遗民诗》十六卷，即收录作者五百余人，诗三千首。近年来，钱仲联先生主编的《清诗纪事》，第一、二卷均为明遗民卷，录入的诗人也达三百五十人左右。他们创作的共同主题，就是描写历史的沧桑变幻与当时遗民痛苦而复杂的心态，表现和追忆抗清斗争，抒发故国之思与复国之志，批判清初的政治，赞美坚贞的操守，为历史留下珍贵、丰富的形象记录。

那么，萧云从在诗中是如何表现这一种遗民情怀和时代精神的呢？

第一，他常怀故国之思，时刻不忘身处无国无家的遭际。顺治八年（1651），萧云从五十五岁。他写了一首《辛卯十月初度》的自寿诗：

---

[1] 郭麟：《爨余诗话》。按：《谷音》，总集名，元代杜本编选。作者三十人，绝大部分为宋、金遗民。《晞发集》，别集名，宋遗民谢翱（号晞发子）。

忆昔燕台称壮游，十年一别困沧洲。
读书漫说身当致，临老曾无国可忧。
青镜不堪双鬓雪，黄花犹系九秋愁。
龙蛇又复嗟明岁，目极西山楚水流。

这是一位饱经沧桑老人的悲怆自述。他回首平生，不胜浩叹。年轻时，他也曾读书万卷，豪气干云，但腐败的明末官场，迫使他不得不避世不仕。而进入老年，却又遭逢改朝换代的巨变，身陷无国无家的悲惨境地。诗中“临老曾无国可忧”一句，写来质朴无华，平实之极，但其内涵却是何等深刻，何等沉痛！

无国即无家。覆巢之下，焉有完卵？萧云从和千千万万民众一样，在饱受国家灭亡的巨大悲痛的同时，又承受着无家漂泊和被挞迁移故址的不幸。他的《移居诗》就形象地反映了这样的痛苦遭遇。

《移居诗》共六首，并有小序。萧云从触景内伤，在序中写了一段感人肺腑的文字，交代写作的缘起：

畴昔小筑于东皋，则迩王处仲梦日亭也。甲申（崇祯十七年，是年明亡——引者注）后为镇兵是据，遂毁精舍为圂枥。至丁亥秋，始得携儿子担书笥，蓐秽葺垣，略蔽风雨而家焉。惟乱离迁播，亲友凋残，触景内伤，忽然哀愤，溯其凄戾，横集无端，况予老矣病矣，无能为矣！穷途日暮，情见乎词，得诗六首……

接着，他在六首诗中，逐次表述自己悲欣交集的复杂情绪。他一方面为能“略蔽风雨”而高兴：“喜得幽荒日月同，棕轩樾馆筑华嵩”“霜气空凋千树碧，旭光已破万山寒”。但是，怀念故国，蒿目时艰，他又为自己的暂得安居而感到不安和忧虑，反复咏叹：“卜筑黄尘尽草洼，于时深愧自为家”“身经迁播皆萍梗，一有吾庐更有愁。”这种在恢复维艰、前景迷茫、身处逆境下而仍能坚持“先天下之忧而忧，后天下之乐而乐”的襟抱，实在是令人敬佩的。

第二，他真情关注社会民生，深切同情人民的苦难。在现有的萧诗中，这类诗大都写得淋漓酣畅，尽显萧云从与劳苦大众患难相依、休戚与共的情怀。如：

湖庄来往任飞蓬，不谓山田立钓翁。
旧日路旁松见顶，几年门外水连空。
秋烟已断千家爨，花穗重遭一夜风。
叶叶白波无限恨，纷纷人哭雨声中。
——《辛卯秋至南庄作》

寂寂群峰隔渺茫，舟人无语听寒螿。
平湖日落孤帆远，矗壁天开千尺强。
菱实几家供岁饱，荷风随橹散秋芳。
无鱼尚欲频牵网，枯草横空不忍望。
——《舟过寒壁》

这两首诗，写的都是芜湖近郊的灾后景象，令人触目惊心。芜湖本是鱼米之乡，人民生活极其富庶。但自甲申之后，明清易代，天灾人祸，接踵降临，劳苦大众顿时跌入无边无际的灾难深渊之中。萧云从同辈诗人施闰章在《寄伟长芜江客舍》诗中，曾经发出过“鸠兹烽火万家残，旅食僧庐百计难”[1]的深长慨叹。而萧云从生于斯，长于斯，老于斯，浓郁的乡情，自然会有更进一层的切肤之

[1] 施闰章：《施愚山诗集》第三十六卷，《景印文渊阁四库全书》第1313册，中国台湾商务印书馆1982年版，第713页。

痛。诗人眼见白浪滔天、千家断炊、雨中人哭和无鱼牵网的悲惨情景，就更不禁要发出“枯草横空不忍望”的悲歌了。

第三，他题画抒情，融诗入画，画境诗心，浑然一体。萧云从才情富赡，诗画兼长。他写有许多题画诗：有题自己绘画的，有题他人绘画的，内容十分丰富。他的题画诗，绝不是一般画面的简单诠释，也不是泛泛地抒写一己的闲情逸致。在他的题画诗中，人们依然能够强烈地感受到诗人眷恋故国、渴望恢复的火一样热情。

试看：

往事江南不尽哀，中流犹见片帆来。
残阳自弄桓伊笛，远道谁留袁绍杯。
到处飞花随燕子，有时乘雾跃龙媒。
万方多难无人济，一叶宁淹天下才。
——《题扁舟图》

移棹西寻湖上隈，春花独上越王台。
海天如遇山中客，风雪惟存画里梅。
梦转三更空自语，心伤一折待谁来。
岁寒岂复关人意，且对南枝卧草莱。
——《题渐江为汤玄翼写梅》

诗中写“往事江南不尽哀，中流犹见片帆来”，写“海天如遇山中客，风雪惟存画里梅”，都曲折而又醒豁地歌颂仍在坚持抗清活动的志士。但萧云从也清醒地认识到这场斗争的艰巨性和复杂性，因而，在两首诗的结尾，又分别写出“一叶宁淹天下才”和“且对南枝卧草莱”的诗句，用以表示自己的坚定期待和信念。

第四，他秉节潜修，清操自守，时刻完善自己的品格。他一生性喜梅花，与梅花结下不解之缘。他名其所居曰“梅花小筑”，名其著作曰《梅花堂遗稿》，赏梅、咏梅，更是其日常生活中必不可少的内容。而“可怜乱后荒寒甚，但对梅花写楚辞”，则是揭示其在特定环境下的特殊情结。

梅花，是国人最喜爱的花卉之一，也是被人们视为品格高洁的象征。元代诗人王冕（1300—1359）的《墨梅》诗云：“不要人夸颜色好，只留清气满乾坤。”道出人们对梅花崇高品格的赞誉。

萧云从的咏梅诗，目下仅存有《钟山梅下诗》一组八首。这组诗，侧重写自己在明故都南京寻访昔日赏梅故址时的感怀，充满着黍离之悲和荆棘铜驼之叹。诗前小序，也写得颇为凄怆动人：

萧子性喜梅花，而梅花无如钟山之麓之盛。少时纵游其处，遇王孙筑草阁数椽，引余登之。仰望钟山，丹楹金瓦，鳞戢翚飞，曜云而丽日。俯瞰其下，则梅花万树，恣放纵横，一望十余里，如坐香航浮玉海也。辛卯夏初，复往访之，鞠为茂草矣，王孙亦不知所之，荒凉之中，因感成诗。

至于组诗中各联，诸如“海内有春藏北斗，雪中无路觅南枝”“人瞻北阙春千里，香过西邻水一湾”“名花岭上供千佛，野雪香中阅六朝”等等，都对梅花的高洁作了含意深刻的礼赞。

末了，我们还要郑重地介绍难得发现的萧云从佚诗《惜娉诗》小引及其断句。它虽残缺不全，但吉光片羽，弥足珍贵。它为我们深入研究萧云从增添了宝贵的第一手资料：

金陵小伎，避难野处，秉礼自守，不轻从人。问其名，曰惜娉……
欲炙银笙嫌气煖，为挑蜡炬戒心欹。
幸未折残江上柳，若为卜筑水边村。

长话只因经乱后，避人偏觉此身多。

月上莫依人弄笛，春残不见鸟窥帘。

诗中主人公惜娉，或许实有其人。她身处国破家亡之际，在依旧金粉繁华的故都金陵，“秉礼自守，不轻从人”，实为值得尊敬的李香君一流人物。她的名字，大概也就是杜诗“不嫁惜娉婷”之意。但是，“惜娉”也可能是一个代称，《惜娉诗》本来就是萧云从用以自况的寓言。诗句“为挑蜡炬戒心欹”“月上莫依人寻笛”等等，实际上也正是诗人自己秉节潜修，清操自守的告白。

附记：

1986年，芜湖市创建镜湖风景区时，市政府曾邀约有关人士绕湖一周，为新建景点品评、题名。我曾建议，湖西岸小亭似可以“尺木亭”名之。理由是亭的结构小巧玲珑，且与芜湖书画院所在地邻近。这一建议，幸蒙采纳，并由刘建农先生书写制匾。当时，我还为尺木亭写过一副楹联：“画史新开姑孰派，诗魂长寄范罗山。”已收入《安徽名胜楹联辑注大全》一书。如今时隔二十年，又恰逢萧云从诞生410周年。芜湖市文联为纪念这位杰出的画家，约我写一点有关萧云从的文字。这两件事，本无必然联系；但在我，却似与萧云从有着一点特别的因缘。

（本文选自《几度寻梅》，光明日报出版社2006年版）

孤高拔俗启“新安”

——略论萧云从绘画与市场、乡籍

王永林

在当前走势良好的古代书画市场上，作为明末清初一代书画开派宗师的萧云从，其绘画作品的市场表现却并不尽如人意。以雅昌艺术网统计的数据为例：截至2008年7月艺术品市场春拍结束，萧云从书画作品上拍只有87件，成交45件，未成交42件，成交比率为52%，总成交金额为1260万元，平均作品成交价约为28万元/件，平均每平尺[1]约为7.9万元；若与弘仁作品相比，在上拍数量、成交比率、平均价格上，有着很大的差距。弘仁书画作品上拍113件，成交65件，未成交48件，成交比率为58%，总成交金额为3993万元，平均作品成交价约为61万元/件，平均每平尺约为32.3万元。就连与梅清相比，在作品上拍数量184件，平均每平尺单价10万元等数据上，梅清也是高于萧云从的。

再者，从高价成交作品来看，萧云从绘画作品拍卖过百万元的只有3件，最高为261.175万元，另两件分别为166.1万元和126.5万元；而弘仁绘画作品拍卖过百万元的有8件，最高达672万元，其中

[1] 平尺为国画尺幅常用计量单位。一平尺为33.3cm×33.3cm，每平尺面积约为0.11平方米。本书后不赘述。

图一 萧云从《梅石水仙图》 广东省博物馆藏

600万元以上2件，400万元以上1件，300万元以上2件，100万元以上3件。其实，要看古代书画大家作品的市场表现，关键就体现在这些高价成交作品的比较上，因为古代书画大家作品的拍卖，大多数的低价成交作品，都是一些老仿的“老充头”和不能被收藏投资者完全认可的、辨识证据不足或不“开门”的老画，所以用低价成交品的价格来相比较，得出的信息是不完全准确的。而古代书画大家的高价成交作品，大多是来路正、“大开门”、证据充分的精妙之作，故在相同水准、地位的书画大家之间才有可比性。因为古代书画不同于当代和近现代书画，没有太多人为的可炒作性，唯有绘画史上的学术定位对其市场价格影响最大。因此，学术定位如果不准确，就会使该画家作品的市场价格产生价值偏离。

下面笔者就对萧云从的绘画艺术与学术价值，以及乡籍进行一些简析。

萧云从，芜湖人，生于1596年，卒于1669年，享年74岁；字尺木，号于湖渔人、区湖、默思、无闷道人，明亡后称钟山老人、钟山梅下僧，寓仰钟山明陵之意；工诗文，精律历、六书之学，善画山水、人物、花鸟，体备众法，所作笔意清疏韶秀，饶有逸致，晚年放笔，自成一格；是明末清初姑孰画派的旗帜，新安画派的开启者、引路人；木刻版画上，是与陈洪绶双峰并峙的一代大家，而在木刻山水版画上，萧氏则是高帜独悬，无人可比的。

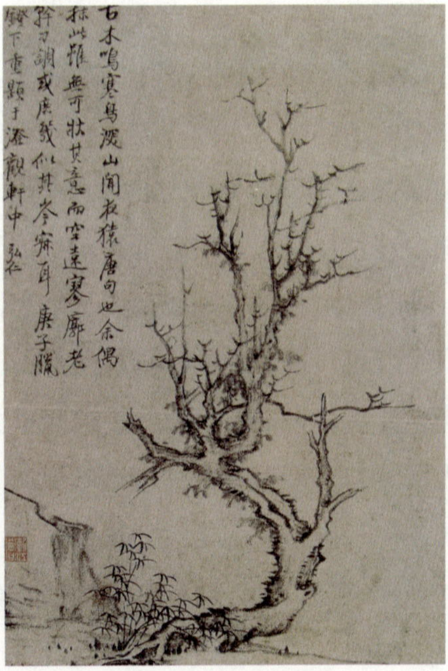

图2　弘仁《枯木竹石图轴》　浙江省博物馆藏

新安画派的代表人物、清初“四僧”之一的弘仁和宣城画派的代表人物梅清，都曾多次赴芜湖向萧云从请教画艺，所以在浙江中年的画作上与梅清的山水画上，可以清晰地见到萧云从的影子（图1、图2）。不过弘仁虽学画于萧尺木，但其后期画作较之尺木，却多了几分冷寂、孤寒之气和超逸出尘、不食人间烟火的味道，有着一股自然的真气；其能学于尺木，而后画名大于尺木，可能就在于他学而能化、化而能变，不被尺木牢笼之故。笔者认为，这是源于弘仁的那份出世之心，也被其表现在笔端，呈现在我们的眼前了。而萧尺木的画作冲和淡雅、旷达幽远，虽孤高拔俗、超逸出群，但不出尘，因为尺木先生是一位入世的雅人高士。所以，萧云从的画有神品、多妙品、少有逸品；而弘仁的画有神品、多逸品、少有妙品。中国画自宋元大兴文人画，也就是书法性绘画后，特别明清是极力推崇逸品的。因此，神妙的绘画功力，抵不上超逸的境界，这反映出明清人们绘画审美的价值观，这种价值观影响着写绘画史的学者们，同时也左右着书画收藏者们的思路。若我们以唐、宋、元推崇神妙之笔，而不以明、清逸品为最高价值和主流标准的思想为指导的话，那现在中国绘画史对萧云从的评价和研究，则是不公正和不够深入的，书画市场对萧云从作品的价值定位也是不正确的。所以，我们应多角度更深入地研究和发掘萧云从画作中所蕴含的艺术个性和学术思想，还这位书画大家应有的历史地位和市场价值。

图3　萧云从《雪岳读书图》北京故宫博物院藏

这里我们就来欣赏一幅萧云从创作的精妙之作《雪岳读书图》（图3），此作是萧云从在57岁（1652）时创作的，现藏于北京故宫博物院，横47.7厘米，纵124.8厘米，为纸本浅设色雪景山水立轴。中国画表现雪景大多为“人物寂寂，围炉饮酒，惨冽游宦，雪笠寒人，骡纲运粮，雪江渡口，寒郊雪腊履冰之类也”（宋韩拙《山水纯全集》）。而萧尺木此图却为雪岳读书之图，通过描绘皓峰冻壑、荒寒寂寥的空间境象，表达他淡泊纯粹、超然物外的文人襟怀，“盖欲假此以寄其孤高拔俗之意耳”（文徵明自题画语）。全图崇山叠峦、树木葱茏，数间屋宇深掩其中；山石用浓墨勾勒，再用淡墨皴染阴面，以突出石之阳面积雪的效果，皴法清淡且多以侧笔皴擦，使山石肌理利索而清爽；树木则是以细笔勾写，赭色轻染，再缀白粉于树梢、松针之上作积雪，结构繁密，笔法严整，雅逸高洁的白粉装饰，有王维《辋川雪景》图的韵味；图的上方峰峦之上以青墨烘晕天空，衬出群山冻合、雪岳惨凛的气象，使构图呈繁而有序、多而不满的奇妙境界。

此图最为引人之处，也是透出萧尺木匠心独运的地方，首先是位于图下方正中“画眼”房屋里窗前的读书之人，于这样的孤寒之境中，他并不孤寂，因为我们从图侧的右下方，可以看到在积雪的山路之上，拄杖而来的访客，或为老友相探，或为慕名者求教，皆会给雪岳之中的读书人带来无尽的欢愉；再就是从山下至山上呈“之”字形摆布的数栋屋宇，在山上高处呈现出的那个亮色，其用亮丽的朱赭之色点醒全图，使惨凛、冻合的群峰，透出一丝暖意，让我们感知到尺木先生虽拔俗，但也入世的心态。同时这样布局也是一种折高折远的脉络，使山峦不被青墨所染的天空压低，全图更显高远之势。图的左上方萧云从用小楷题诗作记，他题款所用书体常是随画面用笔而变化的，此作用笔谨严，故题款以小楷为之，天真虚恬、工整秀美、一丝不苟，与图画互为映衬，相得益彰，具有庙堂之气象。而2008年嘉德春拍上拍的一幅萧云从《雪景山水图》（3.4平尺，成交价72.8万元），构图嵯峨幽奇，境界冷寂清润，也是仰可观山势崇高，细可赏笔墨逸趣的佳作；但全图用笔却率意简略、逸笔草草，迹简遒而味弥永，故题款亦用行书，简单一行只“区湖萧云从”五字，先楷后行用笔轻松、点画朴拙，与绘画用笔成贴切自然相融之态。

萧云从是不墨守成规而又敢于创新的人，有时他在画上写仿谁，那只是为了迎合当时人的口味，是一种入世的表现，但画的却完全是他自己的东西，大部分景致都是他所见之名山大川和家乡江南山水。如他在《太平山水图》（1648年清顺治戊子夏刊刻）中，于大多数画上都题有用古代某家画法，其实他的画法与他所题的某家，基本上没有什么关系。这是因为清代人特别讲求画法出处，似乎是讲出此法为谁，才很高明。正如萧云从在《太平山水图》后跋中所言，他这是应张万选所请，注明画法来历的，对他而言，这些只是应景文字，是符合买主的要求而已。因为他所画的《太平山水图》是家乡的山水风光，所用也是自家之法，虽学自古人，但已融会贯通、自成一格了。诚如郑振铎先生所言："可谓集大成之作矣"，绝非亦步亦趋，步古人后尘者可比拟。

图 4　萧云从 《太平山水图之芜湖范萝山图》

图 5　萧云从 《太平山水图之芜湖江屿古梅图》

萧云从为人个性耿直，在明崇祯十一年（1638）参加复社，参与抨击邪恶势力的政治斗争。入清后，拒绝做官，或游名山大川，或闭门读书，寄情于诗文书画之中。明末清初的安徽画家，如和州戴本孝等，都或多或少地受到过萧云从的影响，包括清初"四僧"之一的石涛上人，也间接地受到他的影响。可以肯定地说，石涛年轻时初游宣城、黄山时的绘画创作，是得益于梅清、弘仁的，其画黄山多受弘仁与梅清的影响，而弘仁、梅清是直接受教于萧云从的，因此，石涛在他们那里的所得，应多是萧云从的画学思想和创作理念。还有驰名中外的芜湖铁画，也是汤天池在他的指导下创造的。萧云从不但以其超逸的禀赋、深厚的学养、精湛的画艺，创作了许

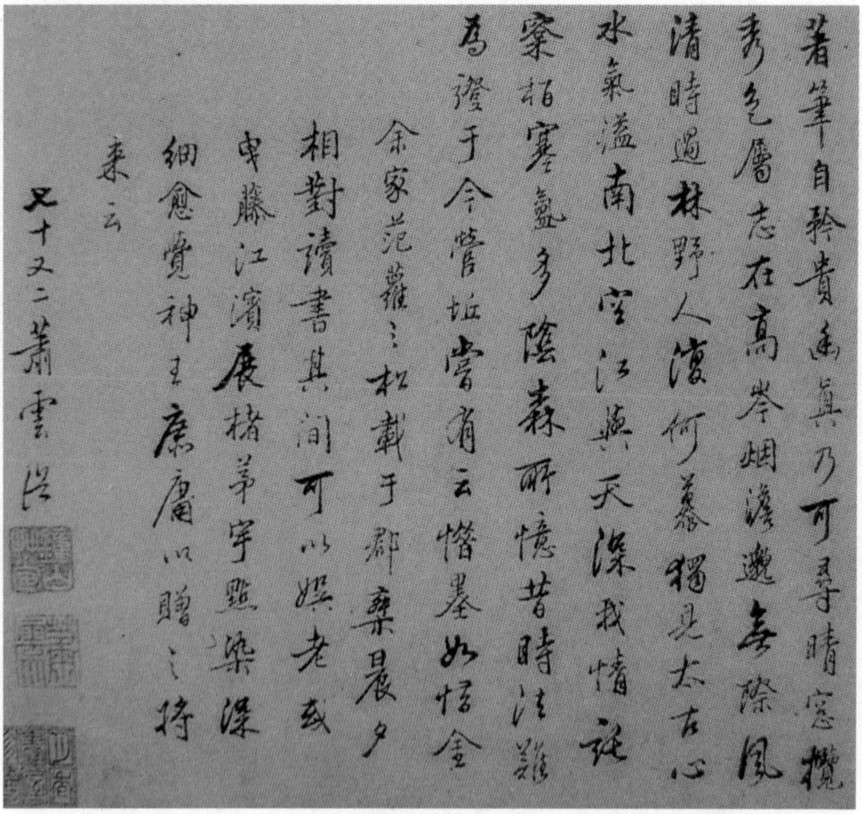

图6　萧云从 《江山胜览图》卷后题识 辽宁省博物馆藏

多前不逊古人，后可启来者的精妙画作，更为浙江和新安画派的崛起，立有引路、开启之功，使之成为中国美术史中浓重的一笔。并由于他的木刻《太平山水图》传入日本，而改变了日本画的面貌，奠定了日本画坛主流南宗文人画的基础。日本著名学者秋山光夫就曾说：“萧尺木艺术的影响，在我国绘画发展史上有很深的意义，这是谁都应该承认的。”由此可见，萧云从在17世纪中国，以及日本绘画史上影响是多么的大。

居于新安门户芜湖的萧云从，关于他的乡籍近年受到了学者陈传席的质疑，其主要理由是：萧云从只称自己为“于湖”或“于湖渔人”，“未说自己是芜湖人”，而且认为“于湖”是指当涂（其实“于湖”在芜湖与当涂交界处）。古代的地域管辖，用今人的眼光看是比较宽泛的。而古代文人，特别是书画家写款，虽是写实，但还是比较文学性的。萧云从的时代，芜湖归旧制太平府管辖，而太平府府治在当涂（姑孰）。所以，萧云从将太平府辖区当涂（15图）、芜湖（14图）、繁昌（13图），统纳入了《太平山水图》中。退一万步说，即使“于湖”像陈传席说的是指当涂（其实这种观点是不能成立的，早在清康熙十二年，即1673年的《太平府志》沿革中就记有：西晋时，于湖为芜湖、当涂两地共有。清康熙三十四年，即1695年的《当涂县志》亦称：“于湖为当涂之东南，芜湖之东北，二县具有其地，不专属芜湖也”，“日混芜湖、于湖为一者非”。这正说明了早在当时，本为芜湖、当涂两县共有的“于湖”，已被约定俗成为芜湖一地所有。如，南宋著名词人、书法家张孝祥，少年时随父移居芜湖，致仕退隐后亦回芜湖定居，死亦在芜湖，故世称其为“张于湖”，他也自号为“于湖居士”，芜湖至今尚存“状元坊”旧址地名。）生活在芜湖的萧云从，认为自己是太平府人，以自己的府地“于湖”“姑孰”自称也是正常的。他晚年曾号“钟山老人”并常题款为“钟山萧云从”，我们能认为他是金陵人吗？就如同我生在芜湖，在国内称自己为安徽人，出国称自己为中国人是一样的，并不能因为中国首都在北京我就是北京人，安徽省会在合肥我就是合肥人。更何况萧氏在《太平山水图》芜湖之《范萝山图》（图4）和《江屿古梅图》（图5）的题识中，已明确交代了“于湖”即芜湖这个地域概念，其中《范萝山图》在题萧照七言绝句后自识：“于湖范萝山出郭临江，所谓少尘事消客愁者也。诗为宋人萧照游览此山之咏，而郡乘不载，岂名山显晦，亦待时邪。”范萝山，位于芜湖城西，西临长江，东临宋高宗钦点的状元、于湖居士张孝祥“捐田为池，种芙蕖杨柳”（《四朝闻见录》）并居其畔的陶塘（张状元在此著有《于湖集》四十卷），是现今芜湖的市中心。“江屿古梅图”亦于题王安石七言律诗后自识："于湖旧传有古梅，耸峙干霄，放于十月，意即荆公诗之早梅耶。"

关于"范萝山"，萧云从在晚年72岁作《江山胜览图》（1667年，辽宁省博物馆藏）时，于卷尾题诗后，更是深情地写道："余家范萝之松，载于郡乘，晨夕相对，读书其间，可以娱老；或曳藤江滨，展楮茅宇，点染深细，愈觉神王，庶庸以赠之将来云。"（图6）稍晚于萧云从的清乾隆年间当涂人黄钺对芜湖，也有"于湖竹枝词"66首相赞，其中就有咏怀张孝祥之父张祁在陶塘所筑的"归去来堂"一首："升平桥畔状元坊，曾寓于湖张孝祥。一自归来堂没后，顿教风月属陶塘。"至于黄钺这位研究萧云从最权威的专家，一直认定萧云从是芜湖人，那是见诸历史，众所周知的事了。可见自宋到清，以"于湖"代称芜湖，在文人墨客中是常有的事。而陈传席先生以己之心妄自推论黄钺定萧云从为芜湖人，是不敢"违反圣意"，这是缺乏史实根据的，总不至于把"于湖居士"张孝祥，也认作是当涂人吧？由此可以看到，事实并不像陈传席说的"萧云从未说自己是芜湖人"。如是那样，萧云从一直自称为"于湖渔人"，并在《太平山水图》芜湖之《范萝山图》《江屿古梅图》上自识："于湖范萝山""于湖旧传有古梅"，而在当涂的15图和繁昌的13图上，没有一图题识为"于湖某某"景致，又当如何解释呢？其72岁所识："余家范萝之松"又是什么意思呢？当然，有无这些乡籍的质疑，都不影响萧云从的绘画艺术在17世纪中国画的重要历史时期绽放出耀眼的光芒！

今年是萧云从平生杰作《太平山水图》刊刻问世360周年，我谨以此文纪念这位乡贤前辈、书画大家、一代宗师。

（本文原载《文物天地》2008年第10期）

萧云从《离骚图》及序跋注文研究

潘啸龙　陈欣

家国沧桑一慨中，离骚图就思无穷。

遗民老去诗心苦，古壁长留画本工。

——沈祥龙《过萧尺木墓》

萧云从《离骚图》凡64图，包括《九歌图》9图、《天问图》54图、《三闾大夫卜居渔父》1图，总称《离骚图》。据《凡例》，萧云从曾绘有《远游》5图，但因战火被毁，而《香草图》则“有志未逮”。乾隆四十七年（1782），清高宗在四库呈览时得见此图，惜其佚阙不全，命补绘其余各篇插图，由四库馆绘图分校官门应兆耗时两年完成，除临摹萧氏原作64幅外，又补绘了91幅，共计155图，名为《钦定补绘萧云从离骚全图》。顺治二年（1645）五月，清兵进驻芜湖，萧云从离家避居高淳，直至顺治四年（1647）秋才返回芜湖。大多数研究者因《离骚图》之《自序》作于乙酉（1645），认为该图亦初刊于此年。然而《自序》所标明的时间是乙酉中秋，此时萧云从正避居外地，不太可能与歙县汤复合作镌刻，故笔者认为《离骚图》的初刊时间应是在顺治四年（1647）萧氏回到芜湖之后不久。《离骚图》的版本情况比较复杂，笔者所依据的版本为民国十六年（1927）武进陶湘玻璃版印《喜咏轩丛书》本。

萧云从《离骚图》有近八千字的注文和序跋，可以说是前无古人的。遗憾的是后世对它们不甚留意，门应兆《钦定补绘萧云从离骚全图》又只存图而舍注文及序跋，此本因《四库全书》著录而流传甚广，故其序跋注文逐渐湮没无闻。从《离骚图》各篇注文和序跋可以看出，萧云从在图绘之前曾仔细研读屈原作品以及王逸《楚辞章句》、朱熹《楚辞集注》、柳宗元《天对》和杨万里《天问天对解》等，并作精慎考据。萧云从《离骚图》作为配诗的插图，可以说是在忠实原作的前提下，运用纷纭的艺术想象，以生动传神之笔，展现其才思的精品佳构。

一《九歌图》："不肯沿袭"的独创性追求

纵观历代楚辞图绘作品，《九歌》无疑是古代画家文人最珍视的题材。历代《九歌图》既体现了不同时代画家对《九歌》的理解和诠释，又展现了不同画家的精湛技艺和个性风格。北宋著名画家李公麟的《九歌图》是现存最早的全套《九歌图》。李公麟善用线描并发展了白描技法，其《九歌图》人物秀朗，行笔精妙，是元明时期《九歌》题材绘画的标准范本。元人钱选、赵孟頫、张渥，明人董其昌、陆谨、仇英等，均是在李公麟《九歌图》的基础上，或作为范本临摹，或进行发挥和新创造的。

萧云从在《离骚图·自序》中说："近睹《九歌图》，不大称意，怪为改窜"。

笔者疑萧氏所指，即为明人陈洪绶所绘之版画《九歌图》。陈洪绶《九歌图》是在崇祯十一年（1638）来钦之《楚辞述注》付梓时作为插图付诸木刻的，在当时影响甚广。对于陈、萧《九歌图》各自的特点，姜亮夫所论极为精到："老莲（陈洪绶）笔意简古、俊美，尺木（萧云从）精细斟酌。老莲体认稍涉谲诡，容有所短，然富于故事性，而尺木用力真实，考据精慎，特有独到。”[1]近人罗振常云：“余所见《离骚图》，绘者有李龙眠、陈章侯、萧尺木三家，李、陈均图《九歌》，萧则兼及《天问》。论其笔意，则龙眠高古，章侯奇诡，尺木谨严，同绘一图，而落墨不同，为状各异。其不肯苟且沿袭，而能自用其心思，以各臻妙境如此，古人所为不可及也。”（1924年蟫隐庐影印《陈萧二家绘离骚图》本）姜亮夫、罗振常二人分别用“谲诡”“奇诡”来形容陈洪绶画作的风格，又均提及萧云从精慎的笔意和创作态度。这正是陈、萧二人最明显的不同之处，而陈洪绶笔意之“诡”，恐怕就是萧云从序称“不大称意”之缘由。罗振常指出，陈洪绶、萧云从二人画作的共同之处，在于均“不肯苟且沿袭”而能自用心思。此论诚为卓识。

萧云从的《九歌图》不愿蹈袭前人画作，在谨遵诗作原意的基础上，力求有所新创，显示了对艺术创作的苦心经营和独创性追求。主要表现在以下两个方面：

首先，构图富于创造性，形式多样，注重画面表现的场面和气氛。与张渥、赵孟頫和陈洪绶的《九歌图》仅正面凸显主神形象不同，萧云从除表现主神外，还把巫觋、从者亦作为表现的重要对象。萧云从《九歌图》凡九图二十五人，在容涵方面比张渥、赵孟頫和陈洪绶的《九歌图》有所扩充。构图形式多样，有一神一图、二神一图的，还有一神多人一图的，且注意画面的疏密处理。基于屈原《九歌》的祀神性质，萧云从在《九歌图》的创作中，更多融入了民间版画的元素，着重表现人神同乐的欢快场面。如《东君》图（图1）共有九人，为《九歌图》中人物最多的一幅。萧云从根据

[1] 姜亮夫：《楚辞书目五种》，中华书局1961年版，第387页。

《礼记》所载的祭日神之礼，绘日神东君站在龙车之上，双手举日向下俯瞰。龙与雷公一左一右同驾车辕，巧妙绘出了“驾龙辀兮乘雷”的意蕴。随行男女二人，男子背弓捧箭，为“射天狼”之用；女子手捧桂浆，以表现诗中“援北斗兮酌桂浆”之意。画面左下方五位迎神巫者，各拿着一种乐器在演奏，仔细一看，正是“緪瑟兮交鼓，萧钟兮瑶簴，鸣篪兮吹竽”句中的瑟、鼓、编钟、篪、竽五种乐器。图中神灵、从者皆面露喜色，场面热烈欢愉。

又如，萧云从一反前人一神一图的思路，而将《湘君》《湘夫人》合为一图，《大司命》《少司命》亦合为一图（图2）。两幅画面构图相似，人物成对角线分布，结构坚实，而方向相反，呼应感极强。萧云从谨遵诗句原意，在《湘君湘夫人》图中，让湘君驾飞龙在上（“驾飞龙兮北征”），湘夫人策骏马于下（“朝驰余马兮江皋”），中间杂布各种芳草；《大司命少司命》图，则是大司命乘龙在上（“乘龙兮辚辚，高驰兮冲天”），少司命手持翠旍在车盖之下（“孔盖兮翠旍”），云雾、山石点缀其间。二湘、二司命两两相望，彼此观照，各具情致。萧云从采韩愈、洪兴祖之说，以湘君为娥皇、湘夫人为女英，故所绘均为女性形象。萧云从注

图1　《东君》

图2　《湘君湘夫人》（左图）《大司命少司命》（右图）

云："此篇极尽情致，皆本于天性彝伦而出之，岂拾香草于江沅者哉！"鉴于《湘君》《湘夫人》诗篇情致的绵邈，萧云从主张表达其"天性彝伦"。萧云从认为少司命同大司命一样，亦是阳神，故均绘为男性形象。图中大司命表情安详，气韵生动。少司命虽仅绘其背影，然正如萧云从注文所云："阳阿晞发，浩歌临风，孔盖而拥幼者，则又望其诛除凶秽，休霖善良，而宜为民之所取正也"。其所表现的，正是"竦长剑兮拥幼艾，荪独宜兮为民正"（《少司命》）之诗蕴。二图之神均面容温善，姿态从容，与祀神的祥和气氛正相符合。

其次，形象塑造各具特色，不落前人窠臼。对于《九歌》各神的形象塑造，画家既要考虑屈子原作中的诗意形象，又要面对前代画家已经创造的绘画形象，以进行自己的新创造。萧云从在塑造神灵形象时，特别重视自身对屈原诗作的理解，而不囿于前代画作中的既创形象。其《画九歌图自跋》云："世工山鬼如狞魖，而太乙、东君、两司命殊无分辨，二湘同虑嫔，河伯类天吴，遂落笔改定，粉匀丹垩。"前代《九歌图》因东皇太一、东君、大司命和少司命均为男神，在形象塑造上多有雷同。萧云从则十分注意从各神的不同职守、神性特征加以区分。如绘东皇太一似华贵天子：身着帝服、头戴冕旒的东皇太一神情肃穆，手抚长剑，颇有王者风范。又如绘东君托日而出，绘云中君驾龙车飘举在舒卷的云中，正别具一格地彰显了日神、云神的各自特性，而不落前代画家笔下东君、云中君形象之窠臼。

又如宋人李公麟所绘之《山鬼图》，为一女子乘豹在山松、溪涧中穿行，肩披薜荔，微微含笑，着重表现"被薜荔兮带女萝""既含睇兮又宜笑"等句的意蕴。元人赵孟頫、张渥，则又把山鬼绘为骑赤豹，执灵芝的男性。后世画家所绘之山鬼虽男女有别、妍媸各异，然总体构思大多沿袭李公麟《山鬼图》，只是在背

图 3　《山鬼》（左图）《三闾大夫卜居渔父》（右图）

景上有简有繁，或是在细节上有所不同而已。萧云从在《山鬼》图（图3左）后注云：“画工狗马难，作鬼魅易，言尝目之莫欺也。使含睇宜笑，相遇于松阴，讵漫焉省识邪？故写山鬼如蒙棋者，谬矣。”萧云从所云“写山鬼如蒙棋者”，当是指陈洪绶把山鬼绘为面目狰狞的男性山怪。萧云从不满于此，根据屈辞原作之情思意蕴，仍将山鬼恢复为“含睇宜笑”而浪漫多情的女性形象。但与前代《山鬼图》重在山石树木的烘托不同，萧云从更注重与山鬼形象相关联的车驾护从之缘饰、布置。例如，对山鬼的坐骑“赤豹”“辛夷车”作重点描绘，以松柏、芝草和葛蔓等作装饰；根据诗中“雷填填”“猿啾啾”等语，还在空中、身后配以雷公、猿猴等作为衬景，更多地展现了山鬼的野性之美。

值得刮目相看的，还有《三闾大夫卜居渔父》图（图3右）。据萧氏《凡例》云：“屈子有石本名臣像，暨张僧繇图。俱丰下髭旁，不类枯槁憔悴之游江潭者也。又见宋史艺作《渔父图》，李公麟作《郑詹尹图》，皆有三闾真仪，如沈亚之《外传》，戴截云之冠，高缨长铗，拭巾以明洁也。今合为一图矣。”考明弘治、万历年间的历代名人圣贤像赞本，以及元赵孟頫、张渥等所绘的屈原像中，屈原多是头戴方形儒巾或圆形缁冠，神情淡定的圣贤化的儒者形象。陈洪绶所绘之屈原，则是行吟泽畔、躯体羸弱的孤独形象。萧云从对这几种形象塑造均不满意，故参考屈骚原作和沈亚之《屈原外传》的记载，把屈原与郑詹尹、渔父合绘一图，力图展现屈辞所述放逐中的三闾大夫之真实形貌。图中所绘之屈大夫头戴切云高冠，腰佩长剑，双手托拭巾，面容憔悴。正如学者郑振铎所云："其衣冠履杖，古朴典重，雅有六朝人画意，若'黄钟大吕之音'，非近人浅学者所能作也。"[1]

从《九歌图》及其序跋注文可以看出，萧云从思虑深至，以忠实的态度和学者式的严谨，复原屈原笔下的巫风楚韵，风格独树一帜。萧云从不肯蹈袭前人画作，力求有所新创，正显示了他艺术经营孜孜矻矻的苦心和对独创性的不舍追求。

二《天问图》："义存规鉴"的人文内涵

萧云从在《画九歌图自跋》之末说："吾用此与《天问》诸图锢铁函中，沉于幽泉，使华林诸君子，庸补萧《选》之阙云尔。"据此可推知，《天问》诸图的完成应在《九歌图》之前，由此亦可看出萧云从《离骚图》的主要用意和用力之所在。其《画天问图总序》云：

画家之工于堵壁，其楚先王之庙之遗乎？古者尸居监观，以为天道人事之正，象物而动，神禹铸鼎，文周勒钟，其来远矣。第美迪则吉，从慝则凶，俯仰之间，忧乐之顷，相应如响。乃暴者自谓有命在天，投龟詈之，囊血射之。悠悠苍天，亦无可如何于若辈矣。然则天至此，其不可问邪？问之不可，而复有对之者乎？对之不得，而复有画之者乎？抑何愚哉！夫嬴秦恃其富强，鞭笞天下。屈子见宗庙祠堂，不忍复会于荆棘中，而不甘遽死，遂事呵而问之，彼其中岂不知福善祸淫之若循环然邪？意谓天必有不可明告于人者，与人之必有不可解于天之故者，只此残粉沉丹，照耀四壁间

[1] 郑振铎：《劫中得书记》，上海古籍出版社2006年版，第7页。

者，凄凄然可相索也。

在这里，萧云从以画师身份，提出了画壁传统是否源于楚先王庙堂壁画之疑问。事实上，我国古代早就流传有“孔子观乎明堂，睹四门墉有尧舜之容、桀纣之象，而各有善恶之状、兴废之诫焉”（《孔子家语》）的记载，可知庙堂壁画由来已久，而且更可见出古人对庙堂壁画鉴诫作用的重视。萧云从序中指出，自古“天道人事之正”取法于物象，来源甚古。《左传·宣公三年》记载：“昔夏之方有德也，远方图物，贡金九牧。铸鼎象物，百物而为之备，使民知神奸。”又，王逸之子王延寿所作之《鲁灵光殿赋》，记述西汉景帝时所建宫室壁画云：“图画天地，品类群生。……贤愚成败，靡不载叙；恶以诫世，善以示后。”萧云从所云“福善祸淫之若循环”之理，即是此意。此序从《天问》诞生的源远背景考察，并从诗画相通的角度指出：屈原的构思方式和《天问》的表现形式，是与上古时代宗庙祠堂的结构形态相对应的，由此肯定《天问》是屈原的呵壁之作。其《总序》又云：

图其事者，先稽其典，则明法物之不可废也。至于舞干蛮遏，环辔戎归，则知远方之宜率服也；鼓刀负鼎，则庆贤人之遇也；醢身披发，则恸忠直之穷也；石膇桑育，虎乳鸟燠，脱焚出泉，则纪圣人之生不偶也。烛龙之启其长夜也，岐蛇之毙于自噬也，缝裳乱伦之賈首也，棘林肆情之蒙羞也，牛饮之膘也，虫尸之争也，此其仪型可鉴，而报复无殊者尔。……合而观之，无幽淑而不彰，无隐悖而不歼。被谗者有蚤名，窃据者无噍类。不得之于身，必得之于子孙。

看来，作为画师的萧云从，对绘画规劝鉴诫的社会伦理功能相当重视。正如宋代画论家郭若虚所云："盖古人必以圣贤形象、往昔事实，含毫命素，制为图画者，要在指鉴贤愚，发明治乱。"（《叙自古规鉴》）曹植《画赞序》亦云："存乎鉴者，图画也。"如上总序所引"鼓刀负鼎，则庆贤人之遇也；醢身披发，则恸忠直之穷也"，萧云从《天问图》中涉及古史人事的部分，多存有规劝鉴诫之内涵，其意也并不只在为当政者说教，而更体现着一种非常鲜明的人文精神。

图 4 《鸱龟曳衔永遏羽山》(左图)《少康逐犬》(右图)

如《鸱龟曳衔永遏羽山》图（图4左），萧云从注云："尧放鲧于羽山，飞鸟虫曳鲧而食之，三年不舍其罪。鲧狠愎而生禹，遂平九土。嗟乎！为国而死，蒙罪何辱？……故悉画之，以劈符命之说。"洪兴祖《楚辞补注》引《洪范》云："鲧堙洪水，汩陈其五行。帝乃震怒，不畀洪范九畴，彝伦攸斁。鲧则殛死，禹乃嗣兴，天乃锡禹洪范九畴，彝伦攸叙。"[1]正是以五行灾异之说，来阐释鲧禹治水的功过的。萧云从则明确反对这种灾异符命之说，而高度赞扬鲧平治洪水、为国而死的精神。此图画鲧赤身俯卧在波涛汹涌的洪水之中，两只飞鸟和一只大龟在其身上衔食，几块山石象征着鲧羽山放流的处境。整幅画面气氛悲壮，在赞扬鲧的同时，对帝尧诛杀贤臣的行径亦表现了深切的不满。

又如《天问》"惟浇在户，何求于嫂？何少康逐犬，而颠殒厥首？女岐缝裳，而馆同爰止；何颠易厥首，而亲以逢殆？"萧云从

[1] 洪兴祖：《楚辞补注》，中华书局1983年版，第90页。

绘为《少康逐犬》（图4右）一图，注云："朱、杨注云浇多力，至嫂之户，佯有所求而遂淫之。少康因猎放犬，遂袭浇而断其首。王注云误断其嫂首也。今因之特图以为禽兽行者之诫。"图中身背弓箭的少康一手挥剑，一手提女岐头颅奋力追赶，猎犬随奔其侧；浇则是袒胸露乳，一手护头，一手拿衣，丢帽弃鞋，仓皇逃窜。整幅画面简洁生动，一正一邪，对比强烈，有力地表现了对荒淫邪恶之行的批判精神。

清人王先谦评萧云从《离骚图》云："博考前经，义存规鉴，颇合古人左图右书之意"（《东华续录》）。今人郑振铎也说："《天问图》全部洋洋洒洒的五十四幅，无一懈笔，一方面需要通过十分精细的考据，一方面也需要繁重绵密的功力，这是一部光辉的大作品。"[1]《天问》本即屈原讽喻现实的抒愤之作，一些楚辞学者借由注解《天问》借古讽今，以抒发对国家民族危亡的忧愤。萧云从则在寄托遗民之思的同时，赋予《天问图》"义存规鉴"的思想内涵，以绘画批判荒淫邪恶之行径，赞颂舍己救世之精神，体现了萧氏《离骚图》笔之所到、思之久远的人文关怀。

三 处乱托忧：笔墨灌注的遗民之思

明清嬗代，在汉族文人士大夫看来不是一般的朝代更迭，也不是一般的亡国，而是亡天下。因为随着清人铁骑而来的，还有剃发易服以及意识形态、价值观念上的冲突。这种冲突又是通过血与火的暴力来解决的，其残酷性和震撼性自不待言。郑振铎说："尺木为明遗民，故绘《离骚》以见志，仅署'甲子'，而不书'顺治'

[1] 郑振铎：《楚辞图》，人民文学出版社1953年版。

年号。”[1]不仅《离骚图》不署清朝年号，萧云从入清后所作之画皆是如此。《离骚图》创作于明清鼎革的动乱年代，《自序》说出了他的创作动机：“大约征形烁理，使后人翻覆玩绎，凄紊以想古人处乱托忧之难。而环琦卓谲，足以惊心动魄，知阴阳鬼神之不可测，俾明治乱之数，芳秽之辨，有自来尔”。可见萧云从的《离骚图》，正是有感于国破家亡、坚贞之士“处乱托忧”之难而创作的，在其图画的笔墨之中，自然灌注了这位遗民哀念故国的深切情思。

如《天问》云：“彼王纣之躬，孰使乱惑？何恶辅弼，谗谄是服？比干何逆，而抑沈之？雷开阿顺，而赐封之。何圣人之一德，卒其异方？梅伯受醢，箕子佯狂。”萧云从据此绘为《箕狂梅醢》（图5）一图，以寄其哀愤。王逸注原诗云：“雷开，佞人也。阿顺于纣，乃赐之金玉而封之也。”“梅伯忠直，而数谏纣，纣怒，乃杀之，菹醢其身。箕子见之，则被发佯狂也。”[2]这一历史大悲剧，在萧氏图中，化为被砍成肉酱装入坛子的梅伯，只剩头颅露出坛口的景象，可谓触目惊心！在旁的纣王叔父箕子，看见梅伯受醢刑，而披发装疯，那衣衫零乱、冠带坠地的景象，同样令人哀慨！萧云从注曰：“雷开受赐不足画，止以箕狂梅醢为图，著古人顺受之正。”其《画天问图总序》更明确指出：“醢身披发，则恸忠直之穷也”。所谓“恸忠直之穷”，正表现了萧氏在笔墨挥写之

图5 《箕狂梅醢》

[1] 郑振铎：《劫中得书记》，上海古籍出版社2006年版，第7页。
[2] 洪兴祖：《楚辞补注》，中华书局1983年版，第2112页。

中，对与商纣王朝迫害忠良相似的晚明王朝之覆灭，所挟带的沉痛和悲愤。

萧云从《离骚图》以楚辞作为载体，表现其忠正之义与清峻之节；在其笔墨中灌注的这种沉痛和悲愤，也正是他图绘之精神所在。萧云从《画九歌图自跋》云：

仆本恨人，既长贫贱，抱疴不死。家区湖之上，秋风夜雨，万木凋摇。每听要眇之音，不知涕泗之横集，岂复有情之所钟乎！谢皋羽击竹如意，哭于西台，终吟《九歌》一阕；雪庵和尚泛舟贵阳河，读《楚辞》毕，则投一纸于水中，号鸣不已。两人心湛狂疾，恋慕各有所归。……然而冥心澄虑，寄愁天上而幻出之，所谓思之思之，鬼神通之者，画师亦难言矣。嗟乎！屈子栖玉笥山作《九歌》以乐神，又托以风谏。彼其时尚有摈之者也，有谗之者也，我将何求乎？吾用此与《天问》诸图錮铁函中，沉于幽泉，使华林诸君子，庸补萧《选》之阙云尔。

从萧云从跋文中"仆本恨人""抱疴不死"之语，可以想见其作为故明遗民的精神创伤和黍离之悲。作为历经亡国之痛的明遗民，萧云从的生命处境和心境异常孤绝，其晚号钟山老人，即隐含着仰望钟山陵阙（即明皇陵）之意。这段跋文中提到的两个人，谢翱和雪庵和尚都是历史上的著名人物。谢翱（字皋羽，一字皋父）是南宋末年的爱国志士、诗人，为人倜傥有大节。文天祥起兵抗元时，谢翱倾尽家资募集乡兵数百人投奔文公，任谘议参军。宋亡文天祥就义后，谢翱始终无法释怀，浪迹于江浙闽地区的山川名胜间，寻访南宋遗老，遇名台必哭祭文公，曾作《西台恸哭记》。萧云从钦慕谢翱志节，绘有《西台恸哭图》，并在画上题曰："宋谢皋父事，用赵子固笔法为之，盖其志同也。"赵孟坚（字子固）是南宋遗民画家，由此可见萧云从的用意，正是借由夙昔遗民之典型，来表明自己的遗民志节。

雪庵和尚原是建文帝朱允炆之臣，因不愿侍奉篡位的明成祖朱棣而剃度为僧，走避重庆。据郑为先生考证，雪庵和尚即随建文帝出走，曾做过监察御史的叶希贤。[1]王逸《楚辞章句》清初溪香馆刻本，即是明代卢之颐之师严氏闻国变后，命卢之颐刊印的。严氏云："汝知雪庵和尚之事乎？和尚名暨，不知其姓。靖难初，恸哭落发为僧。好楚辞，时时袖之。登小舟，急棹滩中流，朗诵一叶，辄投一叶于水。投已辄哭，哭已又读，终卷乃已。此吾欲梓之意，汝宜申数言以彰此经。"[2]即效法雪庵和尚诵读楚辞以寄其忠贞之思。雪庵和尚的生平事迹在明代流传甚广，到明末清初，已成为具有遗民气节的文人士子常常论及的榜样。

此跋文中还隐藏着另一位遗民志士，只是萧云从没有明确说出他的名字，那就是与谢翱齐名的南宋遗民郑思肖。南宋灭亡后，他不愿臣服于蒙元的统治，坚持民族气节，晚年将其字字血泪的诗文集《心史》以铁函密封，沉入苏州承天寺一井中。这部奇书直至三百五十余年后的明崇祯十一年（1638）冬始被发现，得以重见天日。萧云从所云"用此（笔者按：指《九歌图》）与《天问》诸图锢铁函中，沉于幽泉"，正是想要效仿郑思肖以表其幽贞之情。为寻求人格上的认同，前代遗民自然成为萧云从自我比拟的对象。明清鼎革是异族入主中原，故萧云从的遗民之思，并不只系心于一家一姓，而是像屈子一样，寄托着对故国宗土、自己民族的深切情怀，其深契于屈子的爱国之心自不言而喻。清人李楷为萧云从《离骚图》所作序云："楚大夫之骚经，继三百，启六朝，悲吟欷呬，

[1] 郑为：《论石涛生活行迹、思想递变及艺术成就》，《文物》1962年12期。
[2] 崔富章：《楚辞书目五种续编》，上海古籍出版社1993年版，第33—34页。

尤于今时为宜。……尺木穷甚于洛阳（笔者按：指贾谊）、河东（笔者按：指柳宗元），能以歌咢哭啼，尚友乎骚人。惟其有之，是以似之。”萧云从创作六十四幅《离骚图》，以寄托、抒发异代同感之深切悲怆。人们在屈原诗与萧云从的画作之间，正可以感受到二者心灵之如此相契，爱国情怀之如此交映！

综上所论，萧云从之画不愿蹈袭前人画作，力求有所新创，显示了对艺术创造的苦心经营和独创性追求；基于绘画的诫世功用，萧云从的图绘多蕴有规劝鉴诫的思想内涵，体现了笔之所到、思之久远的人文关怀；作为明代遗民，萧云从深契于屈子的爱国之心，在《离骚图》的笔墨之中，还灌注着深沉的哀愤和思怀故国之情。《离骚图》无疑是我国古代楚辞图绘中的精品，其艺术价值和精神内蕴，理应得到千秋万代之珍重。

（本文原载《安徽师范大学学报·人文社会科学版》2012年第3期）

萧云从《饮计部宋玉叔署中》写作年代考

张宪华

清代芜湖人黄钺《壹斋集·萧汤二老遗诗合编》收集萧云从（字尺木）遗作七言律诗30首，写作年月大多不详。如果不对这些诗作的年月进行考订，那么，就很难透辟地理解其诗意。本篇试考订萧云从的一首诗，全诗抄录如下：

同方尔止、方位伯饮计部宋玉叔署中
粉署寒花自耐芳，升沉共叹在冰霜。
江边解醉鱼多旨，秋后题诗雁数行。
仙史有情邀待月，玉人无梦得还乡。
呜茄苑外相催去，归度中流尚夕阳。[1]

诗题中“方尔止”即方文（1612—1669），安徽桐城人。入清后云游四方，以占卜行医谋生，是清初重要的遗民诗人。“方位伯”即大学者方以智次子方中通（1634—1698），后以数学、

[1] 黄钺：《壹斋集》，黄山书社1999年版，第888页。

天文学闻名。“计部宋玉叔”指时任清户部主事的宋琬（1614—1674），明清时期称户部为计部。宋琬是山东莱阳人，明末流寓江南，加入复社，并与方文等人交好，宋琬是清初著名诗人，与宣城施闰章齐名，时称“南施北宋”。《清史列传》卷七〇《文苑传》说宋琬“顺治四年进士，授户部主事。七年，监督芜湖钞关。洁己恤商，税额仍溢。累迁吏部郎中。”查检几种方志，顺治年间芜湖榷关任职官员，均无宋琬其人，不知何故?或许和当时户关、工关并立，满汉各派一司官有关，人数过多而致漏载耶?俟后更考。但是宋琬诗集里有《岁杪方尔止过芜湖官署》（《安雅堂未刻稿》卷四，七言律诗），《立春日过赭山寺》（《安雅堂未刻稿》卷三，五言律诗），“遣怀诗序云：芜署最隘，拓小屋一间为书舍”（《安雅堂诗》，七言律九十首”）诸诗，[1]可见宋琬确实在芜湖榷关工作过。总之，宋琬在芜湖榷关的任职时间，关系到考定萧云从此诗的写作年代。

沿着《清史列传》提供的顺治七年（1650）的线索，我们又从方文诗集中找到一些佐证材料。方文诗集《嵞山集》署有干支纪年。顺治六年（1649）己丑，方文写下《芜湖访宋玉叔计部感旧四首》《祀灶日宿宋玉叔官舍有感》。按祀灶日为农历腊月二十三日，民间习俗有“小年”之称，可与宋琬《岁杪方尔止过芜湖官署》相印证。顺治七年（1650）庚寅，方文写下《初度日宋玉叔计部载酒见访因偕萧尺木罗天成登范罗山限春光二字》《雨夜宿宋玉叔署斋分韵明日将之宛陵》（该诗有“只恐君行后，无人知我饥”之句）等诗。[2]细研方文诗篇，再参以宋琬的诗，可知宋琬任职时间为顺治六年（1649）至顺治七年（1650）秋。这也符合当时“榷关

[1] 宋琬：《安雅堂诗集》，四部备要本。

[2] 方文：《嵞山集》，上海古籍出版社1979年版。

使者”任期一年的规定。

现在，回到萧云从诗上来。据萧诗次联“秋后题诗雁数行”，其时当为秋季。颈联里“仙史”通“仙曹”“仙使”，与首联里“粉署”（尚书省之别称）一样，都是指代宋琬，因为宋玉叔是中央机关派来监督芜湖关的官员。“江边解醉鱼多旨”，说明酒宴主菜为鱼类。我们知道，芜湖滨江临河，地多池塘，水产品丰富，流行食鱼习俗。清中期时黄钺说：“夏秋午后，有篮鱼入市者谓之钓上，此芜湖旧俗也。晚饭得鲜鲫二尾，询及钓上所得，喜其乡风仍在，为赋三绝”[1]。总之，此诗可能为宋琬即将离芜，邀请萧尺木、方尔止等人的酒宴。萧云从有感而发，遂于清顺治七年（1650）秋天赋成此诗。

（本文原题为《萧云从一首诗的写作年代》，
原载《图书馆工作》2001年第2期）

[1] 黄钺：《壹斋集》，黄山书社1999年版，第728页。

萧云从与新安画派

——兼谈《论弘仁〈黄山图册〉的归属》

王永林

古人云："他山之石，可以攻玉。"其实未必尽然，因为那石要比玉更硬才能攻得。近日读到美国学者高居翰先生的《论弘仁〈黄山图册〉的归属》一文，引发了我的一些思考，并对文中涉及萧云从与新安画派的关系进行了梳理。这种梳理既是对明末清初那段遗民美术史的回顾，也是对在进行书画鉴赏时，应如何理解"传承与发展"这个命题的探究。

一 萧云从其人

萧云从，芜湖人，生于1596年，卒于1669年，享年74岁，字尺木，号于湖渔人、区湖、默思、无闷道人。他为人个性耿直，在明崇祯十一年（1638）加入复社，参与抨击邪恶势力的政治斗争；明亡后称钟山老人、钟山梅下僧，寓仰钟山明陵之意；入清后，拒绝做官，或游名山大川，或闭门读书，寄情于诗文书画之中。萧云从工诗文，精律历、六书之学，善画山水、人物、花鸟，体备众法，所作笔意清疏韶秀，饶有逸致，晚年放笔，自成一格，被后人尊为明末清初姑孰画派的领袖。乾隆皇帝曾题诗赞其画："几点萧萧树，疏皴淡淡山。由来以意胜，无不寓神间。秋景宜寥廓，客人自往还。粗中具工细，识语破天慳。”

在木刻版画创作上，他与陈洪绶是双峰并峙的一代大家，特别在山水木刻版画上，萧云从更是高帜独悬、无人可比。他还是新安画派的开启者、引路人，新安画派的代表人物孙逸与其过从甚密；清初四僧之一、新安画派的开派大家弘仁和宣城画派的梅清都曾多次赴芜湖向萧云从请教画艺。驰名中外的芜湖铁画也是汤天池在他的指导下创造的。由于他的《太平山水诗画》传入日本，从而改变了日本画的面貌，奠定了日本画坛主流南宗文人画的基础。因此，《太平山水诗画》也被日本画坛尊为《萧云从画谱》。由此可见萧云从在17世纪中、日绘画史上的影响之大。

二 萧云从与孙逸的关系

孙逸（1604—1657），字无逸，号疏林，休宁人，与渐江、查士标、汪之瑞并称为“海阳四大家”。1644年之后，他流寓芜湖，避世隐居，与萧云从志同道合，来往特别密切，时常在一起切磋画艺。其与萧云从齐名，人以为文待诏后身，时称“江左二家”和“孙萧”。由萧云从戊戌（1658）小雪题孙逸临唐寅《鹤林玉露册》所言：“余髫时便模唐解元此册，不能淡远，与子西所云超轶尘外之义殊失也。无逸，静者也。太古小年，殓缉于一毫端，故落笔有青蓝之异。昔辋川图出右丞手，以米氏父子临之，犹自叹为刻画。得郭恕先细绣妙颖，始贞砥珉，然不若无逸绝伦逸群尔……”可知俩人交情非同一般。

其实，从画的数量和质量上看，萧云从实际上都是超过孙逸的，但他谦逊地自认为在临唐六如画的淡远、静泊方面不如孙逸。为此，他对孙逸倍加赞扬。这一切，反映出他们建筑在相同思想情志上的惺惺相惜和艺术上的相互砥砺。

三 萧云从与梅清的关系

梅清（1623—1697），字渊公，号瞿山，宣城人，黄山画派的代表人物，和渐江、石涛并称为“黄山画派三巨子”，与萧云从相识较早。萧云从也去过宣城，他长梅清二十七岁，属于两代人、忘年交。梅清是在二十岁左右专程到芜湖拜见当时已颇有名气的萧云从，他在作于1653年的《芜江萧子尺木》诗序中写道：“宛水距芜江不二百里，乃一别竟十余年。回首昔游，不胜怅望。”并诗云：“江上才名独有君，画师词客总难群。西庄自足王摩诘，坐客何忧郑广文。按卷近翻新律吕，开图长见旧烟云。春来小阮曾相问，书到扁舟可一闻。”这说明他和萧云从之间是有着很深厚的感情。

1662年梅清游金陵时，又到芜湖拜访萧云从，萧云从作有《题画赠渊公》诗：“秋华揽尽日幽闲，放艇开尊暮未还。有句惊人怀老谢，松风直到敬亭山。”可见萧云从对梅清的诗画亦倍加推重。我们从梅清的画中，可以明显地见到萧云从对他的影响，尤其松树画法与萧云从所画几乎一致，透露出其间青出于蓝的关系。

四 萧云从与渐江的关系

僧渐江（1610—1664），法名弘仁，号梅花古衲，歙县人。在芜湖城里和宣城湾沚（湾沚又名沚津，后为芜湖县城所在地）寄居过多年，曾住锡准提庵，由徽州太平县人汤燕生介绍，与生活在芜湖的萧云从往还甚密。萧云从比渐江大十四岁，他们的画风有相似之处，这无疑是萧云从的艺术影响了渐江。渐江在四十八岁客居南京时，为胡致果（即胡其毅，十竹斋主人胡正言的儿子。而胡正言与萧云从是老友，萧云从七十二岁时在南京曾为“年开九秩”的胡正言作山水并赋诗）作《十竹斋图》，画上有曹寅（1658—1712）

题诗并跋曰：“逸气云林逊作家，老来闲手种梅花。吉光片羽休轻觑，曾敌梁园玉画叉。渐师学画于尺木，而品致迴出其上……”这则题跋明确说出了渐江曾师事萧尺木的史实。我们再看渐江所作《黄山图册》（图1、2、3、4，现藏北京故宫博物院）后面萧云从的题跋，也可知他们之间的关系。其跋云：“山水之游，似有前缘。余尝东登泰岱，南渡钱塘，而邻界黄海，遂未得一到。今老惫矣，扶筇难陟，惟喜听人说斯奇耳。渐公每为我言其概。余恒谓天下至奇之山，须以至灵之笔写之。乃师归故里，结庵莲花峰下，烟云变幻，寝食于兹，胸怀浩乐。因取山中诸名胜，制为小册。层峦怪石，老树虬松，流水澄潭，丹岩巨壑，靡一不备。天都异境，不必身历其间，已宛然在目矣。诚画中之三昧哉！余老画师也，绘事不让前哲，及睹斯图，令我敛手。钟山梅下七十老人萧云从题于无闷斋。”（图5、6）

图1　弘仁　《黄山图册之莲花峰》　北京故宫博物院藏

在这段跋里“渐公每为我言其概”，可见他们交往密切。“余恒谓天下至奇之山，须以至灵之笔写之”，可知萧云从经常对渐江说，要以至灵之笔写至奇之山。怎样才能有“至灵之笔”呢？那就是要深入生活，仔细观察。渐江按照萧云从的意见去做了，从芜湖回歙县后，再登黄山，“结庵莲花峰下，烟云变幻，寝食于兹，胸怀浩乐”。这样才创作出这部《黄山图册》，“层峦怪石，老树虬松，流水澄潭，丹岩巨壑，靡一不备”。而最后萧云从自称“余

2 | 3
4

图2　弘仁　《黄山图册之白砂岭》　北京故宫博物院藏

图3　弘仁　《黄山图册之散花坞》　北京故宫博物院藏

图4　弘仁　《黄山图册之狮子林》　北京故宫博物院藏

狮子林

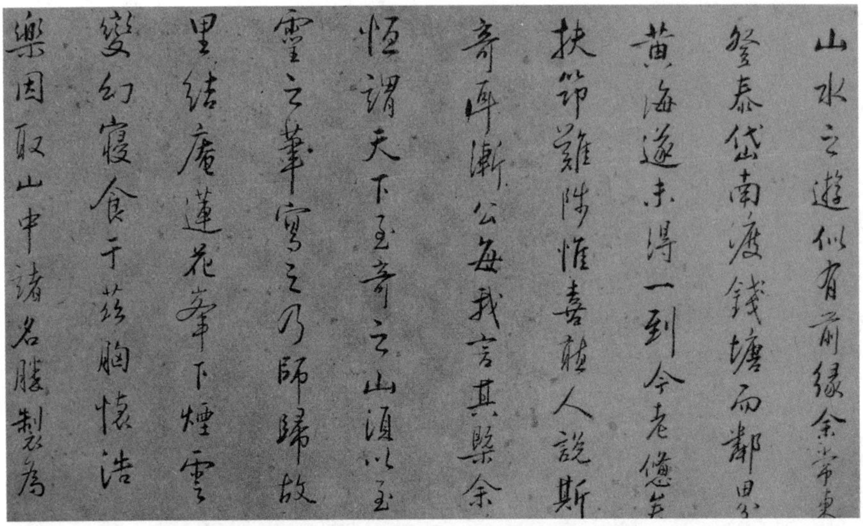

图 5　萧云从 题弘仁《黄山图册》跋一 北京故宫博物院藏

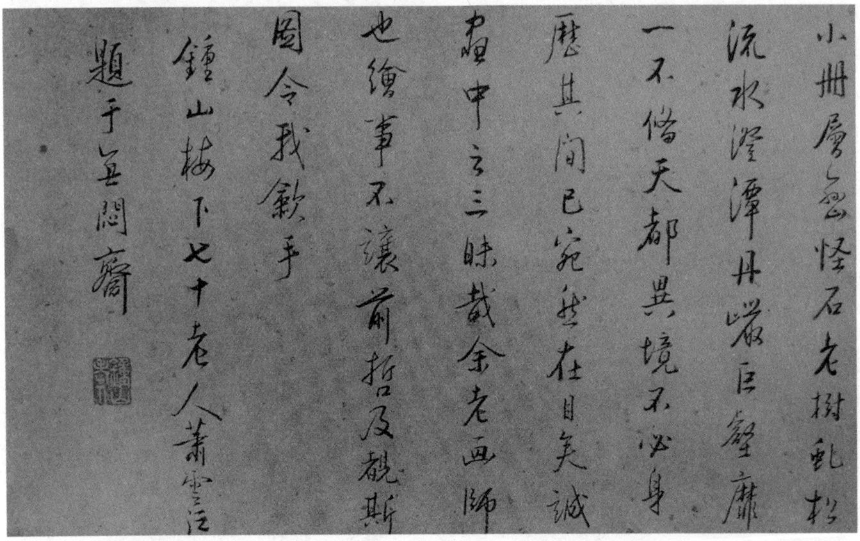

图 6　萧云从 题弘仁《黄山图册》跋二 北京故宫博物院藏

老画师也，绘事不让前哲”但“及睹斯图”则又谦虚地说“令我敛手”这些都是老师的语气，与程邃、唐允甲、查士标、杨自发、汪家珍等人在此册上题跋的语气是不一样的，这是因为他们与渐江的关系是朋友，而不是师生。

萧云从与渐江都是明朝遗民，他们的艺术观点、创作方法和政治态度也都相同，并都是先遍学宋、元名家，后以倪、黄为师，而能自成面貌。萧云从的艺术实践在渐江之先，并将取得的经验传之于渐江，《黄山图册》就是很好的说明。不但如此，我们现在看到的渐江作品，以庚子后为多为好，也就是渐江五十一岁以后的作品质量提高了，这固然是由于他的生活实践和创作实践的结果，但也是与萧云从的指导和帮助分不开的。

另外，渐江俗姓江，名韬，字六奇，其祖先为齐梁后裔，其江为萧江，本姓萧，至唐有名桢者，才改姓江，渡江世居歙县黄墩。渐江有可能与萧云从叙过家谱，如是那样，渐江学于萧云从还算是传家学，有这么多相同点就更自然了。正因为渐江早期学萧尺木很像，所以美国学者高居翰先生甚至把弘仁的《黄山图册》还误认为是萧云从所作，他追究的是：为什么全册每页都盖了同一方印章？为什么这方印章在其他弘仁作品上没有见过？为什么没有署

图 7　梅清　《黄山图册之莲花峰》　北京故宫博物院藏

款、题跋？为什么风格、技法很接近萧云从，而不像弘仁成熟期的代表作？同时他还认为“这本画册看来不是任何一个去过黄山的人所作。”这只因，萧云从在渐江《黄山图册》后面的题跋中说自己没有去过黄山，所以高氏才有此论。但他一定看过梅清所绘的黄山《莲花峰图》（图7），不知他在面对那联想大胆，诡异奇妙的意象构图时，会不会说梅清此作，也是一个从未到过黄山的人的作品。不过，这些猜测连高居翰自己在文中也说：“我承认我的论据不很充分，也是主观和不可能证实的”。最后，还是徐邦达、谢稚柳先生从笔性、气息上确认是渐江所作无疑，只不过是早期作品，有萧尺木的影响而已。

其实，我认为《黄山图册》就是渐江早年在芜湖受萧云从的启发后，回到黄山“结庵莲花峰下”，看“烟云变幻”有所悟，“因取山中诸名胜”，而勾画的一部黄山景致的写生册，是他为自己以后的创作而留的“粉本”画稿（也有“课徒稿”的可能）。所以，六十页之巨册未署名款和题跋，也就不奇怪了，像董其昌就有自留的册页或画作，故意不署款、钤印的习惯。至于六十页都用同一方印章和隶书标注的地名是否为其本人所书，就更无需考究了，何况印章没有见过并不能成为证其为伪的证据。而且，从创作上来讲，早期的勾描写生稿与后期精心经营创作的成熟作品，有点不同，并带有一些师承学习的痕迹，以及构图也没有成熟期那么洗练简逸，都是很正常的事情。还有，渐江早年也是转益多师，对宋、元山水名家技法多有涉猎，晚期才专学倪云林，确立了自己的笔墨风格，高氏对《黄山图册》中出现了多种技法，而非全是弘仁成熟期风格有怀疑，就更没有道理了。这件事也说明，外国学者看中国书画终究还是隔着一层，正如谢稚柳先生所言：“关键他看不懂画的本身，只是抓到一些外形”。再者，《黄山图册》的第一位收藏者就是渐江的侄子、画家江注，这也从另一个侧面反映出，此册是渐江自留的“粉本”，抑或“课徒稿”的论点，是可以站得住脚的。

五 渐江与芜湖的关系

据汪世清辑《渐江年表》：清顺治九年壬辰（1652）九月，43岁的渐江在宣城碧霞道院作《竹岸芦浦图卷》。十二月，程守自南京来芜湖，与渐江相见，旋即别去。

我们从渐江遗存的部分画迹来看，他在清顺治十二年乙未（1655），46岁时也到过芜湖，并且偶见王孟端小册，用其意，画了一幅山水扇面，寄给龙超居士。他在《仿王孟端山水扇》上题道：“偶见王孟端小册，用拟其意，寄龙超居士，乙未蒲月，明客区湖。渐江僧。”蒲月指农历五月，区湖即指芜湖（区湖实际上是欧湖，在芜湖荆山附近，因纪念元代芜湖县令欧阳玄得名。欧与区可以同音。）由此可知弘仁是年五月在芜湖。

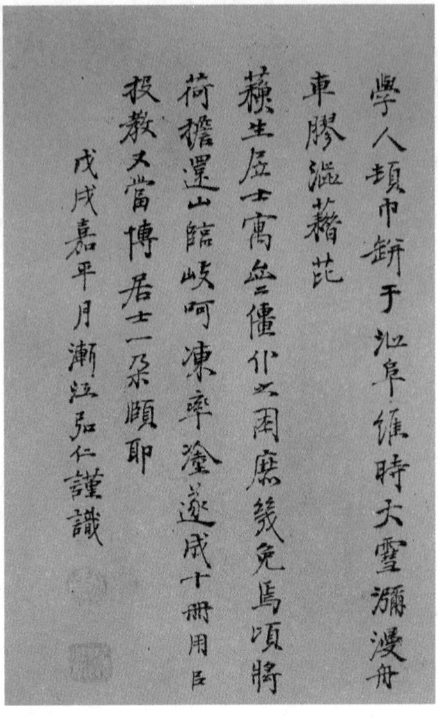

图8 弘仁《山水梅花册》款识 安徽省博物馆藏

顺治十五年戊戌（1658）腊月，时年49岁的渐江又来到沚阜，在沚阜画《山水梅花》册，该册为纸本，纵22厘米，横14厘米，墨笔，共11幅。有画10页，山水9幅，梅花1幅，无款，分钤“渐江”朱文连珠印、“渐江”白文印、“弘仁”朱文圆印。第11页是作者自跋：“学人顿巾瓶于沚阜。维时大雪弥漫，舟车胶涩。藉芘苏生居士寓斋，僵仆之困，庶几免焉。顷将荷担还山，临歧呵冻率涂，遂成十册。用以投教，又当博居士一朵颐耶。戊戌嘉平月，渐江弘仁谨识。”（图8）下钤二印，一圆朱文印“弘仁”，一方白文印“渐江”。此册现藏安徽省博物馆。沚阜即湾沚，原属宣城，后为芜湖县治。

这次，他在湾沚住了很长时间，后又画了《梅花书屋图》，现藏北京故宫博物院。其上自题：“雪余冻乌守梅花，尔汝依栖似一家。可幸岁朝酬应简，汲将陶瓮缓煎茶。度腊沚水，己亥元日，偶成短句，并为拈此寄直遇亭口一啸。弘仁”（图9）钤“渐江”白文印。图下左右角另有“悲秋阁”“胡小珍藏”两方朱文藏印。观此可知他在顺治十六年（1659）正月初一仍在湾沚，“沚水”之水乃指湾沚境内的青弋江。

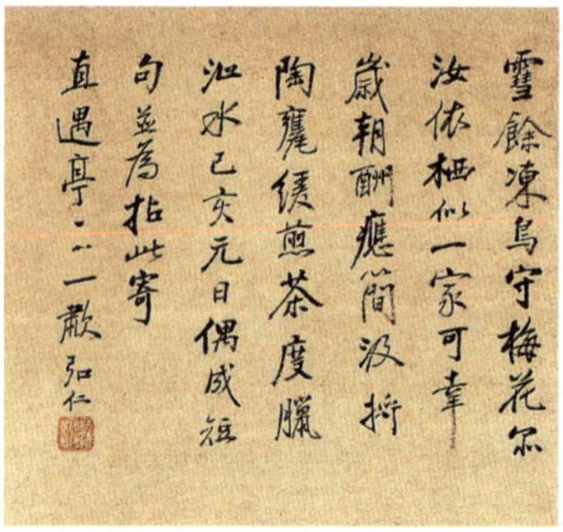

图9　弘仁《梅花书屋图》款识 北京故宫博物院藏

结　语

“论弘仁《黄山图册》的归属”这个话题是发生在二十世纪八十年代，在安徽合肥召开的纪念渐江大师逝世三百二十周年的黄山画派国际学术研讨会上。据当时与会的萧平老师回忆，当高居翰此论一出，参会的北京故宫博物院领导就颇感不快和不安，即请徐邦达先生在会上进行了反驳，并在会后亦有专论发表。其实，弘仁之于萧云从是“传承与发展”的关系，正因为“传承”而有老师的影子，也正因为“发展”“而品致迥出其上”。只能说相比于弘仁成熟期用冷峭凝重的笔触，营造出的寂静幽逸之境，其《黄山图册》是更近于萧尺木的入世情怀，而且表现手法也像尺木一样，学习用各种笔法、手段来表现自然景观，和其后期相对单一、固定的笔调，似有不同，但细察其用笔尖峭处见腴润、冷峻处见苍劲的风格，则是一以贯之的，后期作品的构图也是由此而发展开来的，只是后期由于个人修养的原因，更多了一点出尘的味道，少了人间的烟火之气。

中国书画自古以来成大家者，都是在传承中求发展，而且很多人在学习前辈时，可以达到惟妙惟肖、几可乱真的程度，所以如果鉴赏中国书画仅凭高居翰所用的“图像与风格”之方式来确定作者，虽看似能“图文互证”“证据确凿”，但结果却往往是仅得皮毛外相。因为绘画图式后人学前人，完全可以形似，像人物画如用古之“粉本”，今人亦可与古人一般无二。如民国时，海上谭敬利用古代名家原作仿制的很多伪品，至今仍在西方一些博物馆中当真品展示着，就是一个例证。山水画之构图，后学也大多是先以前辈之法营造，有天分者参以造化渐入佳境，则可形成自己的风格样式，如弘仁；无天分者，可能终身都只是画奴而已，如清晚民初之四王末流们。而形成构图所用的“笔墨”则不同，虽后学开始也尽量学前辈之用笔吮墨之势，但中国书画笔墨的高妙之处，恰在于每个作者个人的天分、学问、修养、胸襟及个性特征，皆会在笔墨中不经意地流露出来，年深日久地操笔濡墨自然会形成一种微妙的特质，虽学生与老师在所学上也算一个“家族”，但仍会有一定的差异。所以鉴赏中国书画，知道笔墨好坏，读懂笔墨特征和看清气息格调，是关键中之关键；“图像与风格”作为参考，只能算是非常好的一个着眼点，因为看画首先入眼的就是“图像与风格”这个大前提。

关于时代风格在同时代画家画风中的反映，会否让弘仁与萧云从间产生相近之处，高居翰先生在该文中用了一个不恰当的类比方式，他用傅抱石与黄宾虹来类比弘仁与萧云从。为什么我说他这样类比不妥？因为前者傅、黄间无师承关系，无相近处，乃常理也；

而后者弘、萧间有师承关系，有相近处，乃常识也。就如同凡·高在学习高更时的偶尔摹仿，我们不能因此就认为那颜色平涂，而非有强烈笔触感的画作，就不是凡·高的，而是高更的吧？其实古今中外，后辈对自己仰慕的前贤或时辈学习时，研究其技法并加以实践，以期获得深入的了解，或多或少都会使自己这一时期的作品，多少带有一点前贤或时辈的影子，这是非常正常的事，高居翰的看法太过偏执了。

应该说，高居翰先生“图像档案”式的研究方法，对美术史的归纳分类是有作用的，但在对“传承与发展”的认识上，则不易深入，特别对历代画家个性的分类鉴别上，有时会走入误区，虽为“他山之石”，可由于文化语境的问题，其法尚未能硬到“攻玉”的程度，终究没有中国文人收藏鉴赏家所用的方法准确、有效。就像南京博物院收藏的明代董其昌《升山湖舟中画山水卷》，用的是仿米家山水法，历来的著录和名鉴藏家过目皆认定为董玄宰所作，后来徐邦达先生在南博鉴阅此图，则判定该作为清中期山水名家朱昂之所仿，他是从朱昂之用笔之尖峭与董思翁用笔之逸中寓拙的微妙不同上分辨出来的。一直陪在徐老左右的萧平老师说，当自己买到朱昂之本款的仿董其昌米氏云山墨笔山水扇面，仔细比较研究后，发现二者简直如出一辙，徐老眼力之高深，着实令人钦佩。虽然这些方法很多是经验式的主观方式，看似没有高氏的方法“科学”，但在艺术鉴赏上却是更能直达作者的心灵。因为，艺术作品不是科学的产物，而是人类的心声，故中国书家说“字为心画”，画家则言所作是“心花透露寄于毫端”。所以，欣赏审美亦需与之“心心相印”，方能同入一境，反之则“同床异梦”矣。

（本文原载《文物天地》2013年第8期）

不专宗法　自成一家

——萧云从画学思想中的师古与创新

高飞

中国文人画，逮明清易祚时，画学致思完全纳入了明末画家董其昌推行的南宗[1]绘画理论体系，追求笔情墨韵是这个时期绘画创作的总趋势。概括地说，耽于摹古的“四王”（王时敏、王鉴、王翚、王原祁）一系，注重“仿某家则全是某家”“宛然古人”，彻底走向了还原古人笔墨的路线；强调抒发个性，活跃于江南一带的金陵、姑孰、宣城和徽州等地的野逸派，既师法古人，亦不让前贤，其作风与“四王”规范于古人的笔墨技巧，形成鲜明对照。姑孰画派的萧云从，即是一个严于师古又自出新意的画家，在他的画学思考里，师古并非袭古，而是探前人经验，索古人心得，以为光大先哲之法，创立自家面目。今考萧云从作品，析其画学思想中的师古与创新。

[1] 董其昌尝按禅家分南、北二宗法，提出画亦分南、北二宗，北宗以李思训父子开先河，运着色山水法；南宗以王摩诘为祖，始用渲淡，一变钩斫之法。自此，文人画以南宗为正脉。

一 “不专宗法”的师古观念

萧云从（1596—1673），字尺木，号无闷道人、钟山老人等，安徽芜湖人[1]。萧云从作为明清交替时期文人画家的代表，以诗文、书画的高度成就名布海内外。他的艺术之所以走向巅峰，有多种因素促成，首先从其师古谈起。

中国画学，历来重视技艺传承。早在南朝齐、梁时期，谢赫就在《古画品录》中提出“传移模写”之论，此后为世所宗，千载不易。萧云从同样遵循着谢赫遗训，在他的一生中，学习前人经验，可以说自少年至古稀都未辍断。我们从他的《青山高隐图》的跋文“少时戏业之暇，笃志绘事，寒暑不废”[2]中，不难想见其矻矻于绘画的情状。

在萧云从遗存的作品中，山水画占有较大比重，这些作品，除了个别书以画名，多数题有相应的诗文和他当时作画的心得。中国绘画自其诞生，就与宗教、哲学和文学发生了密切关系，所以，中国文人画有一个显见的情况，就是画家们习惯于在自己的作品上著诗或跋文，表达观念，以彰性情。晚明以后，随着董其昌倡导、“四王”鼓吹的摹古之风兴起，仿某家、学某家被视为画学正脉，在这种美学取向的影响下，画家们也就把类似的文字题于画端，昭示自己画法有源、传习正统。萧云从习染此风，他不但重视诗、书、画三者的高度统一，更在作品上标明“以某家法为之”等字样。《太平山水图册》即是一个典型的例子。萧云从在四十三幅图画里，不仅按不同景色配有相应的诗文，还无一幅不标明学某家、

[1] 萧云从生卒年、里籍，文献记载无详，后存争议，此据清黄钺《画友录》“萧云从”目行文。见《壹斋集》（下），黄山书社1999年版，第779页。

[2] 邵松年：《古缘萃录（卷七）》，1904年上海鸿文书局石印本。

仿某家，如《灵嘘山图》《范萝山图》学董北苑，《青山图》《龙山图》法郭河阳，《褐山图》《白马山图》仿王黄鹤，《牛渚矶图》《洗砚池图》又奇似马遥父。萧云从在画中广泛列举各代画家作为自己法式的“参照”，与其说是和着时风学古人，表明自己画法有来历，毋宁说他是在以古人为榜样，很大程度上反映的是他对古人笔墨的认同感，以及对古人作品中表现出来的美学境界的推重与追求。

萧云从师古人，指向非常明确。一方面，他把师古作为自己攀登艺术高峰的阶梯，不像董其昌南北两宗分野式的师古法，要么渐修，走北宗一路，要么顿悟，行南宗一法。萧云从则能够全方位地观察前人的笔墨成果，凡笔墨、章法、设色，以至取义，从未按南北风格单一行进，而是择两方优长，为我所用。就像昔人所说：“人之学画，无异学书。今取钟（繇）、王（羲之）、虞（世南）、柳（公权），久必入其仿佛。至于大人达士，不局于一家，必兼收并览，广议博考，以使我自成一家，然后为得。”[1]对萧云从来说，前人的笔墨矩矱、位置经营、虚实布置，皆是经验和诀要，作为得古人三昧，提升自己技艺的途径，深究前人理法是不可或缺的功课。根据萧云从的模仿实践来看，他正是在这种思想指导下，形成其遍师前人的作风，从明季上至唐代画家，都成为他学习的对象。如他题孙逸临明代画家唐六如《鹤林玉露册》云：“余髫时便模唐解元此册，不能淡远，与子西所云，超轶尘外之义殊失也。”[2]他学元人，较多取元四家笔法，有迹可查者，不仅在《太平山水图册》中学倪瓒仿王蒙，还在其《山水神品卷》里这样题识：“自元

[1] 郭熙：《林泉高致·山水训》，黄宾虹、邓实：《中华美术丛书（九）》第二集第七辑，北京古籍出版社1998年版，第7页。

[2] 陆心源：《穰梨馆过眼录（下）》，卢辅圣：《中国书画全书（19）》，上海书画出版社2009年版，第56页。

旦风雪，键户融冰，便搦管续级，随意成卷丈余。以黄公望瘦树山石为之纵横，润之以马远泼墨之法。”[1]需要说明的是，元人黄公望与南宋马远在作品风格的体现上，原本是两条路线，黄的画源于董北苑和僧巨然，晚期山水运草籀笔法，善以浅绛著色，山川造型朴厚而境界飘逸；马的画，则出李唐一路，多用浓墨以大斧劈和钉头鼠尾皴建筑其峭拔简括的山水意态，拙壮有力而设色清润。萧云从能够结合两人的不同表现手法，成丈余画卷，在中国山水画的创作里，实不多见。他学宋人、五代及唐，又有一番情境，如他作《拟古山水册（八开）》之一题：“郭恕先为仙山楼阁，而李锦奴亦有此画，锦奴学师训，时号小李将军云”[2]；之五题：“万山飞雪，为营丘之笔，缩巨幅于一册”[3]；之六题：“关仝笔细若虫丝，寸幅具百里山水之气韵，愧老矇不能尽其量也”[4]。此册中，还有“学李成（营丘）”“学荆浩”“学洪谷子（荆浩）法”等题识。他仿刘松年《雪景图》，清人黄钺题诗以赞：“萧君摹古得古趣，身在黄山[5]数年住。请看荦确涧中石，何异莲花峰下路。千笔万笔短笔皴，千树万树梨花春。即刘松年本亦真，萧君萧君何愧于古人。”[6]萧云从“摹古得古趣”与“何愧于古人”的表现，在于他和别人的师

[1] 萧云从题《山水神品卷》。此画是萧云从为好友彭旦兮所作山水长卷，卷前有清代诗人马世俊（1609—1666）题“舒卷云烟”，卷后又作长诗以赞。影见民国年间上海有正书局发行《萧云从山水神品》。

[2] 明清安徽画家作品选编委会：《明清安徽画家作品选》，安徽美术出版社1988年版，第99页。

[3] 明清安徽画家作品选编委会：《明清安徽画家作品选》，安徽美术出版社1988年版，第99页。

[4] 明清安徽画家作品选编委会：《明清安徽画家作品选》，安徽美术出版社1988年版，第100页。

[5] 查萧云从的相关史料，未见他有登临徽州黄山的信息。黄钺此说“黄山”，非今黄山市辖之黄山。明嘉靖林钺、邹璧修纂《太平府志》有记：“黄山，在府城（今当涂）西北石城乡，世传浮丘翁牧鹅于此，亦名浮丘山。”见《（明·嘉靖）太平府志》，黄山书社2009年版，第23页。

[6] 黄钺：《壹斋集（上）》，黄山书社1999年版，第169页。

古思路不同，认识有异，他是把渐修与顿悟两种“修行”法巧妙地结合起来。从他的一些作品中不难辨认，凡笔态疏朗、恣意者，皆渗透了南宗之法；勾描审慎、设色工秀者，则彰显了北宗气象；南北两法融合者，其笔墨又随自然山形特点适情而设，粗笔、细笔，披麻、斧劈，青绿、浅绛，都成了萧云从驾驭自家山水的媒介，那种可居、可游的境界一同被他综合的格趣幻现出来。时人评其作品“不专宗法，自成一家”[1]“不宋不元，自成其格”[2]，可谓精辟之论。

值得一提的是，明清两季的文人画家，尤其是山水画家，大都视宋元山水为模范，他们对“宋臻高古、神秘，元趋清逸、士气”[3]的山水美学境界尤为推重，“南北宗论”者如此，吴门、金陵、虞山、新安、宣城等画派亦如此，而固守古人法规的“四王”，更加口口声声地表白遍仿宋元诸家，或求“墨妙”者，“出宋入元，登峰造极”[4]，或“集大成”者，“以元人笔墨，运宋人丘壑，而泽以唐人气韵”[5]。萧云从也未悖于时流，同样用心于宋元，叨教于宋元。不过，萧学宋元，并未止于“法”，要紧的是能否把握宋元山水中那种“高古神秘，清逸士气”的艺术格调。在萧云从的画里，这种思考不仅多见而且鲜明。如他题孙逸临唐六如《鹤林玉露册》曰：“昔《辋川图》出右丞手，以米氏父子临之，犹自叹为刻画。得郭恕先细绣妙颖，始贞砥砥。”[6]题《秋林出云图》曰：“昔见

---

[1] 张庚：《国朝画征录》，浙江人民美术出版社2011年版，第40页。

[2] 李濬之：《清画家诗史》，中国书店出版社1990年版，第18-19页。

[3] 高飞：《渐江及其诗画中的精神品格》，《安徽师范大学学报·人文社会科学版》2012年第6期。

[4] 王翚：《清晖画跋》，沈子丞：《历代论画名著汇编》，文物出版社1982年版，第316页。

[5] 王翚：《清晖画跋》，沈子丞：《历代论画名著汇编》，文物出版社1982年版，第317页。

[6] 陆心源：《穰梨馆过眼录（下）》，卢辅圣：《中国书画全书（19）》，上海书画出版社2009年版，第56页。

黄一峰《秋林图》，王叔明《秋树图》，各擅其胜，第恨其未尽变也。当万物雕悴，一草一木具见精彩。妙在设色繁茂，令见者叹薄寒之中有人尔。”[1]题《深山溪流图》曰：“世人画山水务墨气而不知笔气，余见大痴全以三寸弱翰为千古擅场，虽复格纤皴以蒙茸杂乱，而力古势健，浏览而莫尽者，笔为之也。”[2]题《江山胜览卷》曰：“黄一峰客居梁溪，与倪荆蛮合笔。倪自楚游还为此，谓《江山胜览图》，余素所宗服。其山层峦叠嶂，未所仿佛万一，真神工也。境取幽深，情况高哲，后之习于苏者，毋易视之也。”[3]透过这些题跋不难发现，萧云从“素所宗服”的不仅是前哲“细绣妙颖”“各擅其胜”“力古势健”的笔墨表现，他还完全被宋元山水里表现出来的“境取幽深，情况高哲”的境界折服了。所谓“境取幽深，情况高哲”，即是宋元山水普遍标立的“林泉高致”式的审美意象，形之于图的总是那些“或山峦重叠，树木繁复；或境地宽远，视野开阔；或铺天盖地，丰盛错综；或一望无际，邈远辽阔；或‘巨嶂高壁，多多益壮’；或‘溪桥渔浦，洲渚掩映’”[4]的充满着高古、肃穆、堂皇的山水气象，文人士大夫们的精神世界与他们追求表现的美的理想和情感，一并纳入其中。所以，萧云从对这样的“真神工”是不会轻易“视之”的。

萧云从师古的另一面，即是他在学习中十分关注古人画中的精神取向。中国山水画，自南朝宗炳提出“山水以形媚道”“旨微于言象之外”，它的发展即走向了文人士大夫表达思想、抒发性情的路径。就像郭熙言山水，不仅“写貌物情，摅发人思”，还能使欣

---

[1] 陆心源：《穰梨馆过眼录（下）》，卢辅圣：《中国书画全书（19）》，上海书画出版社2009年版，第57页。

[2] 沙鸥：《萧云从诗文辑注》，黄山书社2010年版，第133页。

[3] 沙鸥：《萧云从诗文辑注》，黄山书社2010年版，第140页。

[4] 李泽厚：《美的历程》，文物出版社1981年版，第172页。

赏者产生“见青烟白道而思行，见平川落照而思望，见幽人山客而思居，见岩扃泉石而思游”[1]的审美联想。到了元季，画家更进一步，尤其是倪瓒最为突出，他因不满外族统治和战乱频仍的世态，遂散尽家财，泛舟为宅，优游于五湖、三泖间。他那些借疏林孤亭、浅水遥岑、竹石相依所表现出来的萧瑟感、幽澹感，无疑都是其性情流露。

萧云从正处于明清交替的动乱时期，尤其是满人建立政权，士大夫阶层内心深处是难以接受的。萧云从的立场如何呢？观其画会发现，他在诸多作品中总是或显或隐地带有某些情绪。典型的例子是藏于安徽博物院的《拟古山水册（八开）》，此册引首有归玄恭题写的“胜情遥寄”，八开画面皆有题识，文图对勘，意思庶乎可解。其中第二图题曰：“西台恸哭图。宋谢皋父事，用赵子固笔法为之，盖其志同也。”[2]萧云从在这里，一是借南宋末年谢翱祭奠文天祥抗元失败后被害于西台的事迹，来发表自己的亡国之痛，一是“用赵子固笔法为之”，表达他对赵孟坚（字子固）不与元人合作的精神气节的崇敬。不仅如此，他在第四图又做了具体的表述：“赵荣禄仕元，省其舅子固，子固高卧松檐，闭门拒之，今就子固法为图，荣禄笔意虽优，余无取焉。”[3]赵荣禄即赵孟頫（字子昂、宋宗室），宋亡元昌，得世祖厚爱仕于元。画中描绘的即是赵子昂看望隐居山林的同宗兄长赵孟坚的情景，子昂独立庭院门外，而子固却在舍内专心读书，书童呼唤，他也不应。姑且不论赵孟頫看望

[1] 郭熙：《林泉高致·山水训》，黄宾虹、邓实：《中华美术丛书（九）》第二集第七辑，北京古籍出版社1998年版，第11页。

[2] 明清安徽画家作品选编委会：《明清安徽画家作品选》，安徽美术出版社1988年版，第98页。

[3] 明清安徽画家作品选编委会：《明清安徽画家作品选》，安徽美术出版社1988年版，第99页。

赵孟坚是否具有真实性，两件作品皆言以赵孟坚笔法为之，虽然赵孟頫的画名更大，笔意更优，萧云从也未理会，他以赵子固笔法为图，暗涵的是对清朝政权的排斥心理。

萧云从不但借古人笔墨表达心声，他的许多作品还富有浓郁的隐逸色彩。在中国传统文化中，有一个独特景观就是士者靡然向隐，历代文人尤其是一些士大夫们，或为宦途坎坷而隐，或因世局罹乱而隐，正可谓："天地闭，贤人隐"[1]。这种现象的形成，直接导致以寄情山林为美学追求的中国山水文化的滋长与兴盛。身处乱世的萧云从，因家园"甲申后为镇兵是据，毁精舍为圂枥"，而产生"浮云天际归何处，独树溪边影不流；身经迁播皆萍梗，一有吾庐更有愁"[2]的忧愤。所以，萧云从的山水往往不止于仿某家，或仅写自然实景的表征，而是藉山水涤除内心愁绪，逍遥尘世之外。如他画《青山高隐图》，卷后跋："近流离迁播，齿落眼矇，年五十而谆谆然居八九十者……人处乱世，上不得击栉纾奇，次不得弹琴高蹈，而优游尘土，画青山而隐，则吾与芸子解衣盘礴，相附于长康（顾恺之）、探微（陆探微）之流，亦足矣,他复何愿！"[3]虽然我们今天看不到此图的印本，也无法判定它是否存世，但从跋中还是可以感受到萧云从对"乱世"的无奈及其避世心态[4]。现藏于北京故宫博物院的《秋山空亭图》、北京荣宝斋的《石磴摊书图》、辽宁省博物馆的《设色山水卷》也都蓄含了萧云从的隐逸思想。前

[1] 周振甫：《周易译注》，中华书局2012年版，第20页。

[2] 黄钺：《壹斋集（上）》，黄山书社1999年版，第169页。

[3] 邵松年：《古缘萃录（卷七）》，1904年上海鸿文书局石印本。

[4] 此文发表后，得知《青山高隐图卷》原是香港木扉堂主郑德坤的旧藏，张大千题引首："顾陆风徽。辛卯（1951）之夏，德坤道兄出萧云从真迹见视嘱题。"程曦著《木扉藏画考评》中亦有详释。此画作于清顺治六年（1649）己丑，纸本设色，尺寸：纵31.8厘米，横837.4厘米。影见《嘉德二十年精品录：古代书画卷・一》，故宫出版社2014年版，第250—251页。

幅作品写山石繁叠，古松、秋树、修竹、屋宇、空亭、山泉，刻画工谨、松秀。画中虽无一人，气氛并不可怖，萧云从通过古雅的设色，使山水仿佛笼罩了一层暝色，意韵纯净、幽邃。主峰右侧，萧云从以工整清劲的隶书题曰："空亭坐廖阔，翛翛竹有声。闲云任舒卷，松作老龙吟。七十一翁萧云从。"[1]其实，萧云从笔下的这幅山水，并未与古人描绘的山水有多少不同，一样的山石云水，一样的树木屋宇，萧云从要表达的意思，想必可作这样的理解，他在诗和画中表述与描绘的空亭、竹影、闲云、老松、丘壑等物象，只是作为一种借题，用来表达自己与自然山水为伴的遁迹之念。值得注意的是，萧云从画大幅山水，一般都会或多或少地设计一些人的活动场景，场面亦多欢娱或悠然，但他在这幅画里却荡去人的存在，似乎更具有解读性和联想性，假以萧云从年逾古稀，祈求晚年能够安宁、安逸生活的角度来理解的话，萧云从的某些思想隐情，可能就被曲解了。所以，结合萧的处境来看，他荡去的恐非对人的生命本体的关怀，而是要在割断与"俗世""乱世"的联系中，借空无人迹的山林消解那些因凡世而造成的内心苦楚，呈露一个文人无拘无束、超于尘外的生活状态。次幅画，山峰布势雄壮峻厚，间有飞瀑汇潭，孤亭、茅舍隐于山石丛木中，前景描绘虬松数株，一老一少盘坐松下，老者持书神情悠然，少者问学回首以应；右侧稍远处，一童子挥扇煮茗，为侍主人之嗜，一派闲适气氛，画幅左上角的诗句："摊书石磴意逍遥，松下时听燕语娇；山间不知昨夜雨，瀑飞如练出丹霄。"[2]把一个隐士的内心情感，一无保留地吐露出来。第三幅长卷，尤可读出他的隐逸思想来。此画是萧云从以家乡

[1] 萧云从题《秋山空亭图》。影见《故宫博物院藏文物珍品大系·皖浙绘画》，上海科学技术出版社、商务印书馆（香港）有限公司2007年版，第131页。

[2] 萧云从题《石磴摊书图》。影见中国美术全集编辑委员会编：《中国美术全集（绘画篇9清代绘画上）》，上海人民美术出版社1988年版，第31页。

范萝山一带的景色为范本构成，松石、溪水、村落、荒野，皆不为自然所缚，他把江南一带特有的结构繁复的地貌，有序地利用山石的起伏和大小作了赅括，构图简疏，略有跌宕，平稳中显得异常的空寂。卷末有诗：“著笔自矜贵，幽真乃可寻。晴窗揽秀色，属志在高岑。烟澹邈无际，风清时过林。野人复何慕，独见太古心。水气溢南北，空江与天深。我情托松柏，寒氲多阴森。所忆昔时法，难为证于今。”复识：“余家范萝之松，载于郡乘，晨夕相对，读书其间，可以娱老。”[1]萧云从在以上这些作品里，或优游尘土、隐于青山湖泊，或摊书觅句、情托松柏，虽然“所忆昔时法，难为证于今”，但与山林朝暮相对，解衣盘礴，与古人“相附”也就足够了。这种借山林寄情，“可以娱老”的隐逸思想，正是他在诠释古人“境取幽深，情况高哲”的基础上建立起来的。

二 “轻快可喜”的创新画格

检视中国传统绘画发展史，师古与创新一直交织行进。典型例子：一是五代董源，综合了王维和李思训的水墨与青绿法，开创了一个描写自然平淡天真、烟岚郁苍、犹若真景的江南山水画派；二是元初赵孟頫为改革南宋院体绘画用笔刻板、重于雕琢的格法，提出了“作画贵有古意”[2]的画学思想，促进元季绘画朝清润、秀逸一路发展；三是晚明董其昌，力辨南北二宗体系，明确了文人画宗法线路，开历史先河。然而，董氏所规范的南宗文人画笔墨法则，却导致画坛风气崇南抑北，使文人画朝单一、狭隘方向发展了。

[1] 萧云从题《设色山水图卷》。影见曹彦伟：《历代名家绘画·清·萧云从〈设色山水图〉》，安徽美术出版社2013年版。

[2] 卞永誉：《式古堂书画汇考》，浙江人民美术出版社2012年版，第1799页。

萧云从的师古，走的是一条既“原本古人”，亦“不宋不元”的创新道路。换言之，萧的智识，就在于他能够“致广大，尽精微”，面对师古思潮，既有唱和的一面，亦有异调的体现。若说前文所述反映的是萧云从的唱和，那么，他的异调创新又是如何表现的呢？我们还得借他的作品来分析。

清人有谓：“萧尺木云从，品高志坚，不肯随人俯仰，故作画亦迥别时流，自有天趣。”[1]确实，萧云从在看待时流的“南北宗”问题时，他的观点十分鲜明，无论南宗、北宗，在他眼前都成为迈向自由艺术境界的津梁。所以，他在画法变化上最为多端，有以墨笔为主的淡逸风格，有以渴笔勾线、刀味浓强的版画格调，还有细笔勾染的青绿敷彩法。拿现藏于上海博物馆的十开《山水册》来看，有仿古者，山石、树木多源自王叔明、黄公望、董其昌等人；亦有写景之作，按照自然形态采用不同的描绘手法。其中有两幅画面的风格对比明显，一幅构图繁密，勾染咸备，似王蒙画格，山石全用细笔披麻皴，细小的点苔攒于山石凹处，把山体衬托得十分强明；另一幅取形概括，山体笔法若刀削，屋宇、板桥、翠柳和远山皆按实际敷彩，与主体山形既对应亦协调，群峰环拥下的庭院，一老者闲步其中，意境清幽，怡神悦目。

萧云从虽然风格多变，总括起来，可分粗、细两格笔法。粗格型，笔墨纵横，造型方折瘦硬；细格型，犹春蚕吐丝，线条虽柔却蓄有内力。如《烟鬟秋色图》《百尺明霞图》，两幅画一作平远式构图，一作高远法布置。前幅属于粗笔风格，山石、树木、屋宇、板桥皆用粗线勾绘轮廓，运笔或中锋或侧锋，皴法融合了斧劈、直擦、牛毛和披麻，浓淡不同的苔点结合山形大小、远近，时疏时

[1] 王逢泰：《卧游随录》，卢辅圣：《中国书画全书（15）》，上海书画出版社2009年版，第569页。

密，尤其是画卷前半部的烟云萦纡，和后段由赭石、花青含淡墨晕染出的山峦冈陵，显晦不定，如见米友仁的《潇湘奇观图》，令人向往，欲入其境。后幅则是萧云从最为典型的细笔画法，画面以墨笔写崇岭叠嶂，石壁崚嶒，山中飞泉直下，形成岚烟，虚相随之显现，前景几株虬松与巉岩呼应，制造出高远之势，蕴含生机。萧云从在这幅画中使用极其清淡的墨色描绘山体和树木，线条顿挫而含蓄，山体结构和草木形态由长短披麻、侧锋擦、芝麻皴复作点染，处处经营，笔笔不苟，若同西方早期风景画客观反映对象那样，没有削弱任何一处他所经营的物体形象。这个繁复的图式，不因写实胜出，倒是它的节奏感，起到了引领欣赏者的视线从近处松石渐次移向峰巅的作用，整个画面不仅充满了高古意象，还给人些许清快之感，就像萧云从在自题诗后的小识："暇日握笔遂而精织，然气静神恬，烟云绵邈，不知老之奄也"[1]。也许是萧云从对自然山水有其独特理解，他的山水长卷或巨嶂式的山水图轴，无论粗笔还是细笔，都离不开一个"繁"字。他认为："凡画贵疏简，未有不从密繁始也。若即疏简处求之，则入手终不深厚。"[2]的确，作为初学者，习画阶段不从繁密入手，积累深厚，概难走进简的世界。萧云从的繁笔一路画法，就艺术高度而言，未必十分突出，但他这种密繁构局中带有松秀、清快之感的润泽风格，在明末清初的山水画坛洵为少见。

在萧云从粗、细笔画里，还有一种现象，就是他创造的极具版画趣味的风格，《太平山水图册》已刻为版画，这里不再赘述。他的山水画，许多含有版画的特质。粗笔类作品多由单线勾描，线

[1] 萧云从题《百尺明霞图》。影见中国古代书画鉴定组：《中国绘画全集》（21），文物出版社、浙江人民美术出版社2001年版，第22页。

[2] 沙鸥：《萧云从诗文辑注》，黄山书社2010年版，第148页。

条直折方硬，少作皴染，如他的《黄山松石图》《秋景山水图》和《山水册页》等画，要么中锋勾线，要么侧锋成面，层次简括，所营造的美感皆类似于当时流行的木刻版画。也许与萧云从作《太平山水图册》画稿所获经验有关，他在创作山水时特别注重笔与墨的运用，笔法往往清劲似刀刻之痕，墨色澄莹显黑白之效，这种表现方法，正是萧云从的用心，因此，识者说他“为了便于刻板，只用直线勾。继而用这种方法作画，既可单独成画，又可以随时拿去刻板，或者稍作改动便可刻板。”[1]现藏于北京荣宝斋的《山水人物册（八开）》，几乎全用粗豪的直线勾绘山石、树木，除了点染一些淡赭、花青和石绿，没有多余的皴笔。在萧云从细笔作品中，也有倾向于版画格趣的，《雪峰访旧图》《雪岳读书图》《雪景山水》即属此类，三幅画面皆以高远法构图，叠岩与树木交错布置，盘亘绵延向上，直冲苍穹，在淡墨晕染的阴郁天空的映衬下，不单突兀，且显神秘，让人一见便会联想起宋人山水中的高古气象。表现手法上，三画亦极其相似，山石皆由直线构成，骨体强明，富有木板刻绘的平面装饰意味，由于丛树刻画精微纤密,在醒目巨石的压迫下，它们的形体变得微弱起来，远观时，甚至难以辨出它们的样貌。设色与皴染方面，萧云从主要着力于山石关捩，以及篌篁、树冠和屋宇，墨色均匀，层染复皴，几乎不露笔的痕迹，余下的空白可能因白粉积染的缘故，雪的明度和厚度被提高到了极限，逼人的寒意，通过树下行人和屋中读书者散发出来。这种表现雪景的画法，不消说元明山水中未曾见到，即便是五代的荆浩，北宋的范宽、燕肃、许道宁所画雪景图式，也只停留在反映自然山形之态的描绘阶段，平面感与严整性传递出的视觉张力，未必强于萧氏

[1] 陈传席：《中国山水画史》，江苏美术出版社1988年版，第810页。

的画。

萧云从不仅画法多样，他的异调还体现在写现实真景方面。中国文人画开端时，并非以写现实真景为重，它是缘于文人们抒发情感的需要，借笔墨申其思想、彰其人格，以至引发“象外之思”，造成“尽意忘象”的笔墨形态，所谓“文人含有超世界之思想，欲脱物质之束缚，发挥自由之情致，寄托于高旷清静之境”[1]，这个“文人含有超世界之思想”的总结，正是文人画美学取向于“象外之思、尽意忘象”的最深基础。文人画发展到明清两季，愈加繁荣，派别林立，其中遵循传统笔墨一派的，步古人后尘，无多创建；借古人笔法写目前丘壑一派的，则不被窠臼笼囿，情系山林与自然共通共融，以写画家真性情为终极目标。萧云从属于后者的代表，他的画学思考，一方面追求着传统文人画“含有超世界之思想”的美学观，另一方面就是深入自然，表现自然，所以，他笔下的一木一石，烟云渚水，总是显得生机蓬勃，富有自然的意态和韵致。看他的《云台疏树图》《秋山行旅图》，前幅作品中的山石、庭院、流水、小桥，似乎都是现实的翻版，由于作者采用淡设色，使画面润泽清澈，仿佛满卷空气流动，胜若真景，难怪他在卷后留言：“朝起见红日，气象殊佳哉。世事不我与，独登书云台。啜茗焚香染数峰，疏树寒烟青欲雨。吾生得意岂须多，月窟天根自筑窝。”复言：“丙申元旦晴和，胸中浩然，知世外有余乐，伸纸作画，顷刻而成。”[2]后幅为一手卷，从山水形貌特点判断，表现的应该是萧云从最为熟悉的家乡芜湖一带的景致，山色青绿，树叶渐黄，游人散落其间，有行进，有休憩，一个闲适幽静的和平景象跃

[1] 陈师曾：《陈师曾画论》，中国书店出版社2008年版，第169页。

[2] 萧云从题《云台疏树图》。影见《南京博物院藏·清代山水画集》，天津人民美术出版社2000年版，第14页。

然纸上，清帝乾隆见此画，可能也被这样的情景所触动，遂于画幅前段空白处题句："几点萧萧树，疏皴淡淡山。由来以意胜，无不寓神间。秋景宜寥廓，客人自往还。粗中具工细，识语破天悭。"[1]他的另一幅《山水卷》，则是以当年家乡姑孰一带发生地震而作的纪实性作品。此卷起右讫左，采用渴笔干墨和细密皴染的手法，勾绘出连绵起伏的山岭，江水环绕，时有舟楫穿行其中，乔松疏柳、庙宇塔舍安排于断崖平岗，亭台水榭、渔翁张网点缀在平远的深景里。虽然萧云从在卷后记述了"戊申六月十有六，老夫篝镫初就宿。梦里掀翻起披衣，轰声飑飒撼茅屋"[2]的惊恐状态，但他笔下的山水却没有半点地震发生的迹象，营造的还是一片幽静、祥和的江南景色，一如陶元亮歌颂的人间仙境。

如果说萧云从以写自然著称的话，他的《太平山水图册》则更具代表性。这部图册是萧云从历经多年、游览家乡众景而描绘出的现实画卷。兹较原图，有的旧貌依存，如《青山图》《采石图》《赭山图》《三山图》等，所展现的山形、庙宇、古塔、田野、江水、帆影等景况，与当前的实景皆可一一对应起来，这些被萧云从如实幻现出来的自然，不说能及郭熙所言"山水有可行者、有可望者、有可游者、有可居者"[3]的境界，起码它让萧云从的好友张万选感动了："余思间一展卷，如见鸟啼，如闻花落，如高山流水，环绕映带，如池榭亭台，藻缋满眼，即谓置我于丘壑间。"[4]若萧云从跋中所说："先生（张万选）又虑其播之不广，传之不远，而寿

[1] 乾隆题萧云从《秋山行旅图》。影见原田谨次郎编：《中国名画宝鉴》，河北美术出版社2007年版，第768页。

[2] 萧云从题《地震诗山水卷》。影见天津人民美术出版社编：《萧云从地震诗山水卷》，天津人民美术出版社2000年版。

[3] 郭熙：《林泉高致·山水训》,黄宾虹、邓实：《中华美术丛书（九）》二集第七辑，北京古籍出版社1998年版，第6页。

[4] 安徽博物馆古籍珍本丛书编委会：《太平山水图》，西泠印社2011年版。

事于剞劂。”[1]今人郑西谛以收集和研究古刻版画著名，尝为得此画册竟“十年相思”，当他“得遂初愿，喜慰何已”时，赞曰：“图凡四十三幅，无一幅不具深远之趣。或萧疏如云林；或谨严如小李将军；或繁花怒放，大道骋骑；或浪卷云舒，烟霭渺渺；或田园历历如毡纹，山峰耸叠似岛屿；或作危岩惊险之势；或写乡野恬静之态。大抵诸家山水画作风，无不毕于斯，可谓集大成之作已！”[2]遗憾的是，有些图画只能作为昔年的记忆留给后人去想象，如《范萝山图》《白马山图》，前者从地理位置上与实景对照好像没有多大区别，只是萧云从画中那巍峨的山形和自然之趣不复存在了，看今日的范萝山，周围高楼林立，几被淹没。后幅是援引王蒙的诗句“芜北望南山，山形如白马。腾云入碧空，洞壑连青浒。紫燕避寒霜，万雏啄石乳。香泥含春融，奇确峙霄府。风响有神来，千峰助灵雨。祠幢隐古仙，瑶琴夜中抚”[3]而创作的，山形奇崛，似夏日白云翻卷、万马奔腾。现时的白马山却遭遇着人为的开采，其优质的山石，早已成了制造水泥和石灰的原料，山体千疮百孔，山下石料狼藉，哪里还能寻见“山形如白马，腾云入碧空”的景象呢？

查萧云从一生所画，基本都是反映家乡的山山水水，这倒与他的好友渐江相仿佛，师法自然，写山水真景，成为他们共同的画学准则。不过，萧云从的画学思考又不完全类似于渐江，渐江的画凸显的是严谨、冷峻和荒寒，缺少人间烟火气，而萧云从无论是仿古人还是写自然，皆是清润之格、松秀之态，追求的都是愉悦性情，都是为了达到“境取幽深，情况高哲”的美学境界，他的创新也正体现于此。

---

[1] 安徽博物馆古籍珍本丛书编委会：《太平山水图》，西泠印社2011年版。
[2] 郑振铎：《劫中得书记》，广西师范大学出版社2010年版，第77页。
[3] 安徽博物馆古籍珍本丛书编委会：《太平山水图》，西泠印社2011年版。

以上考察可见，萧云从的师古与创新在其画学思想中体现得鲜明而独特，继承前人不专宗法，既不宋也不元，亦有宋也有元，糅合百家笔墨为一体，尽情彰显自己“清快可喜”的艺术面目。作为姑孰画派的领袖，萧云从的画学主张与艺术特色，不仅直接影响了姑孰画派的后续发展，而且旁及宣城、新安和金陵等地的画家与画派。尤可提及的是，萧云从的《太平山水图册》曾于18世纪20年代传入日本，彼称《萧尺木画谱》，凡习画者，皆以此为范本，学者“刻意临摹，不但仿其丘壑和描绘技法，连萧云从的题字也加意模仿”[1]。可以说，萧云从的画对推动日本南画（南宗文人画）的兴起与发展，起到了积极作用。

（本文原载《江淮论坛》2016年第1期）

[1] 王石城：《萧云从》，上海人民美术出版社1979年版，第54页。

南宗文人画的崛起

——萧云从对日本南画的影响

刘廷龙

萧云从在绘画史上开创了姑孰画派，享有盛誉，在版画史上与陈洪绶双峰并峙，他不仅在中国美术史上地位显赫，同时对日本的绘画也有着深远的影响。

一 中国画对日本南宗文人画的影响

日本的南宗文人画可以说完全是受中国画影响产生和发展起来的，18世纪中期，中国文人画传入日本，被称作“南画”或“文人画”，一些中国的高僧、画家渡日授道传艺，画家中比较著名的有“渡日四大家”伊孚九、江稼圃、张秋谷和费晴湖。同时，比较方便学习的画谱也随之流入日本，其中就有《八种画谱》《芥子园画谱》和《萧尺木画谱》等。这一时期，日本绘画爱好者以中国绘画为基础，吸收了本民族的绘画特点并融入西洋绘画的营养，形成的一种新的绘画风格，在日本也被称为“南宗文人画”或“南画”。整个19世纪是日本文人画的高峰，日本文人画也成了整个日本绘画的重要组成部分和主要表现形式。祇园南海、柳泽淇园等人是开拓日本南宗文人画的先驱者，池大雅与谢芜村是日本南宗文人画的完成者。祇园南海和池大雅都认真学习过《萧尺木画谱》，可以说

《萧尺木画谱》也就是萧云从的《太平山水图》，对日本南宗文人画的兴起和发展起着非常重要的促进作用。另外，萧云从的一些原作真迹也流入日本，比较著名的有东京帝室博物馆收藏的《秋山行旅图卷》。

二 《太平山水图》刻本受日本画家追捧

萧云从（1596—1673），字尺木，号于湖老人、无闷道人、默思，安徽芜湖人，明末清初画家。他少而好学，然科考不利，44岁才中贡生。入清后拒不做官，长期闭门读书、作画，他的画初学倪、黄，晚年自成一格，从学者众多，遂开姑孰画派。萧云从一生创作有图目记载的画作约300余件，主要代表作有《秋山行旅图卷》《归寓一元图卷》《千峰万壑图》《莲峰高士图》《西台恸哭图》《黄山松石图卷》《青山高隐图卷》《设色山水长卷》《云台疏树图卷》和《江山胜览图卷》等，另外还有著名的镂版传世之作《离骚图》64幅和《太平山水图》43幅，这两套木刻作品也成了后世习画者的绝好范本。

18世纪，《太平山水图》刻本流传到日本，被日本的绘画爱好者广泛追捧，日本画家称它为《萧尺木画谱》或《太平山水画帖》，随着日本画家学习的不断需求，《太平山水图》被大量翻刻，同时萧云从的其他作品也被日本人争相收藏和不断推

图 1　池大雅（日本）《十便帖之钓便图》

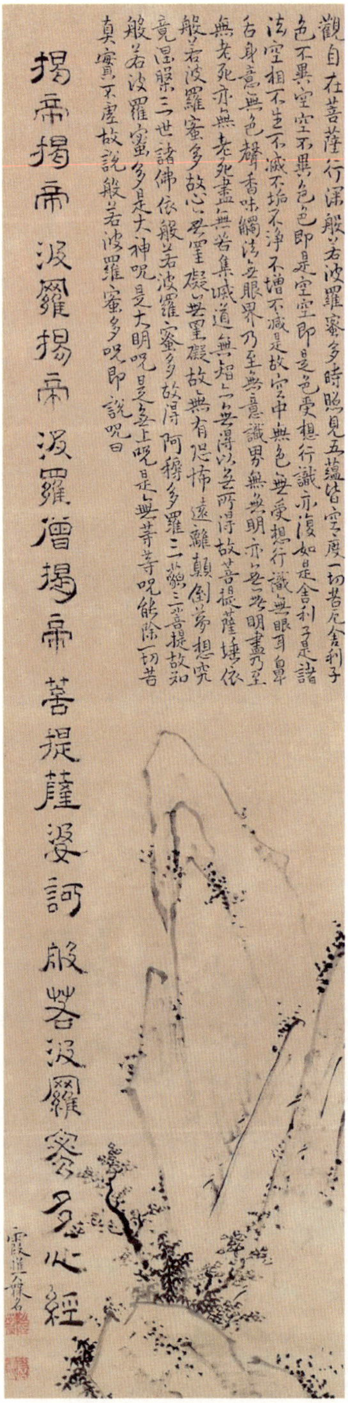

图 2　池大雅（日本）《心经山水图》

广。其中，《萧尺木离骚图》被日本美术史家大村西崖收入《图本丛书》刊行；萧云从的代表作《秋山行旅图卷》被东京帝室博物馆收藏并按照原寸复制并大量发行；初版的《太平山水图》被大阪兼葭堂收藏并被不断翻印。所以日本著名学者秋山光夫曾经在《萧尺木与〈秋山行旅图卷〉》的文章中指出：“萧尺木艺术的影响，在我国绘画发展史上有很深的意义，这是谁都必然承认的。”他在谈到本国的绘画时认为“衹园南海是日本南宗文人画的开拓者，池大雅则是日本南宗文人画的完成者。”衹园南海和池大雅都是学习萧云从《太平山水图》的直接受益者。

《太平山水图》是清朝顺治五年（1648）怀古堂刊本，由徽州人汤尚、汤义、刘荣等雕刻而成，为我国清初版画巅峰之作。版画研究专家周芜在《日本藏中国古版画珍品》一文中称：“《太平山水图画》为徽派版画艺术代表作，在中国版画史上占有重要的地位。”文学家郑振铎对《太平山水图》更是推崇备至，他说：“图凡四十三，无一不具深远之趣。或浪卷云舒，烟笼渺渺；或田园历历如毯纹，山峰耸叠似岛屿；或作危崖惊险之势，或写乡野恬静之态，大抵诸家山水画作风，无不毕于斯，可谓集大成之作矣。”这些刻板经过徽州能工巧匠之手充分展现了萧云从绘画的神韵，将作者的笔触所至，线条或刚劲尖利若钢锋，或软嫩和润若流水，全部不失毫厘地传刻出来，给绘画爱好者提供了良好的学习范本。日本画家感叹“帖之精致巧妙，览者莫不叹赏”。难怪池大雅在绘画上遇到困惑向前辈画家祇园南海请教时，祇园南海“出旧储《萧尺木画谱》，嘱仿其格也。”这个故事在白井华阳的《池大雅传》中有详细记载：“池大雅初学伊孚九山水，后从柳里恭模其秘迹。相传贷成（即池大雅）病其画不进，质之祇园南海。南海出旧储清《萧尺木画谱》，因谓贷成曰：‘子学画当学文人学士画’。乃以画谱与贷成。贷成大喜，出入不释手，遂得其风趣，于是其技大进，书亦仿佛萧氏。”

三 池大雅对中国绘画、书法、诗词的研究

池大雅在祇园南海处得到了《萧尺木画谱》，并体悟到了老师的教诲：“画当学文人学士画”，加强了书法的学习和文化的修养，尝刻印自嘲：“已行完千里路，尚未读万卷书。”日本的理论家白井华阳《画乘要略》中曾明确记载祇园南海、柳里恭、池大雅都曾临摹过萧云从的《太平山水图》，池大雅不仅构图、用墨、设色、运笔等模仿萧云从技法，就是题款的字体也与萧云从十分相似。池大雅早期的代表作《渭城柳色图》和《林外望湖图》能清晰地看出萧云从的影子，画面幽疏简约，少皴染，然用笔纤细，明显带有木版画谱的痕迹，这也是日本绘画爱好者学习中国的文人画缺少见到真迹原作而仅仅依赖于画谱所带来的弊病。池大雅在学习萧云从的基础上融入了本

民族的审美理想，他以简练的笔墨、朴素的笔法创作了《十便帖》《洞庭秋月图》和《心经山水图》等代表作。从《十便帖》之一的《钓便图》（图1）来看，人物与亭榭的用笔还是非常接近萧云从，只是赋色稍显浓重，题款书法笔调动荡，线条跳跃，相比于萧云从的书法多了几分活泼、自由。

现藏于美国大都会艺术博物馆的《心经山水图》（图2）是一幅书法与山水结合的作品，可以说是日本南宗文人画的代表之作，它吸收了中国文人画简约的一面，画面山石勾勒简练、粗狂，几乎不见皴染，上方以楷书写心经一篇，严整中有松秀，凝重里见宽博，书风非常接近萧云从《太平山水图》中的款字。池大雅有较为全面的汉学修养，对中国的绘画、书法、诗词都有研究，还著有《文人画粹编》《池大雅名画谱》《楷书千字文》等，他是日本模仿中国传统文人画和自我创新的代表人物。

四 散佚日本的《秋山行旅图卷》

萧云从的《秋山行旅图卷》对日本的绘画也产生过不小的影响，此卷曾为清内府收藏，后散佚到日本，为东京帝室博物馆收藏，卷纵25.4厘米，横551.8厘米，上有乾隆御题："几点萧萧树，疏皴淡淡山。由来以意胜，无不寓神间。秋景宜寥廓，客人自往还。粗中具工细，识语破天悭。"日本著名学者秋山光夫曾经对此卷有过专门地研究。《秋山行旅图卷》是萧云从的早期作品，画款为晚年补题，整个画面笔路清晰，穿插有致；丘壑布置，千变万化；树石表现，深厚坚实，人物、屋宇、舟车、驮马安排得体，设色古雅，皴染自然。这件作品被日本审美书院照原幅尺寸大小复制发行，被日本的绘画爱好者广泛地用作学习资料，对日本的绘画特别是南宗文人画的发展起到了非常大的促进作用。日本南宗文人画持续发展到19世纪末，终因其程式化的局限而逐渐走向式微，这一时期的南宗文人画代表画家有富冈铁斋等。

众所周知，日本的书画艺术是以中国文化为本体的，无论是题款、用印的文字还是笔墨的技法和画外功夫，其书画创作者也很难达到汉文化的全面修养。因此，学习萧云从等文人画一路的山水画家多会走向空洞，学习沈铨等院体一路的花鸟画家容易流于艳俗，学习宋代法常写意一路的人物画家也将愈发单薄。直到近代日本画坛出现了现代画风，在本民族绘画的基础上融合了西洋绘画的色彩和中国绘画的水墨晕染方法，形成了比较日本化的新画风，把日本的绘画推向了一个新的高度，这种画风对后来中国的岭南画派还产生了一定的影响。

（本文原载《美术报》2016年3月5日）

境取幽深　情况高哲

——萧云从诗画的美学取向

高飞

萧的诗歌与绘画，因具“境取幽深，情况高哲”[1]的独特标格，令后世瞩目。他的这种美学境界和取向，在其作品中又是如何表现的呢？概括说，一是诗歌中流露出的对社会乱象的批判意味；二是绘画中投射出了鲜明的隐逸色彩。

一 萧云从诗歌中的批判意味

萧云从（1593—1673），字尺木，号默思、无闷道人、于湖渔人、钟山梅下等，安徽芜湖人。他一生经历了晚明万历、泰昌、天启、崇祯和清初顺治、康熙六代。虽然萧在中年之前生活于明王朝，但并未看到国家昌隆，反倒是朝政无序，官僚派系互为倾轧，农民起义接连不断，使属意科考的萧云从，由积极进取变得心灰意冷起来。

正因为明末政权腐朽，崇祯甲申（1644），大明王朝被农民军颠覆，虎伺在外的满人乘虚而入，满清政府顺利在北京建立。第二

[1] 萧云从题《江山胜览图》，见《石渠宝笈》（第八卷），故宫出版社2012年版，第3350页。

年，清军南下，萧云从家乡沦陷。面对清兵进驻，家园遭劫，萧遂携家人背井离乡，寄居江宁高淳。当时的高淳，聚集了众多反清志士，他们为江山失祚作着不懈的斗争。然而，这个由民间组织起来的武装，与清军势力悬隔霄壤，所以，高淳这个反清据点迅疾被清兵涤除。

萧云从在高淳是否参与了抗清活动，未见文献记载，不过，他避居高淳，想必能说明在他的内心世界里，对异族侵略、江山覆灭是存有悲愤情绪的。如其诗《吊邑人周孔来殉节泾县学署》云：

泮壁何人自鼓刀，天寒日暮风飔飔。老儒转战敌长矟，弟子招魂赋反骚。夜雨同悲涵水鳣，阴雷欲剸戴山鳌。庙空悬古松长碧，浩气森森北斗高。[1]

诗所歌颂的周孔来，据黄钺解，他是“南乡凤翎圩人，任泾县教官。乙酉城陷，手刃十数人，殁于明伦堂，十日后犹坚持利刃不释，即葬于泾。”[2]据此可见萧云从的反清态度。

待清朝政权确立，士人们各择其路，看重仕途者，做新朝顺民，保持气节者，走反清复明的“险道”，而大多数文人则以“遗民”自居，或隐匿林野，不闻时事，或借诗画寄托胸中抱负，抒发超然情怀。萧云从便是这批遗民中的一员。

萧云从擅画，亦工诗。康熙《太平府志》载：“以崇祯己卯副榜充贡，伏处不仕。终日键扉，博古秘书，以经史自娱，所业不轻示人，人亦罕得识其面。诗文援笔立就，公卿士夫群器重之。”[3]时

---

[1] 余谊密、鲍实：《芜湖县志》，黄山书社2008年版，第764页。

[2] 黄钺：《壹斋集（上）》，黄山书社2014年版，第129页。

[3] 黄桂、宋骧：《（康熙）太平府志》，台北成文出版有限公司1974年版，第476页。

人方盦山赋诗赞曰："国朝画苑谁集成？启南征仲垂大名。两翁年皆至耄耋，天生人瑞当升平。后来继起者谁子？于湖遗民尺木氏。画在两翁伯仲间，风义孤高亦相似。独惜君生离乱时，中怀抑郁人少知。读书万卷诗千首，自晦宁称老画师。"[1]王士禛言他："以画擅，名江左，尝作《杜律细》一卷，以为杜律无拗体，穿凿可笑，而援据甚博"[2]。黄钺说他："长而博学能文，与弟云倩有二陆之誉"[3]。从这些信息中，不难想象萧云从的诗学功底。

萧云从耽于诗，与他的交游不无关系。宋弁山在《稗说》中言尺木："昔年广交与，结纳皆当时名流，户外乞诗画者履常满，泻酒煮茶声夜分不已，然好客而身未尝饮，兴且勃勃不鸣鸡不听归也"[4]。的确，萧的交游既广且贵，如明末太平人汤燕生，入清卜居芜湖，筑"补过斋"，自称"黄山樵者"，萧、汤二人同时人，性情融洽，见地相接，常酤茗邀约，诗画唱和。歙人许承尧尝记述："在沪见萧尺木、汤岩夫手书二诗，题梅道人画松，前半已失。以其涉黄山，录之。尺木诗云：'易水李君初姓奚，造墨寻松黄海栖。南唐天子好书画，赐以国姓名庭珪。宋代丹青尚工细，此墨精华遂淹閟……'岩夫诗云：'老翁胸蟠徂徕色，千株万株荫寒碧。振袂须臾疾于风，扫除森梢二千尺。只疑萧贲是前身，生绡幅幅如有神……'"[5]黄钺也曾因汤诗入《明诗综》而萧无名，在《于湖竹枝词》中曰："岩夫名附《明诗综》，尺木诗因画不传。"[6]

检查萧云从遗存的诗句，有一种情况是显而易见的，即他在

---

[1] 方文：《方盦山诗集（下）》，黄山书社2010年版，第701页。
[2] 王士禛：《渔洋山人感旧集（上）》，上海古籍出版社2014年版，第194页。
[3] 黄钺：《壹斋集（下）》，黄山书社2014年版，第779页。
[4] 宋起凤：《稗说》，《明史资料丛刊（第二辑）》，江苏人民出版社1982年版，第78页。
[5] 许承尧：《歙事闲谭（上）》，黄山书社2001年版，第459页。
[6] 黄钺：《壹斋集（上）》，黄山书社2014年版，第128页。

明清易代前后，笔墨里无不带有悲郁之容，饱含着对乱世的愤懑和批判。我们先来看他国变前的诗作。晚明时，国家机器涣散，江河日下的颓势，不消说文人士大夫们为之悲哀，生活于社会底层的农民，也因荒灾不断、赋税沉重，纷纷起义，社会极度动荡。萧云从一介布衣，内心深处，同样郁结了难以排遣的愁绪。他有三幅山水册页这样题句：

痴翁惯识山中趣，访道明图写出精。策杖林泉谁作伴，萧然物外转多情。

徒壑遥临百尺楼，西风吹送满林秋。疏钟远花泉流急，尽属山樵笔底收。

松高树山起凉风，无限清流一棹还。静对云山尘不到，笔端潇洒美髯翁。[1]

崇祯己卯（1634），萧云从中乡试副榜准贡，但他并未历官，而是择书画为伴，走着黄公望“惯识山中趣”的路。在后幅画中，萧云从紧随诗句记识：“崇祯己卯后避金陵，写清凉山冶识山馆遣兴作此。”从这个讯息得知，他幽避金陵，不单是与友人作诗画遣兴，诗中“策杖林泉谁作伴”“西风吹送满林秋”“松高树山起凉风”的萧瑟境况的描述，足以说明萧的心境完全由悲凉主导着。

其时，萧云从的心境被“悲凉”所困，实由时事逼迫所致，因此，他后来的诗境，明显增强了愤世语调，饱含着批判意味。再来

[1] 萧云从题《山水册》。影见《上海晟安2008年春季书画拍卖会（图录）》。

看他的一首题画诗：

往事江南不尽哀，中流犹见片帆来。斜阳自弄桓伊[1]笛，远道谁留袁绍[2]杯。到处飞花随燕子，有时乘雾跃龙媒。万方多难无人济，一叶宁淹天下才。[3]

此诗着意的是对国家步向衰落的哀叹，斥责的是朝廷庸碌，宦官得势，以致天下“万方多难无人济”。或许是萧云从迫切于世态的改变，他在诗中联想出江中片帆由远及近的幻象。时已夕阳西下，踞长江岸边，萧云从独自一人持笛弄乐，借酒浇愁，仿佛王冕《舟中杂纪》诗的图景：“杨柳青云合，芙蓉锦幛开。船从湖上过，人在画中来。莫问桓伊笛，且传袁绍杯。明朝归醉李，舒啸漫徘徊。”[4]在他那个时代，虽然到处花飞燕鸣，“龙媒”有志，却难以得到施展才华的机会。若作进一步解，萧云从诗的意象就十分鲜明了，他拿桓伊自喻，追慕袁绍反宦，无非是说匹夫之力难扛泰山之重，仅靠那片帆只影担负中流砥柱大任，恐是一种幻想吧。

萧云从的诗，大抵写秋景，往往是秋山幽居、林篁萧疏，意境简澹。有人说：“一切景语皆情语”[5]，而萧的这些山水“景语”，同样暗涵着深刻的譬喻。如他的早期作品《霜林秋嶂图》《秋山访友图》《秋窗松风图》中的题画诗，都或多或少、或隐或显地道出了他的“情语”，诗曰：

[1] 桓伊，东晋将领、名士。善吹笛，有“笛圣”之称。著名琴曲《梅花三弄》即是根据他的笛谱改编。有“桓伊出笛作《梅花三弄》之调，后人以琴为三弄焉”等记载。

[2] 袁绍，东汉末年群雄之一，官至大将军、太尉，是反对宦官斗争的积极参与者。

[3] 黄钺：《壹斋集（下）》，黄山书社2014年版，第883页。

[4] 王冕：《竹斋集》，西泠印社出版社2011年版，第110页。

[5] 王国维：《人间词话》，中华书局2012年版，第45页。

一林霜叶可怜红，半入虚中半雾中。冷艳足为秋点染，从来多事是西风。[1]

秋风谡谡水潺潺，曳杖闲行意坦然。应访石桥东畔去，友人茅屋竹林边。[2]

秋窗坐尽菊花开，细雨重阳酌酒回。此日松风游路冷，凌歊台上慨烟霾。[3]

三首诗中，要么一林霜叶，冷艳西风；要么秋风谡谡，茅屋竹林；要么秋窗细雨，松风烟霾。本来，重阳叶红菊花天，在诗人眼里，应是人间最为美好的时节，然而，萧云从的这些山林景色，却没有任何美好欢欣的气象，有的尽是萧疏之态，旷远之意。他在《秋窗松风图》诗后的题识，似乎有他掩埋的隐情："癸未九月，未赴登山之约，次晨则□□逼人，遂有良时难再之叹。作此图以致足下也。似频宣社兄教。"萧作此诗的情况，交代得十分清楚，因未赴友人之邀，遂有重阳登高观景的"良时难再"之叹，后说"似频宣社兄教"，虽然无从稽考这位"社兄"是谁，但可以肯定他该是萧的"复社"社友。萧云从曾于四十二岁那年避居高淳时，偕弟萧云倩参加了以讽议朝政和抨击宦官为主旨的江南复社。那时，他曾目睹一些东林士子惨遭柄权者的打击或杀害，这种政事日非、哀鸿遍野的情景，时常会萦绕于萧的脑海，他作"此日松风游路冷，

[1] 萧云从题《霜林秋嶂图》，原图藏广东省博物院。录中国古代书画鉴定组：《中国古代书画图目（十三）》，文物出版社1996年版，第154页。

[2] 沙鸥：《萧云从诗文辑注》，黄山书社2010年版，第2页。

[3] 沙鸥：《萧云从诗文辑注》，黄山书社2010年版，第2页。

凌歊台上慨烟霾”句，其立意也就不难理解了。

国变后，萧的著诗，在精神指向上显然与先前不同，言辞也由蕴藉变得直白起来。对萧云从来说，国家没落，固然心痛，一旦它被异族所灭，感情上则更难接受，何况他又有切身遭遇。我们先看他的《移居诗》小序：

畴昔小筑于东皋，则迩王处仲梦日亭也。甲申后为镇兵是据，遂毁精舍为圉枥。至丁亥秋，始得携儿子，担书笥，薅秽缉垣，略蔽风雨而家焉。惟乱离迁播，亲友凋残，触景内伤，忽然哀愤，溯其凄戾，横集无端，况予老矣病矣，无能为矣！穷途日暮，情见乎词，得诗六首，求故人书之。倘曰元亮《移家》，少陵《秋兴》，是以灵鸟飞鵕，而誉腐草之光矣。[1]

据文献记载，萧云从曾两次避居高淳，一为明崇祯十年（1637）避农民起义之乱，一为甲申之变（1644）避清兵入侵之难。此为萧云从的第二次返乡，见昔日所筑房舍变为清兵的马厩，哀愤之极，亦痛斥至深。

《移居诗》共六首，一方面他为目前的情景而震惊，而悲戚；另方面也表现出他对时局还抱有一种幻想，从内心渴望明祚未灭。择录三首，以观情况。

鹿门见寄一行书，悲滞风尘万里余。未靖干戈中外警，当途冠盖往来疏。天高猿啸松枝落，篱折鸡栖月影虚。鬓短霜繁潦倒甚，杖藜挥泪过荒墟。

[1] 黄钺：《壹斋集（下）》，黄山书社2014年版，第886页。

莼嫩鲈肥尽可餐，归思岂只一张翰。吾庐近世无车马，世法宽人有帻冠。霜气空凋千树碧，旭光已破万山寒。衰年强起凭高望，赋得鹏云万里抟。

随意寒潭落钓钩，青蛉作伴立杆头。浮云天际归何处，独树溪边影不流。蹈海鲁连龙战日，还家典属雁声秋。身经迁播皆萍梗，一有吾庐更有愁。

从小序和三首诗中，我们可以清楚地看到萧云从对先哲的倾慕之情，因此，他的诗也就饫含了古人的笔墨气息。序里，当他感知“穷途日暮”时，便想起晋人陶潜和唐人杜甫的境遇。而第一首诗则借“鹿门”[1]的典故来寓意自己的避世之思，他所感知的不仅是世局罹乱，干戈未息，尤见目前夜空寂寥，月影虚幻，风撼松林，声似猿啸，一种落魄、凄凉之感顿然生出，所以，他就禁不住要曳藜挥泪，作离别毁若荒墟的家园之想了。

不过，萧云从对时局还是有所期待的，虽然鲁王、唐王分别被清军灭亡，但桂王还在西南广东一带，集结力量坚持抗清。他在第二首诗里便一改神情，即使眼前市井冷清，家乡的“莼嫩鲈肥”，还是让他筑起复明的希望，在“归思”心情的鼓动下，他看到的是“霜气空凋千树碧，旭光已破万山寒”，期待的是“衰年强起凭高望，赋得鹏云万里抟”。紧接着，他在第三首诗中，更明朗地掷出态度，明虽亡，然不能失节，就像鲁仲连宁可蹈海，誓不奉秦为帝，苏子卿被匈奴扣押十九年，仍心存汉室，不失尊严。依此

[1] 鹿门，即今湖北襄阳东南鹿门山。传东汉末年庞德公曾携妻、子登鹿门山，采药不返。后世文人亦多有在此隐居者。唐人孟浩然晚年亦隐于此。

来看，萧的“身经迁播皆萍梗，一有吾庐更有愁”句，显然是一个反谕，以愁来标显他的操守，犹汤岩夫题他画兰：“冒雪停霜韵早含，惊香悼色散余酣。燕妃梦里芬如积，蜀客琴中思未堪。念欲操壶临水岸，誓将毕赏就烟岚。高情散朗传疏叶，逸事犹夸郑所南。”[1]汤在这里是把萧云从拟作南宋遗民郑思肖了。

时光荏苒，清朝政权逐渐稳固，萧云从的心态是否也随之平静下来？我们再看他于顺治八年（1651）写的《钟山梅下诗》八首。诗前小序云：

萧子性喜梅花，而梅花无如钟山之麓之盛。少时纵游其处，遇王孙筑草阁数椽，引余登之。仰望钟山，丹楹金瓦，鳞戢翚飞，曜云而丽日。俯瞰其下，则梅花万树，恣放纵横，一望十余里，如坐香航浮玉海也。辛卯夏初，复往访之，鞠为茂草矣，王孙亦不知所之，荒凉之中，因感成诗，他无所及。[2]

若说萧云从遥想当年在钟山脚下领略“梅花万树”的景象，而感旧时的美好，那么，目前的钟山之麓除了荒芜和杳然，再没有往日的花繁日丽之影了。所以，萧在《钟山梅下诗》里，把他的哀怨一股脑地倾吐出来，有曰：“结庐山下无高士，挥泪霜边失侣鸿”，“空谷伤心只自酸，三更风发总无端”；有曰：“老去芳游兴未删，愁多白日泪犹潸”，“何处诗人宅灞桥，寒陵古树晚萧萧”。萧的感受是，如今的钟山陵阙，已不复往昔日曜云丽，鸿儒结庐山下，现在竟连一个侣伴也找寻不见了，惟有空山萧谷，令人酸楚不尽，伤心不止。即使这样，萧云从对复国的希冀，依然没有

[1] 余谊密、鲍实：《芜湖县志》，黄山书社2008年版，第765页。
[2] 黄钺：《壹斋集（下）》，黄山书社2014年版，第883页。

湮灭，他的思绪即刻由悲转向了另一端，如“春归但藉花为历，僧老都忘岁已寒”，“尘土飘摇香未散，乾坤今见几人诗”，“名花岭上供千佛，野雪香中阅六朝”等句，宣布的是他“春归但藉花为历”的思国之情，歌颂的是故时梅花“香未散”的抗清暗流。

前面已说，萧云从一向景慕先贤，尤其是杜少陵，因尝作《杜律细》，又绘有杜诗全图[1]，所以，他的诗境往往与杜相仿佛，时常表现出对社会某种现实的不满和批判。如他的《辛卯秋至南庄作》诗：

湖庄来往任飞蓬，不谓山田立钓翁。旧日路傍松见顶，几年门外水连空。秋烟已断千家爨，花穗重遭一夜风。叶叶白波无限恨，纷纷人哭雨声中。[2]

辛卯秋，应是顺治八年（1651）的秋天，萧云从由芜湖至南庄一带，见村落、秧田沦为泽国，稻谷无影，千家断炊，以至饿殍遍地，万户悲哭。如此凄惨景况，萧的心绪哪能平静下来，遂以此景写下他的关切。

诗的美学价值，通常是体现具体的可见世界，又是诗人表达感情和援入某些境界的一种符号，换言之，它能通过可见的物揭示不可见的“物”。萧云从记录的这个可见、可感的洪涝之灾，想必不止于客观描述，在萧的内心里，恐怕还有另一番立意。萧的著诗作风，极少言直陈显，而是借景、物、事，衍生出一个不易察觉的新的境界。此律一样，不仅书写出旧日水患“松见顶”，今又“门外水连空”的现实场面，也饱含着作者对遭连年水患之苦的民众寄予

---

[1] 宋起凤撰《稗说》记萧云从曰：“闻尚有杜诗全图，为某友绘者，莫可得见矣。此皆尺木中年笔，故神理独至，而用意疏密相同，无一豪败气。”见中国社会科学院历史研究所明史室编：《明史资料丛刊（第二辑）》，江苏人民出版社1982年版，第78页。

[2] 黄钺：《壹斋集（下）》，黄山书社2014年版，第887页。

无限的哀矜。更重要的是，萧所关切的“纷纷人哭雨声中”，申明的“叶叶白波无限恨”的背后，却是他的终极揭示，即对新朝统治者不闻民间疾苦的痛斥，对当权者无视百姓生死的鞭挞。

二 萧云从绘画中的隐逸色彩

如果说萧云从的诗溢满对乱世的愤激情绪，带有强烈的批判意味，那么，他的画也未殊于他的诗，气象充实而有光辉。尤其是国变后，作为明季遗民，其美学取向更加鲜明，幅幅画面无不显现着隔绝尘世、优游自然的隐逸色彩。

中国绘画，原本是被看作“古人图画，无非劝诫”[1]的杂役浅业，及宋代，绘画朝怡情寄性方向发展，郭若虚云：“窃观自古奇迹，多是轩冕才贤，岩穴上士，依仁游艺，探赜钩深，高雅之情，一寄于画。”[2]李公麟曰：“吾为画，如骚人赋诗，吟咏情性而已。”[3]绘画一旦成为人们寓情的媒介，它的美学价值亦随之焕发了。萧云从的画学致思与宋人是一脉相承的，不仅画法宗于宋，美学思想亦接于宋。兴许是中国传统文化的特殊性，宋之后的绘事，尤其是山水一科，史籍所载者，皆是文人的天地，而且，身为文人和士大夫的画家，大抵靡然向隐，“或为宦途坎坷而隐，或因世局罹乱而隐，正可谓：‘天地闭，贤人隐。’这种现象的形成，直接导致以寄情山林为美学追求的中国山水文化的滋长与兴盛。”[4]萧云

[1] 米芾：《画史》，黄宾虹、邓实：《中华美术丛书（10）》，北京古籍出版社1998年版，第24页。

[2] 郭若虚：《图画见闻志》，浙江人民美术出版社2013年版，第25页。

[3] 《宣和画谱》，浙江人民美术出版社2012年版，第76页。

[4] 高飞：《不专宗法自成一家——萧云从画学思想中的师古与创新》，《江淮论坛》2016年第1期。

从也当然地继承了这个余绪，成为推动隐逸文化滋延的一分子。萧云从忧于国衰，郁于国破，这是他一生至深的痛。当然，作为一个文人和画家，有痛即要表达，就像王国维言诗词，“物之不得其平而鸣者也”[1]。萧云从所业画，也带有这样的思考。起先，萧的用心还在师古上，遍仿百家，面貌也“轻快可喜”[2]。只因乱世，他的致思便有了较大转变，开始步向既得轻快可喜的表征，又有遗民意绪的袒露，所以，萧云从中年以后，优游自然和隐遁山林的心态愈加积极，作品里也因此架构起一个“境取幽深，情况高哲”的新视界。

萧云从的人生经历与历史上，抑或是同时期的其他文人画家，存在着显明的区别，他的“优游”和“隐遁”，往往通过借题，以申心志。有这样的凭借，一种境象便焕然出现在我们面前了。如他作《拟古山水册》，八幅画面皆为拟古之作，或写仙山楼阁、松溪渔隐，或绘万山飞雪、巉岩水廓，或作云岫清幽、碧山寻旧，或制西台恸哭、闭门拒客。种种情形在萧的笔下，似乎都被他纳入到“水静山深好结庐，松间明月夜清虚”[3]的境界里。他不仅仿古人画格，学李成、法子固、寻关仝、师荆浩，甚至与他们声息沟通，胸怀相接，人谓“胜情遥寄”[4]。

在这个山水册中，最值得品读的是《西台恸哭》和《闭门拒客》两幅画。前者，画山石嶙峋，松木凋零，平远处芦荻飘忽，天空烟霾笼罩，水天一色，阴郁不尽，右侧中段山石上居一老者，正

[1] 王国维：《人间词话》，中华书局2012年版，第44页。

[2] 张庚在《国朝画征录》说萧云从的画“不专宗法，自成一家，笔亦轻快可喜”。

[3] 王士禛对题《松溪渔隐图》。影见《明清安徽画家作品选》编辑委员会编：《明清安徽画家作品选》，安徽美术出版社1988年版，第98页。

[4] 归玄恭为《拟古山水册》题写的弁首。影见《明清安徽画家作品选》编辑委员会编：《明清安徽画家作品选》，安徽美术出版社1988年版，第96页。

回望坡下岸边被窠木遮蔽的舴艋，蓬前有一妇人掩面抽泣，情景可谓凄凉得很。萧云从的用心何在，我们来看看他在画上的题识：“宋谢皋父事，用赵子固笔法为之，盖其志同也。”[1]寥寥数语，关乎两层含义。一是萧云从以视觉形式，描绘了南宋末年文人谢翱的名篇《登西台恸哭记》，不言而喻，他是在借典寓今，发表他的亡国之痛；二是用赵子固笔法涂绘，表明要坚定地站在赵子固不乐仕进的立场上，深趣亦在此地。这里暂不细解，先来看看他的后幅画。此幅写幽静山谷，麓下一庭院，周布翠竹，门前高柳，虬松盘曲，山涧泉水鸣石，穿过院前小桥，高柳下一身着官服的客人，伫候主人接待。堂内读书者闲卧，书童回报，他也不应。为何？画上有言：“赵荣禄仕元，省其舅子固，子固高卧松檐，闭门拒之，今就子固画法为图，荣禄笔意虽优，余无取焉。”[2]联系前幅画，意思也就清楚了。赵荣禄即赵孟頫，字子昂，号松雪，宋宗室，蒙元统治后，仕于元，封荣禄大夫，即此遭人指摘。不过，按照史实来看，赵子固（孟坚）卒于1264年，而元结束南宋临安的统治是1276年，况且，赵孟頫1254年生，子固殁，他才十岁，所以，赵孟頫作为仕元者身份，探望遁迹山林的同宗兄长，就显得不够客观了。这里，姑且不论虚实，萧云从在两幅作品里，都要持赵孟坚的画法，是值得回味的，因为赵孟頫的画学声名远大于赵孟坚，而赵孟坚擅花卉，山水无迹，萧画山水不取子昂法，心机明了，一方面是萧云从葆有遗民气节而“无取焉”，另方面就是与赵孟坚的隐士身份有关。赵孟坚曾官至太守，因被言官所攻，归隐乡籍，以诗画自娱，时偕友人放舟太湖，衡古论今，俨然魏晋名士，萧云从向慕的不正

[1] 萧云从题《西台恸哭图》，原图藏安徽省博物院。影见《明清安徽画家作品选》编辑委员会编：《明清安徽画家作品选》，安徽美术出版社1988年版，第98页。

[2] 萧云从题《闭门拒客图》，原图藏安徽省博物院。影见中国古代书画鉴定组：《中国绘画全集21（清3）》，文物出版社2001年版，第5页。

是这种格调吗？

萧云从的隐，一方面是他借古人的隐逸实况，坚定他的向隐之思，另方面，则是他作为一个画家，终究要以艺术本身来展现其价值和意义，所以，追求一种无拘无束、超然尘外的人生境界，无疑是他的终极美学目标。当然，在萧云从的时代，若脱乱世之苦，欲刊心中郁结，就必须与凡俗彻底分裂，归入那万壑千岩、宽容无尽的自然里。

文人画的义脉及其美学取向的形成，萧云从是十分明白的，自王摩诘归隐蓝田有了《辋川图》，荆浩、关仝、董源、巨然，无不在其山水里创造出一个既是隐蔽的，又是可行、可望、可游、可居的世界，不论荆、关的北方山水，岠峦重叠，拙壮雄奇，还是董、巨的江南山水，烟云缥缈，显晦不定，似乎都充盈着远离世俗的隐逸色彩。萧云从也被前人的情怀感染了，如他六十三岁时所画《秋岭山泉图轴》，画面崇山复岭，瀑泉鸣涧，山下临溪筑茅屋两间，一隐者静坐屋内读书，侍者淘米弄炊，旁边两株古松高擎，红树交叉其间，整幅画面的境界，恰如他的题诗："松间营草屋，石上有流泉。静坐复何虑，端心挥五弦。读书还太古，种树经流年。目极秋云外，情深霜叶边。野人爱山水，半壁写寒烟。"[1]萧的向隐之情，在这个高远的图式里弥漫开来。也许是萧云从感其身世吧，他的隐的思想自然要比那些先贤们表白得更明确。其《青山高隐图》一画，堪为代表，有跋文以证："画亦戏事也，而感慨系之……人处乱世，上不得击栉纾奇，次不得弹琴高蹈，而优游尘土，画青山而隐，则吾与芸子解衣盘礴，相附于长康、探微之流，亦足矣，他

[1] 萧云从题《秋岭山泉图》，原图藏天津艺术博物馆。录中国古代书画鉴定组编：《中国古代书画图目（九）》，文物出版社2000年版，第214页。

复何愿！”[1]此图现不知庋藏何处，也没有印本播布，虽难明辨图景实况，但萧的隐逸思想则被他作此画的目的所道破，可谓不见其画，先睹其人了。依跋文推测，此画应是一幅壮阔的巨幛式的青绿山水。萧云从的山水画，一向面貌多端，法宗不一，有墨笔者、浅绛者，亦有青绿格趣者。青绿画法作为一种较为写实的传统样貌，恰巧与萧云从“优游尘土”、隐于青山的愿望完全契合了。

类似像《青山高隐图》直接发表隐思意见的作品，还有一幅《青绿山水图》。此图表现的俨然一处人间仙境，看山形特色，似有武陵源奇峰异石的征候。画中青山叠嶂，由萧云从擅长使用的花青、石绿、赭石、朱镖等色敷染，画面葱翠而有热情。高远处两峰并劲，直冲天幕，山腰烟云缭绕，瀑泉从主峰右侧云雾中流向山涧，烟岚蒸腾；中部山石多直折构造，形同多种类型的几何体块，大小互锁，未乱秩序，树木穿插其间，楼阁、连廊隐约可辨；近景一古松高举，余株附和，水边坡石上，筑一观景亭台，朱色水榭，精致典雅；透过古松一片较大的素色水系与天空呼应，使上下画面联为一个有机整体，让人引发欲入其境、饱游饫览的审美感。假设萧云从画的是武陵源，比起自然实相，显然分别甚远，查考萧的游踪事迹，未曾见他游武陵源的经历，那么，他生发出的这种超常规的、非现实的联想与想象，究竟还是因其隐逸之思所致。既然萧云从要去满足他的“优游”，也就不可能择取那些寻常易见的残山剩水、矮岭低丘作为观照对象，所以，他必然要以高山深谷为基础，建筑一个人所未见的世外奇观。这样美的世界，若说是萧对其艺术形式作夸张的构筑，不如说是他在为自己寻找一个理想中的幽居之地。看其跋文，或许可知更多消息：

[1] 邵松年：《古缘萃录（卷七）》，上海鸿文书局1904年石印本。

春岛荣琪树，兰蕤秘初春。仙人来卜宅，云幄饭芝房。翠榝松萝古，萦珠结子长。画图开半壁，晓雾绕蔙床。峻阁钟镆远，龙归带雨飒。芙蓉留石影，美酝盈螺椿。醉卧桃花坞，如沉千日酿。崇祯甲申数日，坐校书堂小酌，拾此素纸，图厥青山。因感念乱离，致数语纪愿，知我有志于武陵源矣。石人萧云从识。[1]

跋、画互勘，境象便鲜活起来了。原来，萧云从所描绘的这个图景，竟与陶渊明的世界几成姊妹。在陶的天地里，渔人所见者，“中无杂树，芳草鲜美，落英缤纷”[2]。而在萧的画面里，一样杂木无多，且玉树向荣，芝兰竞茂，宛然孟春，一派安逸和宁静。萧云从在跋里所说的“仙人”，完全是一个比兴，他是把陶元亮拟作自己了。继而写：云作帐，食灵草，楼阁峻峭，钟声悠远，芙蓉影映石上，陈酿幽香醉人。当萧云从回到现实世界里，虽在草堂小酌逍遥，但身处这个复杂的乱世，终有不安之感，遥想昔人那个自由平等、安宁和乐的桃源景，遂伸素纸，图写山川，以纪向往之愿。

值得一提的是，画家在这个超现实的世界里，虽然没有布置舟船，亦无人迹，但楼阁、亭榭的存在，却让观者排除了在欣赏过程中可能会产生的孤寂感，而且，萧云从以竖幅构图形式营设画面，目的是让欣赏者的视线由近水到对岸，渐次推向那耸向天际的绝巘，真正去感受他的高远奇观。这种视觉魅力，不独萧云从精谨纤微的画风起作用，关键还是因他一贯追求的“境取幽深，情况高

---

[1] 萧云从题《青绿山水图》，原图藏故宫博物院。录中国古代书画鉴定组编：《中国古代书画图目（二十二）》，文物出版社2000年版，第41页。

[2] 陶渊明：《陶渊明集》，凤凰出版社2014年版，第275页。

哲”的美学致思的呈现，使欣赏者的注意力转移到了“凝神遐思，与物冥通”[1]的审美过程里。

考察萧云从的山水遗存，并非都是托古寄情之作，他也有许多纪实性作品，如《云台疏树图卷》《设色山水图卷》《太平山水图册》等画，以貌写家乡山水，记录闻见，而成为文人画中的经典。不过，这些看似与自然无异的画面，虽令欣赏者滋生神游的联想功效，得到美的享受，却也露出他的隐逸底色。譬如《云台疏树图卷》，卷长达232厘米，在这个长卷里，现实世界的平实生活，都被他记录得既客观又微妙。画面自右讫左，秩序井然，如作卧游，别有情趣。起右，巉岩叠岫，疏木点缀，两山背面建农舍数间，与水比邻；及左，疏木参差，生于岩石肯綮，红叶、青松、翠杉互映，飞泉自山巅分流而下，注于碧潭，透过山石、窠木有一茅亭，丛篁衬托，一老者持筇漫步亭前，静听泉水溅溪；再往前行，一渔者驻舟后，正挟浆行于溪面木桥上，桥面微斜，似不胜载重，岸边阁楼上，有凭窗诵读者；尾声，巨岩巍峨，叠成层台，两崖对峙间，高松冷翠，岚影流动，佛宇梵阁，高耸其上，左崖下红墙临水，栏楯沿小路围垂崖转折，消失于幽涧。

仅观图画，欣赏者可能会被萧云从惟妙惟肖的描绘所迷惑，他笔下的优美景色、闲适情境，切实让人产生无限的美的联想。不过，萧的心思并非停留在这个美的概念上，他的智慧，在于借大自然之景逍遥世外，忘却俗虑。观其跋文便知：

朝起见红日，气象殊佳哉；世事不我与，独登书云台。得此丈余宣德纸，滑腻流光一带水；啜茗焚香染数峰，疏树寒烟春欲雨；

[1] 郭若虚：《图画见闻志》，浙江人民美术出版社2013年版，第86页。

吾生得意岂须多，月窟天根自筑窝；安乐何庸处否吟，山高水长我奈何？君不见瀣上采芝客，湖边佩茝人，鹏风龙气万千里，三月飞涛出禹门。

丙申元旦晴和，胸中浩然，知世外有余乐，伸纸作画，顷刻而成，留此数语，若献吉梦不止，绘事云也。钟山老人萧云从识。[1]

这就是萧云从高蹈的一面。虽然元日晴和气爽，凡俗的世界与自己又有多大关系呢，能在故朝宣德遗楮吮毫点染烟云春雨，品茗焚香吟哦胸怀也就满足了。值得体味的是，萧云从紧随题识钤了一方“郭恕先后身”朱文印，这可能就是他所经营的画外之意。郭恕先是五代末期至北宋初年山水画家，后周广顺时曾官至宗正丞兼国子监书学博士，入宋，又任国子监主簿，因肆言时政遭贬，纵放山林原野，过着他的安逸的生活。萧云从的“世事不我与”“吾生得意岂须多”的隔世情怀和隐逸之思自这里就显露出来了。

再看《设色山水图卷》一画，根据画家的题识，可知萧云从纪写的是家乡范萝山一带的景色。画面中山川连绵起伏，溪水环绕其间，村舍、农田、林木，以及坐落在山石松木间的庙宇和古塔，落笔概括，设色简澹，而意境幽深；捕鱼、农事、访亲、串友，又是那么的富有现实感和安闲相。萧云从在这个平远、深远和高远三法合成的画面里，所呈露的意象一如他画后的题诗：“著笔自矜贵，幽真乃可寻。晴窗揽秀色，属志在高岑。烟澹邈无际，风清时过林。野人复何慕，独见太古心。水气溢南北，空江与天深。我情托松柏，寒氲多阴森。”复识：“余家范萝之松，载于郡乘，晨夕相

[1] 萧云从跋《云台疏树图卷》，原图藏南京博物院。影见徐湖平等编：《南京博物院藏·清代山水画集》，天津人民美术出版社2000年版，第14页。

对，读书其间，可以娱老。或曳藤江滨，展楮茅宇，点染深细，愈觉神王，庶庸以赠之将来云。”[1]这种属志松柏，读书逍遥，江滨曳杖，茅宇展楮的隐逸况味，被他的好友汤岩夫记于画后的跋文中：“尺翁曩偕余避暑厂公园，据梧坐石，啜茶而谈，忘今语古，甚乐也。”[2]

萧云从貌写家乡山水，最为典型的恐怕就是他的《太平山水图册》了。此册作于清顺治五年（1648），为应时人太平府推官张万选邀约而创作的府辖三县的四十三幅版画图稿。在这个数十幅的画卷里，各图不仅皆为实景，而且还标注了画法出处，自唐以降的三十余位画家分别成了他模仿的对象，依此有人说萧是一个专事摹古的画家。孰知，在这些图式里，他的画法标注，显然与实情远悖，虽然手法不一，形式多样，长得却都是萧家面目，纤细有余而淋漓未足。其实，萧云从拟古的最深思想基础，是援古人之情致，发自家之肺腑，彰显的是他对古人探幽寻隐的精神仿照。不仅如此，他还在每幅画面题上古人诗句，有写山川景色者，有写花开花落者，有作旧地重游者，有作思古议今者。在萧的意识里，这一切都成为他逍遥自然、情寄原野的代言了。

至于这四十余幅图像的艺术感染力，后人把它视为画学津梁[3]，借其研究当时风俗的视觉文本，恐怕萧云从是未曾预料的。再说，萧也没有那般高瞻远瞩，他的计谋是既要符合邀约者的初衷，也要浮现作者为画的价值和意义。所以，《太平山水图册》的

[1] 萧云从跋《设色山水图卷》，原图藏辽宁省博物馆。影见曹彦伟：《历代名家绘画·设色山水图卷》，安徽美术出版社2013年版。

[2] 汤燕生跋萧云从《设色山水图卷》。影见《辽宁省博物馆藏·书画著录·绘画卷》编委会：《辽宁省博物馆藏·书画著录·绘画卷》，辽宁美术出版社1998年版，第435页。

[3] 萧云从的《太平山水图》一经刊行，便成为学画者临习的范本，一时洛阳纸贵。后曾播布日本，摹者众多，称其“画谱”或“画帖”，为日本南宗绘画的兴起与发展奠定了基础。

宝贵，一方面在于萧客观准确地把握了家山家水、一草一木的生机情态，另一方面就是他在作品里蓄含的不易被人察觉的隐逸色彩。对于这些熟见的自然，萧云从为了使其精神人格能在妙造的理想境界中仙游，建立一个主客合一的美好关系，他确实在画里作了精心的设计。如《青山图》《赭山图》《玩鞭春色之图》《行春圩图》《繁浦图》等，除画中主体景色宛然现实，他在各图中所展扩的风物，也繁多至极，不仅畦田、曲径、江水、桥影、梵宇咸备于画，耕种、渔业、牧歌、水运、佛事、隐居、游观、货郎、车马等等人间百态，皆在画里留下身影。难怪萧的好友张万选感动了："余思间一展卷，如见鸟啼，如闻花落，如高山流水，环绕映带，如池榭亭台，藻缋满眼，即谓置我于丘壑间。"[1]今人郑振铎也曾因披览它的印本，倍感萧的伟大，著文赞曰："图凡四十三幅，无一幅不具深远之趣。或萧疏如云林，或谨严如小李将军，或繁花怒放，大道骋骑；或浪卷云舒，烟霭渺渺。或田园历历如毡纹，山峰耸叠似岛屿；或作危岩惊险之势；或写乡野恬静之态；大抵诸家山水画作风，无不毕于斯，可谓集大成之作已！"[2]这些评价，实在是最恰切不过了。中国历代画学，一向讳写实景，观赏者能悟到此，说明实景亦不穷，所谓"山水质有而趣灵""万趣融其神思"[3]。萧云从的四十三幅真景，能置人于丘壑间，领其深远之趣的审美结果，若非作者情系自然，有感而发，无论如何也难彰名，流传百代。

萧云从作为一个能诗擅绘的文人，特殊的人生经历，决定了他诗画艺术的美学取向。著诗，其作品不能不露出他的文人本色，委

[1] 张万选题《太平山水图册》序。影见"安徽博物馆古籍珍本丛书"编委会：《安徽博物馆古籍珍本丛书·太平山水图》，西泠印社2011年版。

[2] 郑振铎：《劫中得书记》，广西师范大学出版社2010年版，第77页。

[3] 宗炳：《画山水序》，沈子丞：《历代论画名著汇编》，文物出版社1982年版，第44页。

婉晦涩也好，直白犀利也罢，终归带有一种批判意味；写画，如其著诗，他的遗民根性，使其内心扎实了对故国的惓惓之念，然而作为一个画家，他也只能情随世迁，投入到大自然的怀抱，与山林原野为伴，沉醉于隐逸的情境里。

（本文原载《安徽师范大学学报·人文社会科学版》2017年第3期）

萧云从的乡籍之辩

王永林

居于新安门户芜湖的萧云从（1596—1669），最初的居住地，据其《移居诗》序言："畴昔小筑于东皋，则迩王处仲（作者注：王处仲即王敦）梦日亭也（作者注：梦日亭在鸡毛山附近），甲申后为镇兵是据，遂毁精舍为圂枥。至丁亥秋，始得携儿子，担书笥，薅秽缉垣，略蔽风雨而家焉。"可知在芜湖古城北即如今芜湖市第二中学操场附近，因萧氏平生酷爱梅花，每每以梅花自喻，故将其居所称为"梅筑"。丁亥年（1647）其从因兵祸避居三年的江苏高淳重回故乡芜湖后，则迁居芜湖城东萧家巷，这里离他被兵毁的"梅筑"近在咫尺，萧云从在这里一住便是22年，直到去世，他再也没有离开过萧家巷中的这座老宅。而这座老宅在萧云从逝世百年后的乾隆年间依然存在，黄钺在他的《壹斋集》中就记载着曾特意来这里探访过萧云从的故居（由于文字改革，萧家巷后改为肖家巷，位于

图1　肖家巷遗迹

今天“芜湖古城”内，图1）。但关于萧云从这明白无误的乡籍，近年却受到了学者陈传席先生的质疑，其主要理由是：一、萧云从只称自己为“于湖”或“于湖渔人”，“未说自己是芜湖人”；二、“于湖”是指当涂；三、“古代画派皆以其创始人原籍命名……萧云从开创之姑孰派，也是以其原籍姑孰命名。”

古代的地域管辖区划，历代皆有变迁，用今人的眼光看是比较宽泛的，而古代文人，特别是书画家写款，虽是写实，但还是比较文学性的。萧云从的时代，芜湖归旧制太平府管辖，而太平府府治在当涂（姑孰）。所以，萧云从将太平府辖区当涂（15图）、芜湖（14图）、繁昌（13图），统纳入了《太平山水图画》中（《太平山水图画》为萧云从所绘，顺治五年即1648年，怀古堂万选刊本。徽人汤尚、汤义、刘荣等雕刻而成，为清初木刻版画巅峰之作。图中所绘为安徽太平府所属当涂、芜湖、繁昌三地的山水名胜。）陈传席先生说“于湖”是指当涂，其实这种观点是不能成立的，“于湖”在芜湖与当涂交界处，早在清康熙十二年（1673）《太平府志》沿革中就记有：西晋时，于湖为芜湖、当涂两地共有。清康熙三十四年（1695）的《当涂县志》亦称：“于湖为当涂之东南，芜湖之东北，二县具有其地，不专属芜湖也”，“日混芜湖、于湖为一者非”。这正说明了本为芜湖、当涂两县共有的“于湖”，早被约定俗成为芜湖一地所有，所以县志要专门说明。如南宋著名词人、书法家张孝祥，少年时即随父迁居芜湖，致仕退隐亦回芜湖定居，死亦在芜湖，故世称其为“张于湖”，他也自号为“于湖居士”，芜湖至今尚存“状元坊”旧址地名。生活在芜湖的萧云从认为自己是太平府人，以自己的府地“于湖”，即使“姑孰”自称都是正常的，他晚年曾号“钟山老人”并常题款为“钟山萧云从”，我们能认为他是金陵人吗？就如同我生在芜湖，在国内称自己为安徽人，出国称自己为中国人是一样的，并不能因为中国首都在北京

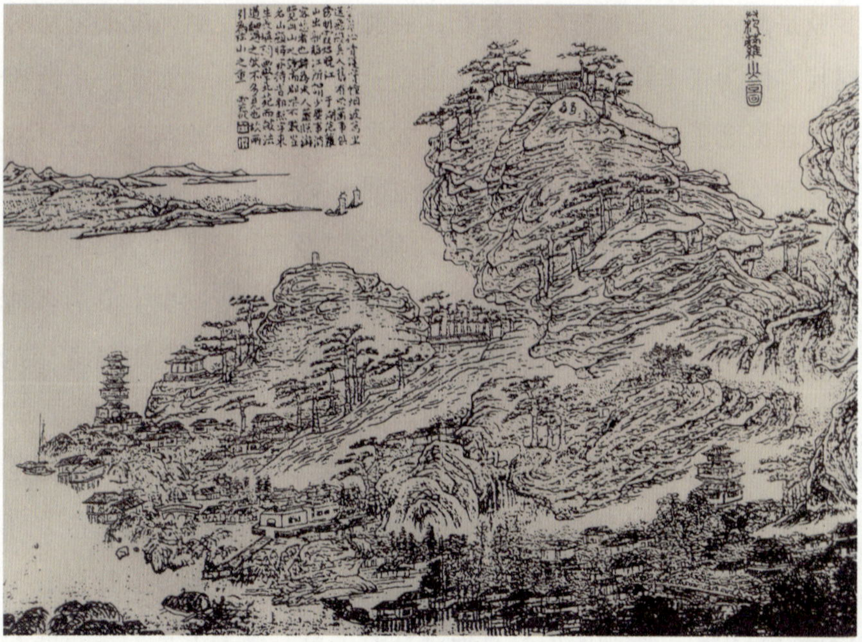

图 2　萧云从《太平山水图之芜湖范萝山图》

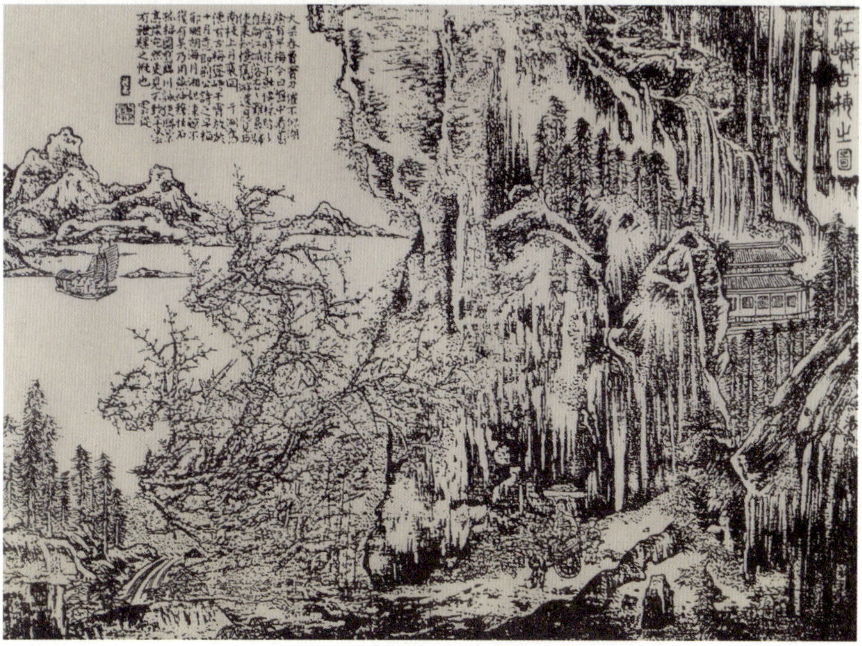

图 3　萧云从《太平山水图之芜湖江屿古梅图》

我就是北京人，安徽省会在合肥，我就是合肥人。更何况萧云从的时代，因为张孝祥“于湖”已更像是一个文化符号，而非一个纯粹的地理概念了。而且，萧云从在《太平山水图画》芜湖之《范萝山图》和《江屿古梅图》的题识中，也明确交代了“于湖”即芜湖这个既是地域更是文化符号的概念，其中“范萝山图”（图2）在题萧照七言绝句后自识：“于湖范萝山出郭临江，所谓少尘事消客愁者也。诗为宋人萧照游览此山之咏，而郡乘不载，岂名山显晦，亦待时邪。”范萝山，位于芜湖城西，西临长江，东临宋高宗钦点的状元、于湖居士张孝祥“捐田为池，种芙蕖杨柳”（《四朝闻见录》）并居其畔的陶塘（张状元在此著有《于湖集》四十卷），是现今芜湖的市中心。“江屿古梅图”（图3）亦于题王安石七言律诗后自识：“于湖旧传有古梅，耸峙干霄，放于十月，意即荆公诗之早梅耶。”关于“范萝山”，萧云从在晚年72岁作《江山胜览图》（1667，辽宁省博物馆藏）时，于卷尾题诗后，更是深情地写道：“余家范萝之松，载于郡乘，晨夕相对，读书其间，可以娱老；或曳藤江滨，展楮茅宇，点染深细，愈觉神王，庶庸以赠之将来云。”（见本书69页图6）

带着这样浓厚的乡土情怀，萧云从死后即葬于范罗山东南面的严家山，因为他的父亲萧慎余也安葬于此。在经过两百多年风吹雨打后的光绪年间，时任徽宁池太广道（徽州、宁国、池州、太平、广德）道台的袁昶（1846—1900），面对萧云从墓“残碑仆地，荒冢偎烟”的破败之景，特意驰书与在英国的李鸿章之子李经方商议重修萧云从墓之事，因为此时严家山一带已归李经方的李漱兰堂所有，李经方当即“一如所议，兴筑之费固慨然独任，复于隧道前多留余地，以待建祠，传曰：当仁不让”。萧云从墓得以顺利重修，又成为芜湖一处胜迹。旌德人汪畸撰写了《重修萧处士墓碑记》（图4），详述修墓经过。这块墓碑现被完好地保存在芜湖古城夫

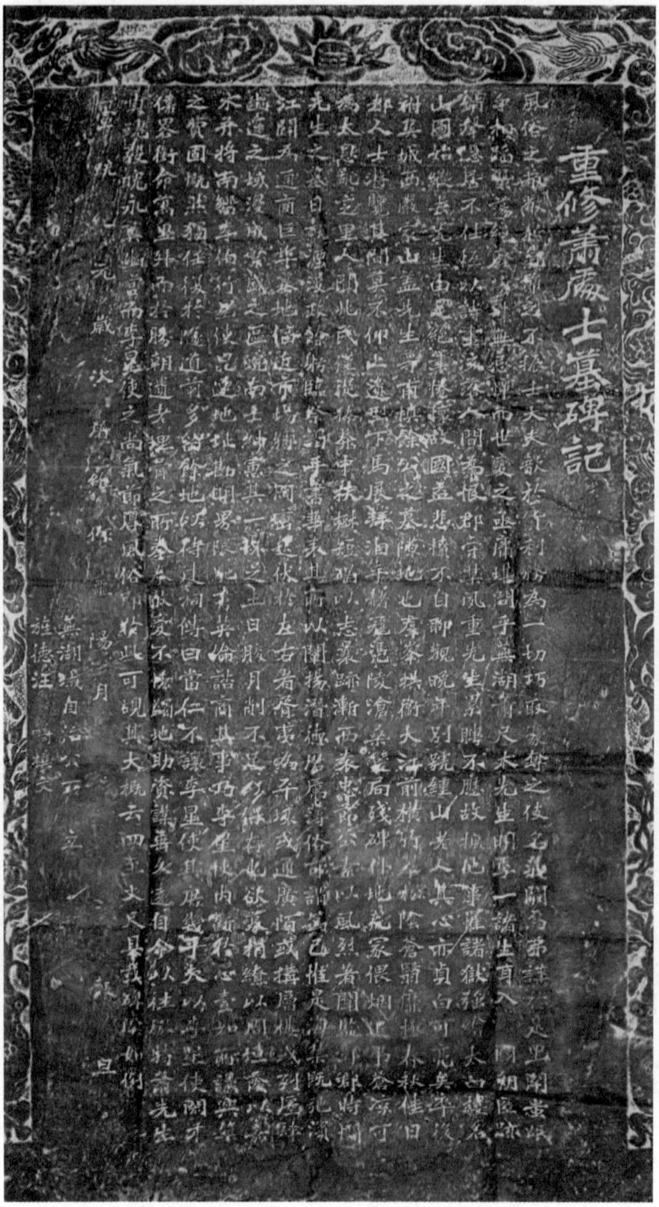

图 5 《重修萧处士墓碑记》拓片

子庙大成殿旁的碑廊内，供后人吊凭参观，见证着萧云从与范萝山的生死情缘。古人对乡籍的认定，一般以祠堂、祖茔、出生地、长期生活地或长期活动地来定。萧云从祖祠何处暂无考，我不敢妄言，但其父茔、出生地、长期生活地和长期活动地皆在芜湖，却是有史实依据而无可争辩的。

与萧云从同时代并和他交往过的著名诗人、书画家、鉴藏家，官至江苏巡抚、吏部尚书的宋荦（1634—1713），在采石《谪仙楼观萧尺木画壁》诗中称萧云从为“鸠兹萧叟”。我们知道“鸠兹”是芜湖的古称，是特指无歧义的。著名诗人孙枝蔚（1620—1687）则称萧云从为“芜阴画史”（《溉堂集》诗余卷一）。杰出诗人、文学家，官至刑部尚书的王士祯（1634—1711）在《感旧集》卷三萧云从条也称：“云从，字尺木，江南芜湖贡生。”而最早记录萧云从为芜湖人的权威资料，是顺治五年（戊子，1648）刻本，张万选（字举之，时任太平府推官）所辑《太平三书》（《图画》《胜概》《风雅》），该书比广为人知的康熙十二年（1673）《太平府志》《芜湖县志》要早25年。该书《图画》小序称萧云从为“于湖萧子尺木”，《风雅》二集称：“萧云从，字尺木，芜湖人，明崇祯恩贡，考授司理。”稍晚于萧云从的乾隆年间当涂人朱滋年所辑《南州诗略》（太平府所辖三县之诗歌总集）卷五萧云从条亦称：“萧云从，尺木，芜湖人。”

关于“于湖”即“芜湖”之说，近日偶读陆游八百多年前所著之《入蜀记》，见其亦言及芜湖即于湖，为我之所论又多一例证也。

《入蜀记》是南宋文学家、史学家、大诗人陆游（1125—1210）入蜀途中的日记，共六卷，是中国第一部长篇游记。他将日常旅行生活、自然人文景观、世情风俗、军事政治、诗文掌故、文史考辨、旅游审美、沿革兴废错综成篇，评古论今，夹叙夹议，卓见迭出，寄慨遥深。事因南宋孝宗乾道五年（1169）十二月六日，陆游得报差其由山阴（今浙江绍兴）赴任夔州（今重庆奉节一带）通判（知州的佐理官）。乾道六年（1170，陆游时年46岁）闰五月十八日晚起程，乘船由运河、长江水路前往，历时160天，五个多月，途经今浙、苏、皖、赣、鄂、渝六省市，于十月二十七日早晨到达夔州任所。其于路上写每日之经历（很少几天只记日期而没有记事），记一天经过什么地方，或游历或舟中所见，及会见什么人等；较多的是写景物，写观感，间或考证古闻旧事。

在七月间，写到过当涂、芜湖时，则详述了当时芜湖所处的太平州与芜湖的历史沿革及“于湖”即“芜湖”的历史史实。值得注意的是，作为名满天下的大诗人兼官员，陆游此行一路的所见所录，大都是由各地接待他的官员及文人朋友们介绍，自己详加考证的，非风闻臆测所记，故所记真实客观、史料性极高。

“（七月）十二日……太平州，本金陵之当涂县，周世宗时，南唐元宗失淮南，侨置和州于此，谓之新和州，改为雄远军。国朝开宝八年下江南，改为平南军，然独领当涂一邑而已。太平兴国二年，遂以为州，且割芜湖、繁昌来属，而治当涂，与兴国军同时建置，故分纪年以名之。”

“十八日。小雨，解舟出姑孰溪，行江中……两小山夹江，即东梁、西梁，一名天门山……”

“十九日。便风，过大、小褐山矶。奇石巉绝，渔人依石挽罾，宛如画图间所见。过枭矶，在大江中，耸拔特起……至芜湖县，泊舟吴波亭。知县右通直郎吕昭问来。按，汉丹阳郡有芜湖县，吴陆逊屯芜湖，又杜预注《春秋》，楚子伐吴克鸠兹，亦云在芜湖。至东晋，乃政名于湖，不知所自。王敦反，屯于湖，今故城尚存。又有玩鞭亭，亦当时遗迹。唐温飞卿有《湖阴曲》叙其事。近时张文潜以为《晋书》所云‘帝至于湖阴察营垒’，当以于湖为句，飞卿盖误读也；作《于湖曲》以反之。刘梦得《历阳书事》诗，叙道中事云：‘望夫人化石，梦帝日环营’。盖梦得自夔州移牧历阳，过此邑也。邑人云，数年前，邑境有盗，发大墓，棺椁已坏，得镜及刀剑之属甚众，甃砖有‘大将军墓’四字，或疑为敦墓云。”

在此日，陆游详细记述了蟂矶的传说及其变名浇矶的故实，对芜湖、于湖的得名（“至东晋，乃政名于湖”），王敦谋反的历史掌故以及温飞卿诗作等亦进行了翔实的考证，而“不知所自”四字，则尽显其真实客观的史笔基调。

按，《晋书·明帝本纪》里有“帝至于湖，阴察（王敦）营垒而去”。王敦屯兵芜湖（于湖），晋明帝暗中察访这一记载，应被视为更早的史书所记“于湖”即“芜湖”的史实。不过这一段话，曾被晚唐大文人温庭筠句读误断为“帝至于湖阴，察（王敦）营垒而去”，把芜湖的曾用名“于湖”当作“湖阴”，并作《湖阴词》（《湖阴曲》）传之后世，在词前“序”中说明作词的缘由时言“王敦举兵至湖阴，明帝微行，视其营伍。由是乐府有湖阴曲，而亡其词，因作而附之。”由于飞卿读书失察，断句错误，引起了后世不少笔墨官司，故陆游亦记之。

“二十日。宁国太平县主簿左迪功郎陈炳来见，泛小舟往谢之……予遂游东寺，登王敦城以归。城并大江，气象宏敞……将午，解舟，过三山矶……”

“二十一日。过繁昌县，南唐所置，初隶宣城，及置太平州，复割隶焉。晚泊荻港，散步堤上，游龙庙……荻港，盖繁昌小墟市也。归舟已夜矣。”

二十二日，“过大江，入丁家洲夹，复行大江”。陆游由此离开了芜湖地境，于芜湖他留下的印象是“自离当涂，风日清美，波平如席，白云青嶂，相远映带，终日如行图画，殊忘道途之劳也”。

只可惜与陆游同时代的著名词人、书法家，居于芜湖的张孝祥（1132—1170，自称“于湖居士”，人称“张于湖”，著有《于湖居士文集》《于湖词》等传世），在乾道六年（1170）三月，由外任返还芜湖，七月便得急病而逝，与舟过芜湖的陆游几近擦肩而过，却阴阳两隔。张孝祥39岁英年早逝，殊让人为之叹息，也让这两位南宋史上杰出的词人未能在于湖一晤，唱和于鸠兹。

距此一事件四百多年后，芜湖又出了一位以“于湖”为号的画人——萧云从。之后的黄钺（1750—1841，祖籍当涂，先祖七世自当涂迁居芜湖，历仕清乾隆、嘉庆、道光三朝，著名的教育家、画家、艺术评论家，创立姑孰画派，尊萧云从为画派始祖，是萧云从绘画的重要推介人）再作《于湖竹枝词》66首相赞，与前辈们在“于湖”即“芜湖”上遥相呼应，其中就有咏怀张孝祥之父张祁在陶塘所筑的“归去来堂”一首：“升平桥畔状元坊，曾寓于湖张孝祥。一自归来堂没后，顿教风月属陶塘。”由这一切，我们可知“于湖”之称谓历代一直被视为芜湖的别称。

至于黄钺这位研究萧云从最为权威的专家，一直认定萧云从就是芜湖人，那是见诸历史，众所周知的事了。可见自宋到清以“于湖”代称芜湖在文人墨客中是常有的事，而陈传席先生以己之心妄自推论黄钺定萧云从为芜湖人，是不敢“违反圣意”，这是无任何史实根据的，总不至于把“于湖居士”张孝祥也认作是当涂人吧？由此我们可以看到，事实并不像陈传席先生说的“萧云从未说自己是芜湖人”。如是那样，萧云从一直自称为“于湖渔人”，并在《太平山水图画》芜湖之《范萝山图》《江屿古梅图》上自识“于湖范萝山”“于湖旧传有古梅”，而在当涂的15图和繁昌的13图上，没有一图题识为“于湖某某”景致，又当如何解释呢？其72岁所识“余家范萝之松……”又是什么意思呢？

还有关于“萧云从开创之姑孰派，也是以其原籍姑孰命名”一说，也是不能成立的，我们已知最早提出“姑孰派”的徐沁（1626—1683）在其《明画录》卷五萧云从条中称：“萧云从，字默思，号尺木，芜湖人。工诗文，画山水，高森苍润，具有格力，遂成姑孰一派。”这里徐沁已明确告诉大家，萧氏原籍为“芜湖人”，所谓“姑孰一派”仍是以太平府治来论的。其实，萧云从在世时，并没有形成所谓的“姑孰画派”，这个画派的群体是在黄钺以后才见于史载的，乾隆乙卯年（1795），黄钺“综合同里诸君，暨国初诸老之善画者，为《于湖画友录》一卷”，萧云从名列第一。又在嘉庆二十年（1815）增删刻印了《画友录》，萧云从仍名列第一。黄钺的兄长和堂兄多人也被他列入萧氏画派中，他本人也十分推崇并自愿加入了这个画派，俨然以集大成者而称名于画坛。由于黄钺官高、言重、画显，后人就将其祖籍——当涂的古称“姑孰”名为画派的名称，“姑孰画派”从此在历史上面世了，萧云从也自然被后人尊崇为“姑孰画派的始祖”，只能说黄钺为“姑孰画派”驰名于画坛功不可没，而“姑孰画派”的命名与萧云从本人并没有什么关系，是后人尊其为“始祖”而已。

当然，有无这些乡籍的质疑，都不影响萧云从绘画艺术的历史贡献。

（本文原载《中国书画》2017年第3期）

萧云从画作的代笔人

——萧一芸的画史价值与作品现状

王永林

萧一芸作为明末清初皖南门户芜湖的一位山水画家，在画史中算不上出名，但因其为伯（叔）父萧云从代笔的这层关系（萧一芸是萧尺木亲笔题跋中唯一承认的代笔人），让他在画史中有了一定的价值而被载入史籍，成为明末清初皖南遗民绘画史研究的对象，谈萧云从常常言及一芸。不过也只是言及即止，因为画史所记之萧一芸，只一句话三十字而已。

萧一芸，字阁有，安徽芜湖人，萧云从（1596—1669或1673）侄，生卒年不详。其画山水参唐寅、沈周，用笔清逸，“云从老年为之代笔”（《中国美术家人名辞典》俞剑华编）。这就是目前画史所能查到的关于萧一芸的资料，简单而不具体，因此，若想更多地了解萧一芸，可能去解读萧云从画跋等涉及萧一芸的文字，以及萧一芸传世的本款画作，不失为获取第一手资料的途径。

首先，我们由萧云从的两则画跋，来一窥萧一芸为代笔人的由来。

1. 萧云从《青山高隐图》（己丑1649年作）卷后自识（图1）：

画亦戏事也，而感慨系之。少时习业之暇，笃志绘事，寒暑不废。近流离迁播，齿落眼蒙，年五十而谆谆然若八九十者，遂握

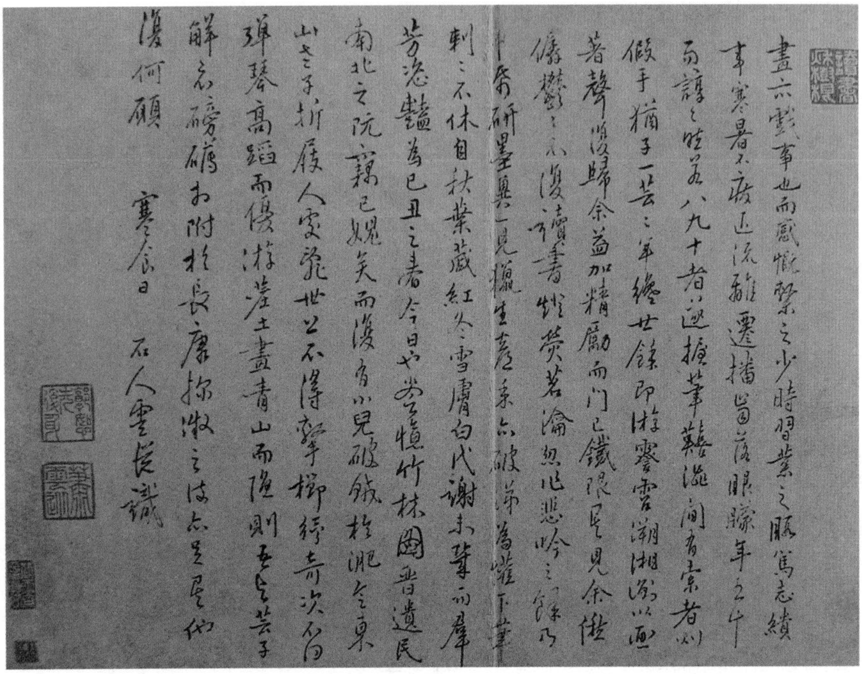

图 1　萧云从《青山高隐图》卷后自识 1649 年

笔艰涩。间有索者，则假手犹子一芸。芸年才廿余，即游雪□，溯湘衡，以画著声。复归余，益加精励，而门已铁限矣。见余僽僽郁郁，不复读书，灯荧茗瀹，忽作悲吟之余，乃申纸研墨，冀一见猎生喜。余亦破涕为欢，下笔剌剌不休。自秋叶藏红，冬雪肤白，代谢未几而群芳恣艳，为己丑之春今日也。尝忆竹林图，晋遗民南北之阮，窃已愧矣，而复有小儿破贼于淝，令东山老子折屐。人处乱世，上不得击柎纾奇，次不得弹琴高蹈，而优游尘土，画青山而隐，则吾与芸子解衣磅礴，相附于长康、探微之流亦足矣，他复何愿。寒食日，石人云从识。

萧云从在这则画跋中，说出了萧一芸为其代笔的事实与原因，并对一芸的画艺赞誉有加，亦对一芸之经历略作介绍。由此我们可知，“芸年才廿余，即游雪□，溯湘衡，以画着声”。而萧尺木五十岁之后“齿落眼蒙”“握笔艰涩”，即懒于笔墨，“间有索者，则假手犹子一芸”。而由上下相连贯的意思来看，其最后的“画青山而隐，则吾与芸子解衣磅礴，相附于长康、探微之流亦足矣”一句，虽未言明此卷代笔事，但其行文的春秋笔法似乎隐晦地透露出此卷或亦有一芸参与其中（也正因代笔，萧一芸的本款画作传世少见，让后世对其所知甚少，这也着实是委屈了一芸）。

此《青山高隐图》卷，为萧云从传世之赫赫名迹，是过云楼主顾文彬的旧藏，卷前有张大千书引首“顾陆风徽”，后有顾文彬、邵松年长文题跋，并经多次著录及出版，是萧云从作品中重要的极具史料价值的精品之一。在2009年11月23日中国嘉德秋季拍卖中，该卷以6720万元成交，创萧云从作品市场价格最高纪录。此卷后跋中邵松年的那段题跋，还道出了关于过云楼藏画多有副本这一秘密：“顾子山先生精鉴别，富收藏，在道咸间名重一时。闻其所藏名迹，多延善画者临有副本，庐山真面不易得见也。后诸子分析，各得若干，遂不免出而易米，然佳者多为文孙鹤逸收去。此卷与十洲《独乐园图》皆当年流落至京，却皆非副本也。丙辰三月朔，息老人记。”可见此卷的信息量是巨大的。

2. 萧云从《山水卷》（戊戌 1658 年作）自识（图 2）：

余旧喜作溪徼行役图，以山川险阻、车舟跋踄，令见者息心，知丘壑之为乐，而一室中备万里之景耳。题跋数□各就时所寓。然皆自为皴染，初无捉刀。亦以老闲牖下，冬曝夏凉之余，不辞疲倦。又迫于

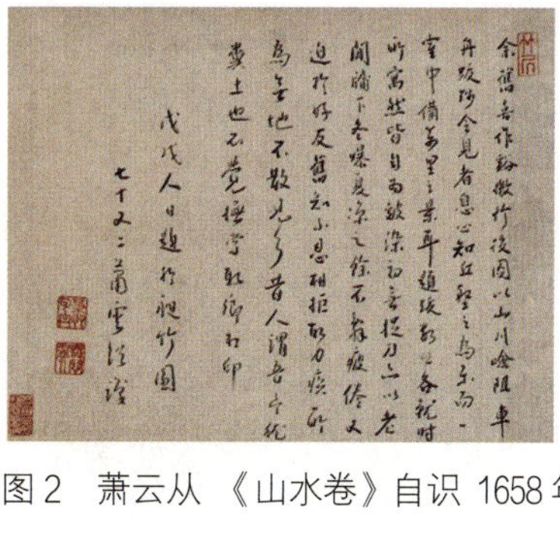

图 2　萧云从 《山水卷》自识 1658 年

好友旧知，不忍相拒，故力疾所为，无地不散见耳。昔人谓吾欲犹粪土也，不觉抚掌取乡于印。戊戌人日题于祀竹园。七十又二萧云从识。

图3 萧一芸《松林观瀑图》轴 吉林省博物馆藏

此卷2011年11月12日出现于中国嘉德秋季拍卖会上，据卷上所钤“冈州吴氏挹翠阁印”可知，此卷为近代澳门名医吴铭所藏，吴铭是黄宾虹的朋友，获赠宾翁作品既多且精，近年屡见于世。

《山水卷》的画跋中，萧云从再度言及自己画作的代笔之事，是“初无捉刀”，但我们却能由这一“初无捉刀”之言，明确知道第一则跋中的五十之后即懒于笔墨，“假手犹子一芸”之说，非孤证也。

其次，关于萧一芸的本款作品，据《中国古代书画图目》所记，国内文博机构所藏萧一芸画作登记在编的仅七件，分别是：

（1）藏于吉林省博物馆的《松林观瀑图》轴（图3），纸本设

图4 萧一芸、原济等《书画合璧》八开册中一页山水 上海博物馆藏

色，尺寸119cm×58.4cm，款署“己酉中秋写”。己酉为1669年，云从时年73岁，于此年去世，一芸此时约40岁。该画是萧一芸成熟期工整用心之作，山石全以萧云从之法出之，而房屋、松树的刻画则比云从更为细致。

（2）藏于上海博物馆的原济等《书画合璧》八开册中的一页山水（图4），纸本墨笔，尺寸15.7cm×20.8cm，款署“辛亥重九，写似涵老先生教，萧一芸”。辛亥为1671年，云从已去世两年，一芸此时约40岁。钤“阁”“有”连珠印。此作笔墨纯熟，构境清雅，受黄公望、沈周的影响较多，是萧一芸成熟期的水平。

（3）藏于重庆市博物馆的《仿王蒙山水》轴（图5），绢本设色，尺寸179.5cm×47.7cm，款署“辛亥冬月，仿黄鹤山樵笔法于邗关僧舍，萧一芸”。钤“阁有”朱文印、“萧一芸”朱白文印。此作描绘瀑布飞泉奔流而下，沿溪楼阁茅舍参差掩映，林木葱郁，深得山水林泉之妙。行笔轻松潇洒、清俊秀逸，勾勒点染繁复，一派王黄鹤之风致。“邗关”者即邗城，指广陵扬州。据此可知，辛亥冬，萧一芸有扬州之游，借居于僧舍。

（4）藏于朵云轩的《为青翁作山水》扇页（图6），金笺设色，款署“己未秋日写”（己未为1679年，云从已去世十年，一芸此时约为50岁）。此扇乃萧一芸规矩成熟之作，行笔、造境颇具唐、沈之意趣。

（5）藏于辽宁省博物馆的《仿黄子久山水》轴（图7），纸本设色，尺寸70cm×35.5cm，款署“丁丑秋杪，仿黄子久笔法于吴陵客舍，萧一芸”（丁丑为1697年，云从已去世二十八年，一芸此时也应是70岁左右的老人了），钤“萧一芸”“阁有”印。观此作笔墨，其虽自言是规模古人，但已老辣随意，并非亦步亦趋，应是其晚年之作，用笔颇有几分老拙之态。“吴陵”今属江苏省苏州市，据此可知，丁丑年秋，萧一芸有吴陵之游。

（6）藏于上海博物馆的萧一芸等《书画》十六开册中的一页山水（图8），纸本墨笔，尺寸23.7cm×16.2cm，年款因图片的原因未能准确识读（疑似“辛亥夏”，若是“辛亥”则为1671年，云从已去世两年，一芸此时约为40岁）。此作境趣轻松萧散，笔

图5 萧一芸《仿王蒙山水》轴 重庆市博物馆藏

图6　萧一芸《为青翁作山水》扇页 朵云轩藏

墨技巧、构图造境与新安画派的渐江颇为相近，应为萧一芸成熟期作品（渐江曾数次来芜湖，问学于萧尺木，关系在师友之间）。

（7）据《中国古代书画图目》文字记录，上海博物馆还藏有萧一芸山水十开册一件，为纸本设色，但无图版及文字介绍。

至于在国内外艺术品市场上拍的萧一芸本款画作，也是寥寥无几，据有关艺术网站统计数据，仅有五件（套）：两轴（一署“甲午”为1654年；一署“庚子重九”为1660年）、两册（八开册一，只有“萧一芸拟古”本款，无年款，看绘画风格属萧一芸中年成熟期的作品；十开册一，署“庚寅仲春”为1650年作）、一卷（图片文字无法识读）。以上五件所画皆为山水。

那么，导致萧一芸这样一位职业画家，存世画作极为少见的原因是什么呢？我想大约有以下这些因素：

（1）萧一芸自20多岁画艺成熟之始即为萧云从代笔，云从又长寿，几乎涵盖了他艺术生涯的大半时间，因而其本款作品少。

（2）因长期为萧云从代笔，其作与云从面目相近，年代亦相同，故后世书画经营者为牟利将其本款之作割、改款为萧云从或新安名家者，应不在少数（这种情况在古代书画的传承流转中是常有

图 7　萧一芸《仿黄子久山水》轴　辽宁省博物馆藏

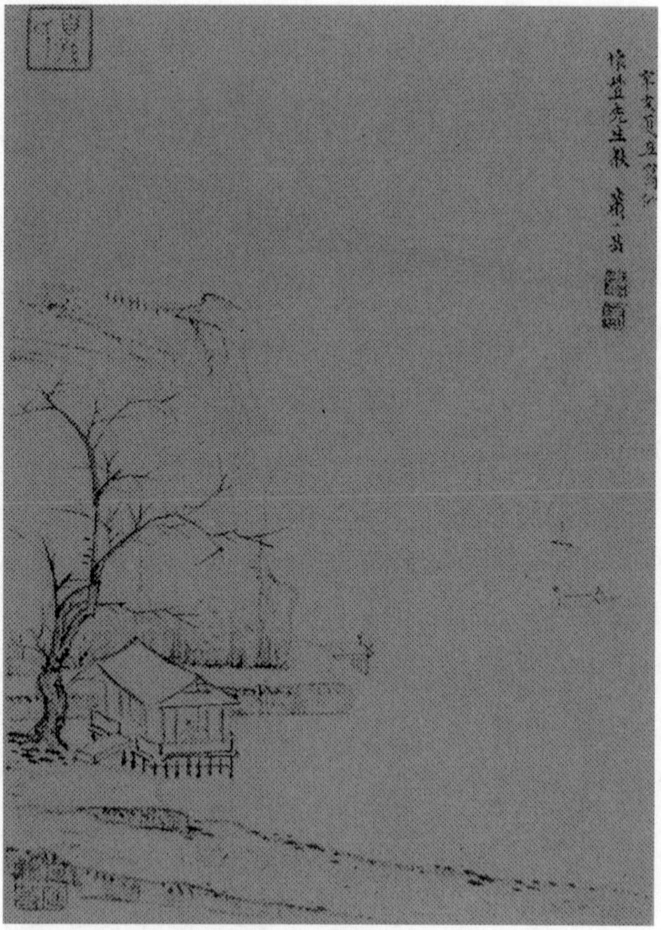

图8　萧一芸等 《书画》十六开册中一页山水 上海博物馆藏

的事，诸如小名头改大名头、无款画加名家款等），这也应是导致萧一芸本款画作少见的一个非常重要的原因。

（3）即使萧云从离世后，萧一芸仍在从事绘画，也有他继续在画“萧云从”的可能性存在，印章等材料俱在其手，毕竟职业画家卖画是要论名头算价格的，这也会导致他本款之作存世少见。

（4）再就是清中晚期时，萧云从在日本画坛成为偶像后，日本人到中国来搜求萧云从的作品时，有可能也有部分萧一芸的作品随之流散至东洋，爱屋及乌也。为什么这样说？去年我的一位朋友在香港购回的一幅萧一芸本款山水立轴《秋山萧寺图》（图9，此作为绫本设色，款署“甲午易月写，萧一芸”，为1654年作品，萧云从时年58岁，萧一芸此时30岁左右，此作用笔、造境皆规模萧云从），就仍保留着原装的日式装裱，是典型的日本回流作品。当时看后，我曾感慨地和朋友说：“幸亏这张萧一芸是画在板绫上的，若是纸本或绢本，可能早已被人割款改造了。”

（5）萧一芸本身是小名家，基本是依附于萧云从而传名，故大多数藏家与书画经营者对他并不重视，三百多年的历史进程中，小名家作品在流散过程中的灭失是要远远大于大名家的，当然，这也与经济价值有着莫大的关联。

虽然，目前我们只能见到萧一芸很少的几件本款作品，但通过这几件作品仍然可以感受到他作品面目的多样性，笔墨技法的丰富性，而这一切都表明他的涉猎是广泛的。萧云从所言“才廿余……以画著声”等赞语是真实不虚的，萧一芸确实具有很高的绘画水平：扎实深厚的笔墨功底，创作表现手法亦多姿多彩，作品表现出的境趣也雅致不俗。只是这一切与他所得到的名声却又是不相符的，应该说，问题还是出在他生前的主动代笔与身后的被动“代笔”上。

至于萧一芸的生卒年，已不可考，所以他到底活到多大年龄我们也无从知晓，目前能知道的是：他应是萧云从弟弟的儿子（是否为萧云倩之子尚待考，大部分文献不称其为“云从侄”，而称其为“云从犹子”，此称谓即出自萧云从题跋之“犹子一芸”。其实“犹子”者，字面理解有两个意思：一是如同儿子，二是兄弟之子。）以萧云从53岁（1649）所书跋文中的文字可大致推测，萧一芸此时20余岁，小萧云从30岁左右，而目前能查到的一芸本款作品最晚者为丁丑1697年（以云从1669年卒为后28年，以云从1673年卒为后24年），那么，萧一芸的一生大约为七十春秋耳。

图9　萧一芸《秋山萧寺图》轴 设色绫本 私人藏（日本回流）

在看了萧一芸的这些本款画作后，我们大致还可以了解到，萧一芸是不擅诗文与书法的，这一点与萧云从区别很大。萧云从是诗文书法与绘画皆擅且成就极高，而从萧一芸的画作题款我们得到的消息是：他的画作题款一般以工楷为主，只写年月、受赠人上款及本款简单的几个字而已，单一无甚变化。而且据目前所能查到的资料来看，萧一芸也未有诗文及书法作品传世。这在文人画占据画坛主流地位的时代，是突出的弱点，其诗文书法等修养的薄弱，可能是他未能在绘画上更上层楼的重要原因，使他一生都以小名家的身份被萧尺木的光环所笼罩。为了生活，可能还主动待在这光环中而不肯出来。

当然，这次我主要是通过印刷品的图片粗略地做了一些画史的钩沉，希望将来能有机会看到更多的萧一芸本款原作，透过萧一芸的笔墨再去观察研究萧云从的传世画作，从中或可梳理出哪些可能是萧一芸的代笔，哪些又是后人的割改款之作。因为资料的匮乏，以上所论，只能算一个不十分严谨的考证，还望海内外方家给予指教，若有资料相告共享，更为感谢！

（本文原载《中国书画》2017年第8期）

萧云从文化著述考

唐俊

萧云从既是杰出的画家，也是对传统文化深有研究、学养深厚的学者。萧云从在文学方面，诗歌、古文俱佳；在艺术方面，除了精研画理、画技高超，还对书法、篆刻、音乐有很高的造诣；此外还对文字学、音韵学、易学，乃至儒道释等都有深入研究。萧云从一生勤勉好学，博学多才，除了创作了大量传世的优秀书画、诗文作品，还就传统文化诸方面著书立说。

近年来，有关萧云从的研究领域得到不断拓展，已从绘画艺术扩大到诗歌艺术，继而拓展到文化著述研究领域。据目前掌握的史料，萧云从的著述虽然散佚湮没了一些，但也留下来一部分。其文化著述主要有《易存》《韵通》《杜律细》等，另外其《离骚图》题跋及大量的注文也应该视作文化著述。《离骚图》与《易存》被《四库全书》收录，其价值可见一斑。因为《离骚图》研究者甚多，故本文从略，这里就萧云从其他三部文化著作进行简要考述。

一 《易存》考述

1.《易存》的写作时间与原因

《易存》的写作时间，《四库全书总目提要》说是萧云从80岁时作：

《易存》（无卷数，大理寺卿王昶家藏本）国朝萧云从撰。云从字尺木，芜湖人。前明崇祯己卯副榜贡生。是书乃云从年八十时所撰。

此说明显不准确。第一，萧云从1596年出生，1673年78岁时已去世。第二，萧云从本人在《易存·自序》中明确自述为60岁后作[1]：

至六十岁外，才明太史公律书以易逆数法得三合四气五行及十九年七闰日食星变占推之法，著有《易存》之书。此书无一人寓目，说及则掩口而笑，惟方沂梦、汪悔崖读之，皆透彻底里，各覃精思，资余不逮，盖知余之不敢妄作以欺人者。

从萧云从自述可知，他在写作过程中与好友方兆曾（字沂梦）、汪悔崖（方兆曾姑父）等有交流。另据《芜湖县志》，方兆曾在萧云从去世前梦见他“尽出其《易存》、字学、韵谱诸书，依次手授”[2]。梦境固不可靠，但是如果不是此前多年方兆曾与萧云从在易学、文字学等方面交流过，也不会有此梦。查《易存》影印本，萧云从把自序列第二篇，而把方兆曾为《易存》写的序置全书之首，可见他对方兆曾的重视。自序后有《易存四学》一文，旁有落款“己未八月七日”。查萧云从一生所历干支，“己未”是1619年，萧云从24岁，下一个己未年则为84岁，显然不合。“己未”很

[1] 沙鸥辑注：《萧云从诗文辑注》，黄山出版社2010年版，第146页。
[2] 参见《（民国）芜湖县志·卷五八·杂识》。

可能是“乙未”之误，而乙未年为1655年，萧云从60岁，符合其自述的时间。因此可以推断，《易存》写作时间大体上是在萧云从六十至七十岁之间。

关于《易存》的写作原因，方兆曾在《易存·序》中有说明[1]：

夫《易》以“河”“洛”统数，二律历之用由此以生，声音象数各协其致而相通焉。后人弃本逐末，穿凿附会，弊端杂出。其失益远，其锢益深，遂使聪明之士，束缚其中而不可解，谈理著书，几如聚讼，将不息之余蕴数千年，而谁抉之乎？无闷先生以绝人之智，运博物之思，深观天下之理，于是著《易存》一书。

“无闷先生”指萧云从。“无闷道人”“无闷老人”都是萧云从晚年的自号，他在1656年作《归寓一元图·金柱平高》钤印时用过，萧云从时年61岁（此与萧云从著述《易存》时间吻合）。“无闷”与他研究《周易》有密切的关联。因为“无闷”即来自《周易》[2]：

初九曰“潜龙勿用”，何谓也？子曰：“龙，德而隐者也。不易乎世，不成乎名，遯（同“遁”）世无闷，不见是而无闷。乐则行之，忧则违之，确乎其不可拔，潜龙也。”

萧云从自号无闷，一方面是在内心里自认为自己是一条生逢乱世因而在渊的“潜龙”——《周易集解》卷一引虞翻注疏：“确，刚貌也。乾刚潜初，坤乱于上。君子弗用，隐在下位。确乎

[1] 沙鸥辑注：《萧云从诗文辑注》，黄山出版社2010年版。
[2] 《周易·乾卦》。

难拔，潜龙之志也。”另一方面是表示自己虽处乱世，但能坦然处之。《庄子注疏》说：“无闷者，谓逃遁避世，虽逢无道，心无所闷。”[1]萧云从一生行状，尤其是晚年心境，确与此合。

2.《易存》的主要内容与研究方法

关于《易存》的主要内容与研究方法，《四库全书总目提要》简介中有如下一段话：

> （《易存》）以数言《易》，而其数乃以律吕、历算为宗，旁及于三命、六壬之术。前列《易存四学》一条，称学者先读《易》卦爻词、《大传》蓍法，次学卦气以及支干阴阳、五行生克、气运衰旺，次学算归、除、因、乘，次学音律、词曲、声调、管弦以及翻切诸法方得。

按照方兆曾的说法，《易存》是为了纠正“后人弃本逐末，穿凿附会，弊端杂出”而作，因此萧云从主观上想提供正确的学《易》途径，这就是书前列《易存四学》的原因，也是萧云从研究《周易》的方法。所谓“四学”，萧云从如是说：“理、象、气、数，理具于象、气、数之中，前辈论之殚矣，精矣，故不复悉。”

《易存》正文部分由数十篇论文组成，且论文题目均以“论”字居首，如《论大衍之数与克典禹畴律吕以证三合之原》《论河洛交错为历律之见端》等。这些论文构成了《易存》的主要内容。据此可以推知，《易存》涉及对古代天文、历法的研究，例如《易存》中就有研究“岁差”的文章《论卦气岁差同于律数》，下面简

[1] （晋）郭象注、（唐）成玄英疏：《庄子注疏》，中华书局2011年版。

单介绍一下该文以见《易存》之一斑。

在《论卦气岁差同于律数》的开头，萧云从说：“陈希夷曰：冬至日在坎，夏至日在离，春分日在震，秋分日在兑。四正之卦，每卦爻主一气，每时之卦爻配成三卦，而十二月之卦备，而每爻主一候焉。”这是从卦象爻辞角度看二十四节气。这里要注意的是，萧云从把“气”与“候”是分开说的，且分别与“卦爻”与“爻辞”相关。今天有“气候”一词，通常理解为天气，而“气候”在古代作“天气”解，则是后起的词义。南朝宋谢惠连《石壁精舍还湖中》诗中“昏旦变气候，山水含清晖”的“气候”指天气。“气候”本义则是指一年的二十四节气与七十二候。宋朝高承在《事物纪原·正朔历数·气候》中说：“《礼记·月令》注曰：‘昔周公作时训，定二十四气，分七十二候，则气候之起，始于太昊，而定于周公也。’”后来“气候”指云气等变化，古代多据此来预测吉凶。《三国志·蜀志·周群传》中有这样的记载：

(周)群少受学于舒，专心候业……常令奴更直于楼上视天灾，才见一气，即白群，群自上楼观之，不避晨夜。故凡有气候，无不见之者，是以所言多中。

这段话中，周群令值更的人随时报告天上云气变化，他再去“夜观天象”预测“天灾”，竟然“所言多中”，他或许就是依据主“气”的卦爻来作的判断。

萧云从这篇论文倒不是研究吉凶预测，而是研究“岁差”的，在他看来，“岁差”现象同于律数，可以由卦爻做出解释。何谓“岁差”？岁差是由于太阳和月亮的引力对于地球赤道的微小影响，使地轴在黄道轴的周围作圆锥形运动，慢慢向西移动，约二万六千年环绕一周，同时使春分点以每年50.2角秒的速度向西移行的现象。我国古代天文学还是比较发达的，晋代的虞喜是我国最早定出较为精确岁差值的人，他经过观测，得出“五十年退一度”的结论，使我国的历法较早地区分了恒星年和太阳年。此后，比虞喜更精确计算岁差的是南北朝的祖冲之，他的《大明历》的结论是“每四十六年，却差一度”。此结论距今已经有一千六百年了，可见祖冲之确实了不起。

至于萧云从从“易学”角度研究“岁差”等天文现象并提出“论岁差当本卦气律元以立法”的主张是否科学，还有待后人进一步研究；但是作为一位画家和诗人，萧云从研究“岁差”等天文历法问题本身就说明他是一位“文理兼通”的奇人，而《易存》自然也是一部奇书。

3. 对《易存》的评价

《四库全书总目提要》在对《易存》简介之后，作了如下评价：

其说颇属支离。夫奇偶阴阳为万事万物之根本，故《易》道广大，推之无所不通。律吕为《易》中之一理，非因律吕作《易》，亦非因《易》作律吕也。历算亦《易》中之一理，非因历算作《易》，亦非因《易》作历算也。即以医术而论，荣卫者阴阳也，七窍者奇偶也，心肾者《坎》《离》之宅也，其消长则《姤》《复》之机，其升降则《既济》《未济》之象也。至于五运六气、司天在泉，无一不与《易》理通。亦将曰因医有《易》，因《易》有医乎哉！

王士祯《池北偶谈》尝记云从作《杜律细》一书，凡吴体拗句，俱强使协于平仄。如“盘涡浴鹭底心性”句，则读“底”为高低之“低”。“江草日日唤愁生”句，则读“草”为《离骚》之

“骚”。此书言《易》，殆亦类斯与？连江童能灵作《律吕古义》二卷，纯以《河图》《洛书》为声音之本者，均可谓误用其心矣。

显然，《提要》认为萧云从以律吕、历算研究《周易》或以《周易》来研究律吕、历算都是不妥的。笔者对《周易》缺乏研究，目前也尚未见到易学专家研究《易存》的文章，所以不敢妄加评论。但是《提要》中把萧云从不同学术领域的两部作品《易存》和《杜律细》生拉硬拽在一起，并评论说“此书言《易》，殆亦类斯与？……均可谓误用其心矣。”逻辑上不能成立，态度上也欠公正。

从萧云从创作态度一贯严谨来看，他的治学态度理应也是如此。萧云从不是缺乏学养，更不是哗众取宠的人，因此对《易存》究竟应该如何评价，只能留待今后的研究者了。

二 《韵通》考述

1.《韵通》的写作时间与原因

《韵通》系萧云从行书手写本，未刊行，今藏北京图书馆。关于其写作时间，我国台湾学者宋韵珊认为《韵通》是萧云从五十岁以前的作品，其《韵图编纂与出版流布——从〈韵通〉谈起》说：“在音韵学方面，萧氏编有等韵图《韵通》，据李新魁（1983）和耿振生（1992）的研究，此图成于明末天启、崇祯间，《字汇》之后，《切韵声原》之前。”[1]

天启、崇祯之交在1627年，萧云从32岁；明朝灭亡、崇祯自缢的1644年，萧云从49岁。因此《韵通》至迟是萧云从50岁前完成的

[1] 宋韵珊：《韵图编纂与出版流布——从〈韵通〉谈起》，《明清语言与文学国际学术研讨会论文集》，中国台湾铭传大学2011年版。

作品。这与萧云从本人及其诸多友人关于他一贯对音韵学感兴趣的说法是一致的。萧云从在《易存·自序》里曾说："余自八九岁从师讲孟子六律五音……乃至三十六岁，为辛未冬矣，忽然悟子产七音六律以奉五声。"另外，查《韵通》影印本，该书最后附录有萧云从友人后光极（字集也）写的《读韵法》，其中附记里有一句话"萧子尺木习韵三十年"，这为具体写作时间大约是在40岁时提供了有力佐证。

关于《韵通》的写作原因，萧云从在书后的跋文中有一段话："余编韵既成，同学见者一览辄悟，以为洩未有之秘。乃知事本庸常，别无玄解。"从萧云从自述看，《韵通》是一本帮助人掌握音韵的专著。该书后还附录《读韵法》，具体指点习韵方法：

> 读韵捷法已注于前，但读二十字先以三字作一句读之，有如公空翁（系喉音抵上颚）……此阴声二十字，调之极熟，则阳上去入四声皆熟矣。分附翻切捷法。平时先用四十字，二字一句，调之极熟……

为达到方便习韵的目的，萧云从在书中把韵划分为四十四种，又按古汉字声调阴阳上去入五声列举常用字，如某字无某声调则用"○"标注，方便记忆。

2.《韵通》的内容与价值

关于《韵通》的内容，孙俊涛在《〈韵通〉音系研究》一文中介绍说[1]：

---

[1] 孙俊涛：《〈韵通〉音系研究》，《东南传媒》2007年第4期。

（《韵通》）是一部归类整齐，自成系统的韵书……这是一部记录明末清初江淮时音方音的重要资料，使我们对江淮官话的演变可以做更全面的考察，对芜湖方言的历史研究也有重要的参考价值。

《韵图编纂与出版流布——从〈韵通〉谈起》在“前言”中作如下介绍：

明清阶段适逢等韵学发展的高峰期，大量具各式特点的韵书韵图皆在此一阶段纷纷出笼，其中有宗读书音系者，有走上古音的复古音系者，有展现时音、反映各地方音者，也有折中几种音系、熔为一炉者，而《韵通》正是兼具二种音系于一炉的其中之一……

此图因分韵为44，复依声调分为五行，直排声母与韵字，就编图体例而言，颇似《韵法直图》（以下简称《直图》）；而因其所反映之语音现象，又近于当时的官方共同语，所以李新魁（1983）将之归入“表现明清口语标准音的等韵图”一系。

综合专家的研究，可以说，《韵通》虽然开始可能只是萧云从帮助读者习韵的书，但是由于其记录了明末清初江淮时音方音的重要资料，其韵图别具一格，因此成为一部有价值的音韵学著作。

由于《韵通》具有的价值，自民国以来还是不断有学者关注研究之。除了前文引用文章之外，还有赵荫棠的民国三十五年（1946）版北大国学院文字学讲义《等韵源流》、吉林大学王思齐的《〈韵通〉研究》等专著。[1]

《韵通》似乎在我国台湾受到更高的重视。除台湾铭传大学教授宋韵珊等研究《韵通》多年，近年来台湾相关机构也有关于《韵通》的专题研究计划。另外，日本等国也有从事《韵通》研究的学者。这些事实表明，萧云从也是一位有成就的音韵学家。

三《杜律细》考述

1.《杜律细》的写作时间与流布情况

与《易存》《韵通》不同的是，《杜律细》全本基本上可以说今已失传。今人研究《杜律细》，运用的是散存于明清文人笔记或诗歌注疏著作中的材料。关于《格律细》的写作时间与流布情况，孙微在《萧云从〈杜律细〉研究》中作了介绍[2]：

《杜律细》成书的具体时间已不可确考，傅增湘《藏同群书经眼录》所载《杜律细》抄本署名为"清钟山梅下萧云从尺木笺读"，考其年55后方别号钟山老人，则《杜律细》的成书，至早应在清顺治八年（1651）之后。

此书极有可能并未刊刻，而一直以抄本的形式辗转流传。至近人傅增湘《藏园群书经眼录》始有著录，其作者署为"清钟山梅下萧云从尺木笺读"。有张九如、朱有章、张秀壁序，又自序、后跋

[1] 《等韵源流》第三编第六章第五节为《萧云从〈韵通〉》，后由商务印书馆2011年出版。王思齐：《〈韵通〉研究》，吉林大学硕士生论文，2013年。《等韵源流》第三编第六章具体目录是《等韵之改革六明清等韵之北音系统》，包括：（一）兰茂《韵略易通》（二）李登《书文音义便考私编》（三）徐孝《重订司马温公等韵图经》（四）乔中和《元韵谱》（五）萧云从《韵通》（六）方以智《切韵声原》。

[2] 孙微：《萧云从〈杜律细〉研究》，《古籍整理研究学刊》2005年第3期。

各一首。凡杜诗之拗体各句皆考订为叶音，卷中朱○者仄作平，朱●者平作仄。

《杜律细》的写作时间在《韵通》之后基本上可以认定。除了萧云从自号钟山老人的时间在55岁，还可以从其诗歌创作角度看出端倪。萧云从诗歌名作以七律为主，如《吊邑人周孔来殉节泾县学署》《移居诗》《辛卯十月初度》，尤其是组诗《钟山梅下诗》（8首）明显有步武杜甫《秋兴八首》的意图，这些诗恰恰都是以55岁前后创作为主。

一般认为，《杜律细》已经亡佚，但是也许还存在世界上。孙微说："傅氏死后，藏书捐入北京图书馆。或云有部分藏书归其家乡四川江安县中学，其后人亦有少量保存。则萧氏《杜律细》一书，赖藏书家辗转庋藏，或仍存于天壤间，亦未可知。"[1]但愿有这么一天。

2.《杜律细》的内容与价值

关于《杜律细》一书内容，只能从清初他人评介、征引《杜律细》的书中窥豹一斑。较早记录该书原文的是王士祯，他在《池北偶谈》卷十二中对《杜律细》作了否定性的评介：

芜湖萧尺木（云从）以画擅名江左，尝作《杜律细》一卷，以为杜律无拗体，穿凿可笑。而援据甚博，聊记一二条于此，以资拊掌。如："江草日日唤愁生"，草音骚，《诗》："劳心搔搔"，又"劳心草草"，皆牢骚之转音也。"盘涡鹭浴底心性"，底，

[1] 孙微：《萧云从〈杜律细〉研究》，《古籍整理研究学刊》2005年第3期。

即低，《说文》："下也"；隋薛道衡使江南作《人日》诗，首二句，人笑之曰："是底言?"低同，轻忽之也。"独树花发自分明"，发音飞，《左传》"建而不旆"，音霏，《荀子·议兵篇》引作"载发"，注："发，旆也。"分，去声，《尔雅》："律谓之分"，郭璞读也，此应作仄者；若杜《社日》诗："陈平亦分肉"，当作平，然不合律，亦作仄声，盖此字元有二声。

从王士祯的评介可以看到，萧云从根据古今音变情况对杜甫律诗不合格律的字音（主要是平仄问题）作了自己的解读。所谓"拗体"，就是古风式律诗，也就是字数、对仗、韵脚基本符合律诗要求，而平仄不合格律的律诗。[1]在唐朝初期，律诗格律没有定型时存在这种律诗，最出名的是崔颢的《黄鹤楼》。后来律诗定型后，杜甫、苏轼等偶尔也作拗体律诗。以萧云从的诗歌修养，不会不知道拗体的存在，因为这是常识。所以王士祯说萧云从"以为杜律无拗体"是不够客观的，说萧云从"穿凿可笑"亦嫌武断。

由于王士祯是清初诗坛领袖式人物，他的言论自然影响到《四库全书总目提要》的编撰者，《提要》因此而得出"误用其心"的结论。实际上，《杜律细》的写作在《韵通》之后，《杜律细》绝不是没有音韵学修养的人的随意之作。

萧云从之后，杜甫诗歌权威笺注家仇兆鳌在《杜诗详注》中多次引用萧云从《杜律细》见解。康熙年间，陈醇儒《书巢笺注杜工部七言律》也对《杜律细》征引数条。如该书卷三《院中晚晴怀西郭茅舍》引"萧尺木曰：风自西来则情，杜五言《雨晴》，首二句'天际秋云薄，从西万里风'，则不但'钟鼓报晴'也，其

[1] 王力：《诗词格律》，中华书局2000年版，第39页。

与‘楼台衔暮影’，同一西向尔，则‘怀西郭’之义也。”又卷四《咏怀古迹》（其四）“寺中古庙巢水鹤，岁寸伏腊走村翁”，引“萧尺木曰：‘翁’，《说文》从羽公声，老称也。言颈白而体短如鸟也。雁之白颈者曰翁，白头翁，信天翁，皆鸟名，借对水鹤甚巧。”又卷四《覃山人隐居》：“萧尺木曰：此皆《北山移文》之意，讽刺慨叹，宛在目前，而虞伯生以为嘉美之词，则失之矣。”可见《杜律细》不仅是对吴体拗句的叶音考辨，也有对杜诗思想内容与艺术手法的分析及对旧注的辨析。[1]可见《杜律细》对研究、欣赏杜甫诗歌具有相当的参考价值。顺便说一句，陈醇儒就是胡季瀛邀请萧云从为太白楼作壁画的联系人。[2]萧云从完成壁画之后，与陈醇儒成为好友。对杜甫诗歌的共同爱好与研讨是他们得以结为好友的原因。本人对此另有考论文章，兹不赘述。

陈醇儒是萧云从同时代的人，又是朋友，他一定见过全本《杜律细》，如果他在《书巢笺注杜工部七言律》所引“萧尺木曰”均来自《杜律细》的话（笔者暂未见到该书），那么，王士祯和受他影响的《提要》对《杜律细》所作评价肯定是不全面不公正的。至于对《杜律细》进一步的研究，则有待于新材料的发现了。

（本文原载《芜湖日报》2019年7月29日，

收入本书时作者作了补充修改。）

---

[1] 以上例句转引自《萧云从〈杜律细〉研究》。

[2] 萧云从：《太白楼画壁记》。

萧云从《离骚图》要论[1]

程国栋

清顺治二年乙酉（1645），安徽画家萧云从刚好步入五十岁[2]。这一年他完成了生命中非常重要的一套画作——人物版画《离骚图》。相比较曩代的同题材作品而言，这套《离骚图》在篇幅、图式、技巧、立意上均实现了新的突破，对后世的木版画和人物画创作都产生过很大影响。为进一步深掘其艺术与人文内蕴，笔者试撰此文。

一 创作背景

以屈原创作的楚辞为题材的人物画创作，在中国古代绘画史中虽非格外耀眼，却也别具光彩。据传两宋之李公麟、张敦礼、马和之，元之赵孟頫、钱选、张渥，明之杜堇、文徵明、仇英、丁云鹏、陈洪绶，都曾绘制过楚辞人物图。[3]仅宋元两代诞生的楚辞图，

---

[1] 基金项目：2018教育部人文社会科学青年基金项目《明清时期徽州版画的变革与对外传播研究（1595—1648）》（项目批准号：18YJC760009）。

[2] 萧云从生于万历二十四年丙申（1596），详考见陈传席：《萧云从的生平和思想》，《萧云从版画》，河南大学出版社2007年版。

[3] 顾平：《萧云从》，河北教育出版社2006年版，第87—88页。

数目就在二十种以上。[1]考察存世作品，绝大多数都是用墨笔写就，间或施以丹青。法度谨严、线条圆畅、气息古雅是它们共同的特征。然而美中不足的是，这些作品在图式和造型特点上并未拉开差异。流传最广、知名度最高的莫过于元代赵孟頫（传）和张渥的《九歌图》（图1下），[2]它们蹈袭李公麟《九歌图》（图1上）的痕迹可谓一目了然，而自宋代以降，诸多所谓的李公麟本《九歌图》行世，其面貌如出一辙，亦多系伪托而绝少独创。[3]在龙眠之后和萧云从作品问世之前，有新意的楚辞画只有陈洪绶的一套《九歌图》。

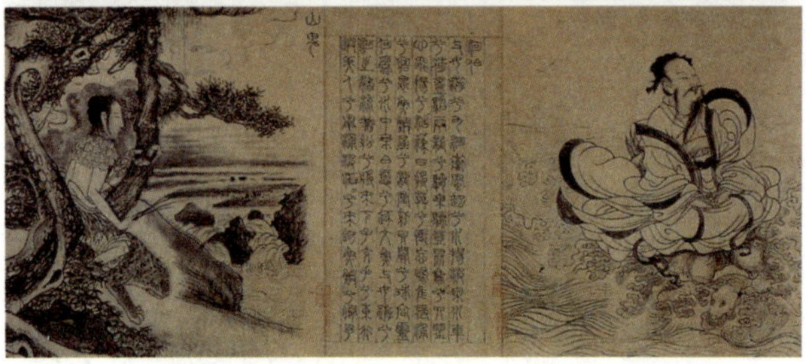

图1　传李公麟《九歌图》局部之“山鬼”（上图）纽约大都会博物馆藏；张渥《九歌图》局部之“山鬼”与“河伯”（下图）上海博物馆藏

《离骚图》前有萧云从自作图序，序末注曰：“乙酉中秋七日

---

[1] 姜亮夫《楚辞书目五种》、崔富章《楚辞书目五种》、饶宗颐《楚辞书录》、徐邦达《有关何澄和张渥及其作品的几点补充》、张克峰《屈原及其作品在绘画创作中的接受》等著作和论文都对历代楚辞图资料做过汇集，综合以上几家的研究结果统计，宋元时期的此类创作超过20种。

[2] 据笔者统计，现存的传为赵孟頫所作的《九歌图》有3本，分藏于纽约大都会博物馆、台北故宫博物院和华盛顿弗利尔美术馆；而传为张渥所作的存世可见版本有4种，分别为：上海博物馆藏吴睿篆书歌词本、吉林省博物馆藏吴睿隶书歌词临李龙眠九歌图本、美国克利夫兰博物馆藏褚奂隶书歌词本、美国波士顿美术馆藏本（签题张敦礼作，而后幅题跋称张渥作）。

[3] 据笔者统计，现存题为李公麟所作《九歌图》及与传李公麟作《九歌图》属于同一系谱的作品共计超过10本，分藏于黑龙江省博物馆（有甲乙两本）、南京大学考古与艺术博物馆、广州中山大学图书馆、浙江省博物馆、辽宁省博物馆、日本藤田美术馆、美国圣路易斯博物馆、北京故宫博物院、台北故宫博物院、中国国家博物馆、美国纽约大都会博物馆。

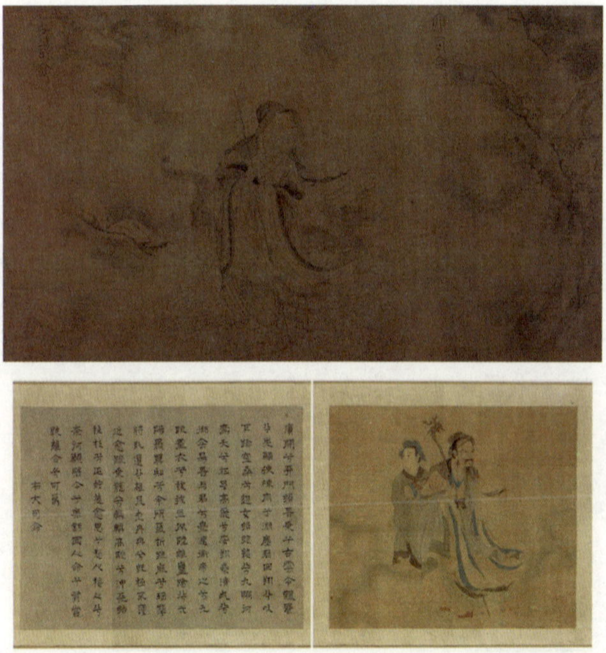

图2　传李公麟《九歌图》之“大司命”（上图）纽约大都会博物馆藏；传赵孟頫《九歌图》之“大司命”（下图）美国弗利尔美术馆藏

题于万石山之应远堂”。“乙酉”为顺治二年（1645），而据萧的弟子张秀壁在《离骚图》中《天问》部分的图像末尾所写的《天问图跋》所说：“余侍师侧，备校录，计逾年而图成”[1]。从顺治二年秋天上推一年多的时间，应是明崇祯末年（崇祯十七年，1644）。萧云从大约就是从这时开始创作《离骚图》的。是年，天下丧乱至极，三月，李自成攻下北京，崇祯帝自缢于煤山。紧接着吴三桂引清兵入关，农民军败走陕西。翌年四月，豫亲王多铎挥师南下，攻陷扬州，并制造了“扬州十日”。五月清兵又开进南京，南明弘光帝逃往芜湖，不久便为追兵所擒。在全套《离骚图》完成之前，这一众令人绝望的消息必已传入到了萧云从的耳中，极大地震荡了他的心绪，从而也激起了他有关屈原生活时代的联想（图2）。

而此作完成时的地点是在哪里呢？据考证，从崇祯后期至清初，萧云从便往来于芜湖、高淳、石臼湖一带。[2]1637年，为了躲避战乱，萧云从与复社友人戴重、邢昉聚于石臼湖。[3]石臼湖位于高淳县北二十里，其纵五十余里，横四十余里，西连丹阳湖，中流与溧

[1]　萧云从：《离骚图经》，浙江人民美术出版社2013年版，第191—192页。

[2]　陈传席：《萧云从版画》，河南大学出版社2007年版，第2页。

[3]　《和州志·戴重传》云：“时同避乱于石臼湖者，萧云从……等皆一时高士。”见陈传席：《萧云从年表》，《萧云从版画》，河南大学出版社2007年版。

水、当涂三分为界。[1]1645年，又再次避难于高淳，直至1647年秋天始得回归故里。[2]也许当时东南正值战乱，唯有此地的湖泊山林较为僻静安全。这在萧的几首《移居诗》里即能得到反映。如：

未靖干戈中外警，当涂冠盖往来疏。（言兵荒马乱。）

莼嫩鲈肥尽可餐，归思岂止一张翰。（移居之地当为水草丰美之所。）

喜得幽荒日月同，梭轩樾馆筑华嵩。（筑室于山间。）

乱石何年逢射虎，贞公临水欲成龙。（“乱石”或即《离骚图序》中所提“万石山”，“贞公”或即萧生前好友，复社志士邢昉。邢昉字“孟贞”，因家近石臼湖，故又自号“石臼”。）[3]

那么，《图序》里所言“万石山”具体在何处？查光绪年《续修高淳县志》，并无“万石山”，但有一处名为“万石墩”的地方，距离高淳县东一里。[4]“万石山应远堂”或即位于此处？另外可以确定的是，因创作时间跨度太大，所以这套版画不是在一地完成的。其证据在于：第一，《离骚图》目录后所附凡例有记曰：“‘远游’原有五图，经兵燹缺失，俟续之”[5]，如果一直是在寓居之所作画，就不太可能会发生5幅图因兵燹而丢失的情况；第二，《离骚图》中《画九歌图自跋》云：“仆本恨人，既长贫贱，抱疴不死，家区湖之上。秋风夜雨，万木凋摇，每闻（离骚）要眇之

[1] （清）张裕钊：《续修高淳县志卷三》，《山川上》，学山书院。

[2] 陈传席：《萧云从版画》，河南大学出版社2007年版，第17页。

[3] 《（民国）芜湖县志·卷五十九》，《杂识诗第三十六》，1919年石印本影印本，第1289页。

[4] 此处参见张裕钊：《续修高淳县志》卷三，《山川上》。

[5] 萧云从：《离骚图经》，浙江人民美术出版社2013年版，第42页。

音，不知涕泗之横集。”[1]区湖即于湖。[2]住在于湖的时期，正是萧沉浸于《离骚》意境当中的时期，所以很可能他就是在区湖开始构思并创作《离骚图》的。

总之，在家园圮坏、身经播迁的境遇下，萧云从无法抑制内心的哀愤。他一面渴望大明王朝能够重整旗鼓，渴望世间多出几位鲁仲连式的英雄，一面却自愧老病无能。[3]何以排解这种愁绪？将发生的历史原境与自身处境高度重合的《离骚》制成图画，或许就是最好的方式。

二 迥出新意

考察明末清初版画绘刻的大环境，我们会发现以人物为中心的版画多见于小说和戏曲刊本当中，而这些身为文学附庸的插图又大多出自新安、金陵、苏州、杭州、湖州等版画刊刻的重镇。经过万历天启时代东南各地区绘刻技术的发展与融合，版画的视觉性已经呈现出高度的模式化特征，很多插图的构图和人物描绘不过是维持一定技术水准前提下的辗转挪用，只可称手工精良而难言风格迥异。诚如王伯敏先生所说：“明代戏曲小说的插图在技法上，表现出对人物形象塑造的一般化，脸型都相仿佛……有的对忠良与奸恶人物的形象，居然给以一律待遇。”[4]在这样的前提下，独立成帙、面貌独特的人物版画的珍贵性不言而喻。

---

[1] 萧云从：《离骚图经》，浙江人民美术出版社2013年版，第80页。

[2] “《杜氏通典》谓于湖城在姑孰城南……（晋）成帝侨立于湖而网目注亦谓于湖，今当涂地。《通志》载入当涂宜矣。旧说相沿多以于湖为芜湖，其谬殊甚。”《（民国）芜湖县志》卷二，《地里志·沿革》。

[3] 《（民国）芜湖县志·卷五十九》，《杂识诗第三十六》，1919年石印本影印本，第1289页。

[4] 《（民国）芜湖县志·卷五十九》，《杂识诗第三十六》，1919年石印本影印本，第1289页。

又，萧云从曾认为："九歌图宋元人皆有画本，而杜撰不典，何足观也。"[1]因对世间流传的楚辞图"不大称意"，所以他的构思是必定要求超越前人的。那么，他在哪些方面取得了突破？

1. 创作体量

首先是在图画的数量上做了很大扩充。萧云从《离骚图》现存共64幅图。其中《离骚经》部分1图，《九歌传》部分9图，《天问传》部分最多，有54图。它和屈原所有传世诗歌的文本合刊于一起，形成了一部完整的楚辞绘图刻本。但有必要说明的是，此套图作虽名曰"离骚"而实无一幅与屈原的代表作《离骚》有关。即使归为《离骚经》部分的那一幅，画的也不是《离骚》中的内容，而是屈原、《卜居》中的太卜郑詹尹、《渔父》中的渔父三人的群像。只因萧云从自己把这套图统称为"离骚图"，书首序言作者李楷亦把此本称作"离骚图经"，今人再做篡改的话就显得不太合适了。

之所以萧云从要绘制这样的一个体量，和他对楚辞极为尊崇的态度是息息相关的。他说："楚三闾大夫作离骚、九歌、天问、九章、远游、卜居、渔夫，而其徒宋景以企淮南，长沙朔忌、向褒辈皆拟之，遂尊为经。岂不以骚者，经之变也。诗无楚而楚有骚……骚为经而经有图，不啻溯源于河洛矣……然吾尊骚于经，则不得不尊骚而为图矣。"[2]既然在萧看来，楚辞和六经是处在同等高度上的，那就很有必要为之立象以尽其意，使后世披阅者能够有图可以稽详。然而"《离骚》无能手画者"[3]，这一使命也就非由自己来承担不可了。

---

[1] 萧云从：《离骚图经》，浙江人民美术出版社2013年版，第42页。
[2] 萧云从：《离骚图经》，浙江人民美术出版社2013年版，第38—39页。
[3] 萧云从：《离骚图经》，浙江人民美术出版社2013年版，第38—39页。

2. 人物塑造

其次是在人物形象的塑造方面。萧云从对其经眼过的楚辞图是颇有微词的。他曾批评张僧繇笔下的屈原像“丰下髭，旁不类枯槁憔悴之游江潭者也”[1]，又说“复见世工山鬼如狞魅，而太一东君两司命殊无分辨，二湘同宓嫔河伯类天吴”[2]。所以，他在构思画面时，既注意尊重文本的原意，绝不杜撰形象，另一面又穷尽己身的想象力，旨在把这套图作打造成一方瑰奇卓谲、穷文绝艳的视觉天地。可以肯定这种构思又不是天马行空，而是建立在充分历史考据的基础上。64幅图，每一幅后面都附有自注。这些文字将汉之王逸，唐之柳宗元，宋之朱熹、杨万里等学者对楚辞的释义包举折中，形成了一种全新的个人化的理解，继而对画作创思产生指导意义。[3]例如《天问》54图（图3）第3幅“伯强”，萧云从把这位风神描绘成了鬼怪的模样。对此，他在图后的自注中做了清楚的解释，说伯强的形象有两种来源：一是古代战死沙场的猛士，如唐代的睢阳令张巡；一是记载于《周礼》中的逐疫驱鬼之神方相氏。《周礼》云方相氏“蒙熊皮，黄金四目”[4]。故而萧云从笔下的伯强正表现出了这样的面貌特征。又如《天问》第30图“该秉季德”，图像所依原文大意是殷人祖先亥秉承其父季之德业。[5]而萧云从却把亥画成了持斧钺的虎神形象，极具狞猛之气。其灵感在于将亥与“主天下之刑”的蓐收神重置在了一起。而按《山海经》所述，蓐收神的

[1] 萧云从：《离骚图经》，浙江人民美术出版社2013年版，第42页。

[2] 萧云从：《离骚图经》，浙江人民美术出版社2013年版，第80页。

[3] 萧云从门徒张秀壁《天问图跋》记云：“如兹天问之图，五十有四册，附以自注编纂，于下错取叔师（王逸）之义，子厚（柳宗元）之对，晦庵（朱熹）之注，万里□之解，包举折衷，略无胜誊蕴，可不谓神哉？”

[4] （汉）郑玄：《周礼注疏·卷二十五》,《钦定四库全书经部四》，紫禁城出版社2007年版。

[5] 姜亮夫：《重订屈原赋校注》，天津古籍出版社1987年版，第346页。

图 3　萧云从 《天问图》 1644—1645 年

图 4　萧云从 《九歌图》 1644—1645 年

形象正是“虎爪执钺”[1]。

3. 造型用线

第三是在造型和用线方面。可以看出在《离骚图》创作过程当中，萧云从有意创造一种奇特的审美式样，以便和以李公麟为宗的楚辞画创作拉开距离。从某种意义上来说，李公麟一脉的人物画风格其实代表了晋唐以来形成的中国人物画正统风格。这种风格大致可以被概括为线条圆转流畅，人物造型优雅匀称，气息温婉绵长，意境冲融平和。历来为文人士大夫所激赏。如南宋邓椿评价李公麟所云：“郭若虚谓吴道子画古今一人而已，以予观之，伯时既出，道子讵容独步耶？”[2]萧云从的用线虽然也多细若游丝，但并非一味圆润而不见棱角，且在组合穿插时别具一种平面装饰性的美感。可谓寓方于圆、寓拙于巧、似嫩而实苍。人物的体态特征率多夸张变形，并视具体的人物性格特点而灵活表现。如画屈原时，便着意突出他的瘦削，衣纹的线条较为方硬；画善良的女性形象，如《九歌传》中的“礼魂”一图（图4），线条则变得婉转飘逸，使得女性愈发轻盈柔美；而画一些反面人物，如夏桀、瞽叟，又务求形体怪诞、面目可憎。中国古版画研究的先驱郑振铎先生就曾评价说：“其（萧云从《离骚图》）衣冠履杖，古朴典重，雅有六朝人画意，若黄钟大吕者。非近人浅学者所能作也。”[3]与萧同时代的画家蓝瑛称萧云从的画“不宋不元，自成其路”，亦颇中肯。

---

[1] 《山海经・海经新释卷二・山海经第七・海外西经》；高诱注解《吕氏春秋・孟秋纪》时有以下的注文：“少皞氏裔子曰该，皆有金德，死托祀为金神。”

[2] （宋）邓椿：《画继・卷三》,《钦定四库全书子部八》，紫禁城出版社2007年版。

[3] 郑振铎：《劫中得书记》，人民文学出版社1998年版，第487—488页。

三 与陈洪绶《九歌图》的比较

既然在萧云从的作品问世之前，有新意的楚辞画只有陈洪绶的一套《九歌图》，且二者创作年代相隔不远，又都付之梨枣，以黑白木刻存世，且还都曾为中国古版画史研究的先驱郑振铎先生所辑录到一套楚辞图本里面，那么就很有必要在一起做个比较。[1]通过对比，或可能更深刻地认识两位画家风格的差异性，并管窥明清之际人物画风格在总体上有何嬗变势态。

1. 立意

陈洪绶虽然比萧云从小两岁（1598年出生），但他创作《九歌图》（图5）的时间却比萧要早。陈在为好友来风季所著《楚辞述注》写的序中说："丙辰洪绶与来风季学《骚》于松石居。高梧寒水，积雪霜风。拟李长吉体为长短歌行，烧灯相咏。风季辄取琴作激楚声。每相视，四目莹然，耳畔有寥天孤鹤之感。便戏为此图，两日便就。呜呼！时洪绶年十九，风季未四十。"[2]丙辰是明万历四十四年（1616），当时陈还非常年轻，其创作也是一时兴起而非长期酝酿构思的结果。故而数量不多，只有12幅。其中11幅画的是《九歌》中的神与人，1幅为《屈子行吟图》。序言也有说明，作为戏笔的作品在完成之初，并未制成版画。而是直到崇祯十一年戊寅

[1] 萧云从《离骚图》现存有：一、安徽省图书馆藏本，题名《楚辞》；二、辽宁省图书馆藏本，题名《离骚图经》；三、浙江省图书馆藏本，题名《离骚・天问图》；四、郑振铎藏9345号本，题名《楚辞图》；五、日本静嘉堂藏本，题名《天问传》。陈洪绶《九歌图》现存版本亦不少，上海图书馆、上海博物馆、复旦大学、天津市人民图书馆均有藏本。见陈传席：《萧云从版画》，河南大学出版社2007年版，附录一；陈传席：《清圆细劲，润洁高旷——陈洪绶的人物画》，《朵云》第68集，上海书画出版社2008年版，第28页。

[2] （明）陈洪绶：《陈洪绶集》，浙江古籍出版社2012年版，第9—10页。

图 5　陈洪绶 《九歌图》 1616 年

（1638）因为亡友来风季生前的书稿《楚辞述注》要付梓，才将这套白描稿用作了插图。[1]陈氏之作是无心插柳的小品，而萧氏《离骚图经》则匠心独运了一年多才完成，这就是萧氏与陈氏离骚图作品的第一个区别。

2. 构图

陈的《九歌图》除“屈子行吟”有背景描绘以外，其余11幅

---

[1] 《楚辞述注》，五卷。明来风季（生卒年不详）撰。来风季，名钦之，字风季，又字圣源，萧山（今浙江萧山）人。原刊本扉页题“绘像楚辞”，其内容为：作者自序、陈洪绶绘屈原像及《九歌》十二图、屈原赋二十五篇目录（《九歌》《九章》有分目）。《九歌》下有“陈章侯图附”字样。版本有明崇祯十一年（1638）原刊本，北京、上海、浙江图书馆藏。清康熙三十年（1691）重刻本，北京图书馆、北京大学、复旦大学藏。陈洪绶序云：“时洪绶年十九，风季未四十，以为文章事业，前途于迈；岂知风季羁魂未招，洪绶破壁夜泣。天不可问，对此宁能作顾、陆画师之赏哉！第有车过腹疼之惨尔。一生须幸而翁不入昭陵，欲写吾两人骚淫情事于人间，刻之松石居，且以其余作灯火赀，复成一段净缘。当取一本，焚之风季墓前，灵必嘉与，亦不免有存亡殊向之痛矣！……戊寅冬诸暨陈洪绶率书于善法寺。”陈洪绶：《陈洪绶集》。

背景全部留白，人物在画幅中也仅占很小的比例，极富精微之感。与之相比，萧云从的9幅《九歌》图就要饱满许多。虽然也没有描绘背景，但每一幅画面中的内容都比陈氏的作品更丰富。“东皇太一”一图以男女群像的形式呈现，合乎辞意所云“灵偃蹇兮姣服，芳菲菲兮满堂。五音纷兮繁会，君欣欣兮乐康。”“云中君”一图，上半部分是神君龙驾帝服，云气氤氲。下半部分是祭祀者跪地仰望，殷勤献礼；湘君和湘夫人、少司命、大司命各合为一图，人物一上一下，俯仰相望，极富动态美。图中再点缀奇花异草等元素，视觉效果愈发灿烂；绘“河伯”一图，因诗中有句云“鱼鳞屋兮龙堂，紫贝阙兮珠宫”，而画面以人物鱼龙为主，没有足够空间再添加背景，萧云从别出心裁地在水花上画了一座微型的宫阙，仿佛被水花给托起来一般，颇得妙趣；此类巧思，在套图中层出不穷，不胜枚举。概言之，两人作品的构图都很精美，但陈洪绶的《九歌图》美在精约，而萧作则胜在细节铺陈，繁缛且考究，反映了他对楚辞更为细腻的理解和更忠实的创作态度。

图6　陈洪绶《屈子行吟图》（上图）；萧云从《离骚图》首幅（下图）

3. 画风

造型和用线方面，陈洪绶的作品体现出了两点特征：第一，多变性。如“大司命”用笔刚直，形象端严峻穆；“河伯”用笔则曲若流水而无一方笔，“少司命”用笔寥寥，尽显高逸之风；“礼魂”用笔之细密，“湘夫人”衣袂飘举之灵动，“山鬼”“国殇”用笔之波磔有力，陈氏在这十余幅小画中将他驾驭线条的才能展现得淋漓尽致。第二，探索性。尽管这套白描已经具备了很强的独创性，也展现出了一位天才型画家所拥有的天赋，但毕竟系老莲早年所制，造型用线中的唐宋痕迹，如吴道子之兰叶描、周昉之铁线描、李公麟之游丝描[1]，还很明显，自身的语言风格尚未确立。与其中年时期画《水浒叶子》时笔迹的劲利，以及晚岁画《博古叶子》时运线的圆熟、形变的老辣自如相比，略显稚嫩。也许，陈洪绶正是在一种“多元”探索意识的驱使下绘制《九歌图》的，他借着对多种线性表现的实验与尝试，来寻找属于自己的“线性表现”[2]。和陈的才情恣肆相比，萧云从的技巧显得就不那么“超拔磊落”，反而略带生拙之感。当然这种“拙味”，并非技巧的生涩所致，而是源于其已臻老熟的夸张变形手法和信手既能捻来却定要徐徐绘出的线条。这种拙味进一步造就了画面气息的古雅和神秘莫测性。其图不欲工乃得工，舍形似而得神，宛如浑然天成的璞玉一般（图6）。

4. 意蕴

就创作的精神旨趣而言，陈洪绶之作虽系即兴小品，其“寥天孤鹤”式的表现形式却也和《九歌》神秘而略带感伤浪漫色彩的意境相通。只是他的插图从一开始就不太注重对文本的复现，而强调主观感觉：大面积的留白给人以空茫寂寥之感，一人一图的描绘方式消泯了文学的情节性，屈原“上陈事神之敬，下见己之冤结，托

---

[1] 清代方薰云：“衣褶纹如吴生之兰叶纹，卫洽之颤笔纹，周昉之铁线纹，李公麟之游丝纹，各极其致。”方薰：《山静居画论》卷上。

[2] 温巍山：《陈洪绶九歌图插图创作的习作性和探索性》，《装饰》2014年第5期。

之以风谏”[1]的用心，也变成了画家个人难以捉摸的情绪表达：湘夫人、少司命、“礼魂”中的女巫，都是以背示人。陈甚至一反自李公麟以来所形成的九歌图创作模式，将忧郁的山鬼画成了长着獠牙的野怪。其“六经注我”式的创作思路已然生成，当然这种精神也是陈后来能够名垂丹青的重要条件之一。而萧云从的《离骚图》创作，则可谓是画家自己选择的要带着镣铐跳舞。他曾自曰：“余老画师也，无能为矣，退而学诗，孰精文选，怪吾家昭明黜陟九歌……画成，复赘语以见良工苦心，不敢炫鬻奇谲，而一本于紫阳先生之义，明其非戏事也。”他的楚辞画不是为了自娱或者娱人，而是为了用图像的方式帮助唤起世人对屈骚的珍视，以合古人左图右书之意。是故他总是在有限的空间里，调动一切可能之因素，使图画与诗意相通达。[2]而难能可贵者在于，最终图并未沦为文学的附庸，它们依然具备作为优秀艺术作品的品质。因为毕竟其蕴含着画家深厚的美学修养。

最后，笔者认为萧云从与陈洪绶两人的楚辞图面貌迥异的背后还有一大原因，在于陈创作的时期，时局尚还稳定，再加上当时他未及弱冠，对《九歌》的理解更多出于一己之感性，故而作品透着一股清新超逸之气。而萧云从创作的时期，正是国破家亡，生灵涂炭的悲惨时代。素富爱国情怀[3]的他“每闻（《九歌》）要眇之音，

---

[1] （汉）王逸：《楚辞章句・卷二》,《钦定四库全书集部一》，紫禁城出版社2007年版。

[2] 民国罗振常在其所辑民国十三年（1924）甲子蟫隐庐影印《陈萧二家绘离骚图本》中序云：“余所见离骚图，绘者有李龙眠、陈章侯、萧尺木三家……论其笔意，则龙眠高古，章侯奇诡，尺木谨严。”见姜亮夫：《楚辞书目五种》，上海古籍出版社1993年版，第385页。

[3] 萧云从是一位有民族气节的文人画家，他曾作诗歌颂为大明死节的儒者周孔来，诗曰：“泮壁何人自鼓刀，天寒日暮风飕飕。老儒转战敌长稍，弟子招魂赋反骚。夜雨同悲涵水鳣，阴雷欲剸戴山鳌。庙空悬古松常碧，浩气森森北斗高。”（《吊邑人周孔来殉节泾县学署》）而好友汤燕生亦曾在作诗赞颂萧的画品与人品：“高情散朗传疏叶，逸事犹夸郑所南”（《萧尺木画兰》），见民国《芜湖县志》卷五十九，《杂识・诗・三十六》。

不知涕泗之横集。”这种痛楚，想必陈洪绶当年无论如何也感受不到。如此，当萧搦笔在手，便很难不把屈原在《九歌》中借“事神”以寄托的“忠君爱国眷恋不忘之意”[1]浇注到自己的作品当中。“冥心澄虑，寄愁天上”[2]。所以他的画面没有陈洪绶作品的那种清逸旷远，而在创新中更见悱恻之意。

余 论

《离骚图》后为乾隆皇帝所览，亟称之。更授命四库馆绘图分校官门应兆补绘了91幅楚辞图，和萧云从的遗作合成了《离骚全图》[3]。门应兆补的图，虽然也极尽精工考究之能事，但毕竟完全因袭萧的图式和笔墨特点，故而就不具备新意了。而萧云从的艺术既已为皇帝所激赏，他的《离骚图》所代表的人物画新风格自然就成了后世效仿的重要对象，尤其对木版画制作产生了很深远的影响。

傅抱石曾云：“考《九歌》之见于图像，如众所周知，始自李龙眠，迨后元之张渥，明之陈老莲、萧尺木，清之门应兆等乃有遗迹传于今代。其流传未广或湮而不彰者，宋以后又不知若干人。以拙见言之，李龙眠所作（无论甲、乙本）最富于创造性。此外唯老莲以其孤峭的构图，脱尽前人窠臼，舍此则什九皆二家之因袭而已。三百年来，事此无人。”[4]郭味渠亦云：“（陈洪绶）《九

[1] 朱熹：《楚辞集注·卷二》,《钦定四库全书集部一》，紫禁城出版社2007年版。

[2] 萧云从：《离骚图经》，浙江人民美术出版社2013年版，第80页。

[3] “乾隆三十八年甲午，四库全书馆进所画《离骚图》，高宗纯皇帝命馆臣为补《天问》以下盖萧云从所未图也，又题其山水长卷诗，云‘四库呈览《离骚图》，始识云从其人也。群称国初善画人，二王恽黄伯仲者。’”见黄钺《画友录》。

[4] 叶宗镐：《傅抱石年谱》，上海书画出版社2004年版，第158页。

歌图》的人物刻画超出了宋元作家李公麟、张渥的塑造畦径，而达到独树一帜。而《屈子行吟图》一幅，更以高度的想象能力，塑造了伟大的爱国诗人屈原的庄严形象，直到现在，还没有人能超过他。”[1]两位先生都极力称颂陈洪绶的《九歌图》。诚然，陈氏作品可谓妙极。但对萧云从的《离骚图》选择忽视，愚意以为这是对萧的不公。就内容而言，《离骚图》是第一套内容最全最完整的楚辞诗意图。就艺术风格论，它没有拘囿于李公麟《九歌图》所开创的楚辞画风格模式，而是坚持了自己独特的语言技巧。就艺术史意义而言，它是晚明以降人物画创作领域内兴起的“变形主义”潮流的延续，是“变形主义”版画杰出的代表作。[2]不论从中国古代人物画、版画哪个角度观察，它都是一部见水平、有思想、有独创意义的优秀作品。

---

[1] 裘沙：《陈洪绶研究：时代、思想与插图创作》，人民美术出版社2004年版，第19页。

[2] 1977年，中国台北故宫博物院《晚明变形主义画家作品展》前言中说：“明末清初之际，奇节异行之士，痛祖国之沦亡，哀异族之宰割，而又无力反抗，其牢骚抑郁不平之气，发为言语文字，每贾奇祸，遂一寄于画。即以画论，如道济之奇肆，八大之精炼，龚贤之纯厚，髡残之苍老，梅清之秀逸，弘仁之高简，陈洪绶之古雅……萧云从之精致，吴山涛之雅澹，以及方以智、冒襄、傅山等，莫不各有其独特之丰采，足以炫耀当时，显赫后世。”

《归寓一元图》跋文题诗研究

唐俊

在对明末清初著名画家萧云从绘画作品的研究中，人们关注和研究得比较多的是版画《离骚图》及《太平山水图》，而对其另外一部杰出作品——山水长卷《归寓一元图》则关注研究得不够，甚至还长期存在着一些以讹传讹的说法，需要加以厘清。

如果说，《离骚图》及《太平山水图》创作于明清易祚之初，反映了中年时期的萧云从的绘画艺术风貌，寄托着深沉的爱国忧思的话，那么，《归寓一元图》山水长卷及其跋文题诗，则集中反映了萧云从晚年的诗画创作旨趣，是研究其艺术风貌与生平及思想的重要资料。由于已有研究者从绘画艺术角度论及《归寓一元图》，故本文主要从跋文题诗入手，探讨萧云从创作这幅山水长卷的有关情况及其晚年思想。

一《归寓一元图》需要厘清的几个问题

《归寓一元图》山水长卷，创作于清顺治十三年（1656），是年萧云从61岁。据首图萧云从录僧净儒题跋及萧云从尾跋“丙申春仲，就棹宛陵。应郡侯之约，暇则寻幽探胜，历览敬亭诸峰……”

知所绘为宛陵（宣城）和姑孰（当涂）名胜[1]。

此图高23.5cm，长1412cm。现为瑞士苏黎世伯格博物馆收藏[2]。关于此图，有以下几个问题需要厘清，以避免一些以讹传讹的说法继续流传。

第一，《归寓一元图》是谁命名的，有没有另外的名称？

《归寓一元图》虽然是萧云从山水画名作，但其实，它本为萧云从友人僧净儒先为自己的画作命的名。“寓即归也，归即寓也，合名《归寓一元图》。”[3]由此可见，《归寓一元图》原有萧云从友人僧净儒同题画，萧云从再据自己此次应邀游历作山水长卷并以之命名。

《归寓一元图》还有其他名称。日本铃木敬《中国绘画总合图录》称为《安徽全景图》。蒋谔士收藏其卷轴，亦称其为《安徽全景图》[4]。

第二，《归寓一元图》画了多少处名胜景色？

僧净儒的《归寓一元图》画了多少处名胜景色已不可考，而对萧云从的《归寓一元图》，流行的一种说法是画了24处名胜景色。此说是错误的。错误源自王石城。王石城说：“他（引者注：指萧云从）画了二十四景，每段景色都用篆字标题，隶书题诗。”[5]王的这种说法可能与民国时期神州国光社珂罗版印行《归寓一元图》时分为24页，共有24幅图有关。[6]

还有一种说法是《归寓一元图》共画四十七处名胜。此说亦不

[1] 沙鸥：《萧云从诗文辑注》，黄山书社2000年版，第133页。
[2] 沙鸥：《萧云从诗文辑注》，黄山书社2000年版，第28页。
[3] 见《归寓一元图跋文》注释，沙鸥：《萧云从诗文辑注》，黄山书社2000年版，第133页。
[4] 何秋言：《萧云从山水地方实景风格研究》，中央美院2008届硕士论文。
[5] 王石城：《萧云从》，上海人民美术出版社1979年版，第19页。
[6] 沙鸥：《萧云从诗文辑注》，黄山书社2000年版，第28页。

正确。《归寓一元图》题诗共47首但并非每首皆写名胜景色。按画面上题诗标题明确写了地名的名胜统计，为三十多处（详见下文诗题）。神州国光社印制的《归寓一元图》是每图一诗，共24首诗。此亦证明，神州国光社印制的并非萧云从这幅山水长卷的全部。

第三，《归寓一元图》共有多少首题诗，是否都是写景诗？

一种说法是《归寓一元图》共有24首题诗。此说网上流传甚广。如马鞍山人民政府网："萧云从：画家，姑孰画派始祖。画《太平山水图》43幅……另有长达五丈的画《归寓一元图》，画上有马鞍山景观22处和自题诗24首。"[1]此说错误仍是由于没有搞清楚神州国光社的《归寓一元图》乃选印所致。

其实《归寓一元图》系组画长卷，共有47首题诗。《萧云从诗文辑注》将之全部收录。题诗按画面顺序排列如下：

《凌云寓庵》《泥陂梅月》《景山传雷》《白纻松风》《勋卿曹公梅》《月上闣》《圩村农畴》《丹湖秋景》《横山晚烟》《灵虚四景》《雪霁望夫》《采江晓发》《秋游金柱吊原任当涂令衡阳张先生》《金柱平高》《云锁天门》《凌歊夕照》《曹梁父招同诸子湛亭分韵》《桓温故内》《姑溪放棹》《龙山吊古》《吊太白（赋得自称臣是酒中仙）》《白云寺》《谢公故地》《万顷湖》《春丽百奇》《东门渡》《峡石归舟》《敬亭山》《翠云庵》《明镜闣》《府治》《落虹桥》《牢山洞》《正肃公墓》《山居》《母寄棉线子有感》《姑溪九日》《三日无粮》《故里》《扫亲墓》《分界山》《十里赤溪》《礼祖塔》《白云楼》《万竹园》《自像赞》《长松草堂》。

47首题诗均为近体诗。按诗体分，五绝8首、七绝37首、七律2

---

[1] 见该网站"魅力诗城·著名人物"专栏。

首。按题材分，大致可以分为山水田园诗、怀古悼亡诗、即事抒情诗这几类。总之，并非都是写景诗。

二 从跋文看萧云从创作《归寓一元图》的过程与心境

萧云从《归寓一元图》的跋文包括他抄录于首图的僧净儒原题跋及在完成此长卷创作后自作的题跋。僧净儒原题跋全文如下：

乙未秋七月二十日，余诞辰。五十初度也。烟霞飘衲，异地萧然。古人云：达士心无滞，他乡总是家。虽至理攸存，而自念学道无成，徒虚岁月，又何能无故地风烟之感耶！因暇日自作白云山长松竹堂图，俾得一展卷，而先人庐墓，桑梓风光，恍如目接，继以寓地姑孰名胜共成一卷。寓即归也，归即寓也，合名《归寓一元图卷》。宛陵白云山奉圣寺净儒识。区湖萧云从录。

从文中可知《归寓一元图》得名之缘由。僧净儒是姑孰人，宛陵是其欲"归"之地，姑孰则是其今生暂"寓"之地，由于对两地均有深切情感，已经同一化地（"一元"）看待了，所以他说"寓即归也，归即寓也"。[1]僧净儒此感悟使萧云从产生共鸣，应是他采用《归寓一元图》为自己画作题名的原因。李白云："夫天地者，万物之逆旅也；光阴者，百代之过客也。而浮生若梦，为欢几何？"[2]整个天地，都只是人暂时寄生的"寓"所，所以"归寓"一元，并无区别。

萧云从的自作题跋全文如下：

---

[1] 王石城《萧云从》和沙鸥《萧云从诗文辑注》均把"即"误为"郎"。

[2] 李白：《春夜宴桃李园序》。

丙申春仲，就棹宛陵。应郡侯之约，暇则寻幽探胜，历览敬亭诸峰。与二三人放情诗酒，快登白云巅。步奉圣禅房，晤僧净儒，接谈倾盖，大有远公妙谛遗风。终及书画津津，复呼侍者捧所自作归寓一元图，索余品题。展卷击节，颇称遒劲。熟视气蒸冉冉处，真令人引伸于慧心之域。曾赠之以“静习平心法，寒烟冷雪诗”之句。继归鸠江，坐小斋，神怡僧卷，恍在目前，仿佛运笔，遂成一辙。仍将僧所题原卷之诗，删定列载。敢云生平攻苦，获为并博于世耶？亦曰[1]聊为效颦，或可异日逢僧相晤，同心鼓掌，若合一契也云尔。区湖云从并题。

此文明确交代了《归寓一元图》的创作缘由是“神怡僧卷，恍在目前，仿佛运笔，遂成一辙”。创作过程是在到宛陵“寻幽探胜，历览敬亭诸峰”“晤僧净儒，接谈倾盖”并为其画“品题”之后。创作地点则是在芜湖“鸠江”萧云从自己的寓所。

从“放情诗酒”“接谈倾盖”“同心鼓掌”等词句看，萧云从创作此长卷组画的心境是轻松愉快的。因为，所谓“倾盖”，指初次相逢或订交。唐储光羲《贻袁三拾遗谪作》诗：“倾盖洛之滨，依然心事亲。”可见他与净儒虽系初交，但是谈得来。所谓“鼓掌”，是表示赞成或高兴。《明史・于孔兼传》：“自陛下有近日之举，而善类寒心，邪臣鼓掌。”萧云从用“鼓掌”一词，是表示他与净儒心灵是相通的，即“同心”。

[1] “亦曰”呼应前文的“敢云”，《萧云从诗文辑注》作“亦日”，不通，今改。

三 《归寓一元图》题诗的作者归属权

迄今为止，还没有人对萧云从的《归寓一元图》上题诗的作者归属权提出过疑问，但是研读其两则跋文，作者归属权的疑问还是存在的。

一是萧云从本人说题诗作者是僧净儒。“仍将僧所题原卷之诗，删定列载”，也就是说，原卷上的诗是僧净儒“所题（写）”，萧云从只是做了“删定”的工作并且把这些诗转录在自己的《归寓一元图》上。如果这句话是“仍将为僧所题原卷之诗，删定列载”，则毫无疑问，题诗都是萧云从所作。

二是萧云从说，僧净儒“后呼侍者捧所自作归寓一元图，索余品题”。说明“原卷”上的诗也可能是萧云从应邀“品题”而写的，这似乎证明萧云从是题诗的作者，但是这有几个问题。

首先，“品题”不等于题写诗。据《汉语大词典》，“品题”有以下含义：

第一，品评的话题、内容。《后汉书·许劭传》：“劭与靖俱有高名，好共覈论乡党人物，每月辄更其品题，故汝南俗有‘月旦评’焉。”

第二，谓评论人物，定其高下。唐李白《与韩荆州书》：“今天下以君侯为文章之司命，人物之权衡，一经品题，便作佳士。”

第三，观赏；玩赏。唐畅当《蒲中道中》诗之二：“古刹栖柿林，绿阴覆苍瓦。岁晏来品题，拾叶总堪写。”

第四，对诗文书画等的评论。亦指诗文书画上的题跋或评语。明胡应麟《少室山房笔丛·经籍会通一》：“傥更因当时所有，创及亡篇，咸着品题，稍存故实，则庶几尽善矣。”

从以上所列四种含义看，均没有明确包含“题诗”的意思。萧云从说僧净儒“索余品题”，最大的可能是邀请其“观赏；玩赏”，也就是《汉语大词典》“品题”的第三个义项。当然，为他人书画写题跋或评语也可以用诗的形式写，但是《归寓一元图》47首题诗，并无品评类诗。

其次，从《归寓一元图》一些题诗的内容本身看，与萧云从生平似不太吻合。如第36首《母寄棉线子有感》写到母亲“寄棉线子”，萧云从创作此画时61岁，母亲在世的可能性很小；而僧净儒的《归寓一元图》是其50岁时作（“乙未秋七月二十日，余诞辰。五十初度也。”）母亲健在的可能性大。另外，僧净儒说“因暇日自作白云山长松竹堂图，俾得一展卷，而先人庐墓，桑梓风光，恍如目接”。其中提到“先人庐墓”和“桑梓（家乡）”，这与题诗中的《扫亲墓》《故里》吻合，但是萧云从是芜湖人，姑孰也好，宛陵也好，均非其“故里”。因此，这三首诗的作者当是僧净儒。

三是黄钺的《壹斋集》专门收录萧云从的七律诗，但是没有收入《归寓一元图》题诗中的《秋游金柱吊原任当涂令衡阳张先生》《曹梁父招同诸子湛亭分韵》这两首七律。这或是萧云从不是其作者的间接证据。

因此，初步结论：萧云从《归寓一元图》上的题诗，其作者很可能不是萧云从（或者可以说萧云从不是全部题诗的作者），萧云从只是对这些诗做过“删定”（修改）的工作。当然，在没有更多史料证明的情况下，目前还只能存疑。

四 《归寓一元图》题诗与萧云从晚年思想

《归寓一元图》题诗内容丰富，既有讴歌山水之美、田园之乐的作品，也有记述亲情友情或抒发怀古之幽情的作品。虽然《归寓一元图》题诗的作者归属权存疑，但是一则萧云从对这些诗做过“删定”的工作，二则他把这些“删定”后的诗书写于自己创作的画卷上，说明他赞同这些诗所流露的思想感情，因此，从《归寓一元图》题诗中仍然可以探究其晚年的思想。这里通过一些诗作，略谈一二。

一是自述诗中反映的人生观，由中年以前的积极入世、忧国忧民转变为晚年的洁身自好、遁世逍遥。如《自像赞》：

浪迹无名始自娱，非仙非佛亦非儒。
随时或钓鱼矶上，也学逃禅问智愚。

这首诗主要用东汉严光事。严光，字子陵，会稽余姚（今浙江余姚）人。少有高名，与汉光武帝刘秀同游学。建武元年（25），刘秀建立东汉，严光于是隐名换姓，隐居在桐庐富春江畔，每日垂钓，后此地为桐庐严子陵钓台。“非仙非佛亦非儒”可以视作诗人的人生宣言，诗人既不想做积极入世的“儒者”为统治者服务，也非常清楚自己不是不食人间烟火的“仙佛”，而像严光那样，做个无视权贵、自由自在的隐士是人生最大的快乐。

二是山水田园诗描绘的太平景象反映了诗人对清廷态度的变化，由中年时期仇视清初异族统治者转变为晚年时期能够比较客观地看待。如《圩村农畴》：

墅树莺啼农正忙，男耕女织遍村乡。
烟柳新抽桃挟景，池塘风动荇荷香。

此诗写江南水乡宜人的景色和男耕女织繁忙的景象，寄托着诗人对人民能够得到休养生息的美好愿望，也客观表现了清朝统治者对汉族统治政策由高压调整为安抚所带来的积极变化。从萧云从有关生平资料、诗文作品看，他对为清廷服务的汉族官员，并非一概视为“汉奸”、拒绝交往，凡是具有良好品格与文化修养的官员，能够“为官一任造福一方”，为老百姓做好事的贤臣，他也愿意交往并给予尊重。

三是怀古诗中通过品评历史人物所反映的人生价值取向与达观态度，其中蕴含了深刻的人生哲理。如《桓温故内》：

扼腕功名堪遗笑，声传李谢道风幽。
兴城治国开江左，古迹仙坛志永收。

此诗将桓温与李白、谢安对比，表达了建功立业的英雄人物亦当知进退之道的意思，否则过于追求功名，只会物极必反、遗笑千年。诗中的“功名”指桓温不择手段地谋求权位事。桓温是晋明帝的驸马，因溯江而上灭亡成汉政权而声名大振，又三次出兵北伐，战功累累。后独揽朝政十余年，操纵废立，有意夺取帝位，终因第三次北伐失败而令声望受损，受制于朝中王谢势力而未能如愿。桓温晚年逼迫朝廷加其九锡，但因谢安等人借故拖延，直至去世也未能实现。与对桓温的态度相反，诗中用“道风”赞美李白、谢安。所谓“道风”，即超凡脱俗的风貌[1]。李白“一生好入名山游”，何等潇洒自在；谢安初次做官，月余便辞官隐居，游山玩水兼教育后代，四十多岁东山再起，成功挫败了桓温的篡权阴谋，声名远扬。一个人本事再大，缺少“道风”，最终难免功名化为泡影，获得贻笑大方的下场。

四是一些记述交游、抒发感悟的诗作，依然流露出诗人晚年“老骥伏枥，志在千里”的情绪。如《三日无粮》：

[1] 南朝梁慧皎《高僧传·义解三·慧持》：“远，持兄弟也。绰绰焉，信有道风矣。”

尼父居陈日，金仙雪岭时。
三朝令我验，七夕在儒驰。

诗人应友人之邀游览宛陵，归来绘《归寓一元图》时并无断粮之虞，故此诗所写或为诗人与僧净儒谈佛论道时之感悟。诗中前两句分别用了与孔子和佛祖有关的典故。孔子周游列国，曾厄于陈蔡，七天没有粮食吃[1]。金仙是对佛祖的称呼，雪岭则是印度北境的雪山。释迦牟尼曾于雪山苦行，修菩萨道。

唐司空图曾作《与伏牛长老偈》诗："不算菩提与阐提，惟应执著便生迷。无端指个清凉地，冻杀胡僧雪岭西。"对执著于一定的坐禅修道方式的僧徒有讽刺意味。此诗则反其意，以孔子周游列国不畏艰难布道与释迦牟尼雪岭刻苦修行的精神自励。因此，这首诗表明，即使是在晚年，即使不屑于"出将入相"了，诗人也仍然保持着积极的心态。萧云从许多杰出的绘画作品正是出于晚年，与此积极的心态不无关系。

从《归寓一元图》题诗可以看出，晚年的萧云从从来没有悲观厌世，其"遁世"也不是消极遁世，而是积极遁世，他"遁世"是为了躲避俗世蝇营狗苟、面目可憎的人，拥有更多自由支配的时间去做有意义的事。

（本文选自《萧云从诗歌笺注》，安徽师范大学出版社2019年版）

[1] 《孔子家语·在厄》："孔子厄于陈、蔡，从者七日不食。子贡以所赍货，窃犯围而出，告籴於野人，得米一石焉。"

萧云从交往新考

朱寅

芜湖大画家萧云从为明末清初一代耆硕，平生交往甚广，所交者多为一时俊彦，且不拘泥于年龄长幼，以至与汤燕生、潘江、毛先舒、梅清、王炜、方其义、方中发等一大批后辈晚生结成忘年之好。由于明清鼎革，加之清初大兴文字狱，芜湖本地的乡邦文献十不存一，部分萧氏友人著述被列为禁毁书，钩稽萧云从交往甚为困难。今笔者不揣窳陋，从清代地方志、诗文集、年谱等诸多史料和前辈学人论文中梳理出一些萧氏交往的新资料，胪列于下，不当之处，还望方家雅正。

一 萧云从的老师、同门与弟子

萧云从除了幼承庭训之外，还曾拜于芜湖师者楷模的陈其善门下，学习诗词古文等，两人有师生之情。

据嘉庆《芜湖县志》卷十四《人物志·孝义》载："陈其善字兼民。尝侍父疾，吁神请代，丧临哀毁。事诸兄谨恪，不啻严父。穷年攻苦，号为淹通，屡与宾兴，未获售而卒。其学行为时模楷，如萧云从、罗世绣、张政行辈皆邑知名士，并出其门。训课诸子，皆能嗣家法称。”

萧云从除了在诗文上有所建树外，在画艺上也是别开天地，清初开创“姑孰画派”，成为开宗立派的一代宗师，可谓不辱师门。

从嘉庆版《芜湖县志》记载中可知萧云从与罗世绣、张政行为同门师兄弟，三人有同窗之谊。罗世绣，字绣铭，号璨柯，系万历己未科进士、御史罗万爵长子。崇祯十六年（1643）府学贡，任崇明县训导。为人恂谨谦抑，性至孝，文章诗赋擅骚坛。张政行，芜湖人，字号、生平未详。

萧云从几度科举落第，绝意仕途，以售画课徒为主要谋生手段，故弟子众多，其中以追随他避乱高淳，协助他创作《离骚图》的张秀壁最为著名，张秀壁素有诗名，是萧云从最有成就的弟子之一，生平著有《峰头诗集》，而芜湖历代地方志均未收录他的诗文，笔者从邓汉仪《诗观二集》卷七中发现张秀壁所作七律《送萧尺木师游广陵》一首，兹抄录于下：

老忆扬州去每迟，乘潮今与放船宜。
何年邗水通瓜步，终古隋堤恨柳丝。
乱后珠楼春不到，桥边明月酒谁移。
可怜过客徒词赋，南北江关一忘悲。

据萧云从友人方中发《白鹿山房诗集》卷六所载《鸠兹耿嗜梅索诗走笔漫赋》诗，芜湖人耿嗜梅亦为萧门弟子。诗如下：

常到于湖客，此君殊不同。
闲情兼众妙，洗眼遍群公。
岳立高吟外，江飞泼墨中。
尚思萧老在，指点见遗风。

方中发在尾联自注：“谓尺木先生”。可知耿嗜梅为芜湖人，善画，曾受萧云从指点，山水画有萧云从遗风，称萧门弟子不为过，生平未详。

二 萧云从与复社中的芜湖社友

刘尚恒先生所撰《复社中的芜湖文人》从吴应箕鉴定的《复社姓氏目录》和吴山嘉的《复社同人姓氏册》中考证出芜湖一地参加复社的有十八人，除萧云从、云倩兄弟，复社中芜湖主盟者沈士柱，及萧云从同门罗世绣外，尚有十四人。萧云从与他们同为芜湖人，且共入复社，必定相识，在与阉党的斗争中结为好友。现将这十四人简介如下：

张一如，字来初。乡贤张殿子。崇祯四年（1631）辛未科进士，官湖广荆南参议。负才峻异，为人秉介不阿、孤高矜重，养志丘园，意度萧散，有巨源、逸少风。曾与萧云从共襄盛举，为《太平三书》作序。所著有《渌渔客草》《言思阁诗集》。

杜时举，字直卿，号觯庵。顺治十年（1653）贡生，官山东昌邑县知县。为人孤高中正，气象岩岩，与萧云倩等并为芜湖“江上九子”，著有《觯庵集》。

葛天裔，字仍氏。乡贤葛纲子。少负异才，著《仍氏新篇》，文行俱高，早卒。

张明象，字悬湛，别号蕁庵。康熙元年（1662）贡生，博通经史，兼工诗赋，有《九经晰疑》八卷、《周易酌传》上下卷行世。与萧云从有共同友人沈士柱、李盘等。

朱长泽，字祖润。朱万爵孙。崇祯九年（1636）丙子科应天府乡试举人。能文，早卒。

葛绥，字福履。顺治七年（1650）贡生，官陕西庆阳府同知。与萧云从有共同友人沈士柱、李盘等。

彭述古，字幼官。诸生。明敏嗜学，以诗文自豪。居常不事边幅，兼喜饮，时人有“步兵”之目。“步兵”即魏晋时期竹林七贤之一的阮籍。

朱有章，字西雍。诸生。纂修康熙《芜湖县志》。与萧云从昆仲唱和往还。

潘廷年，字右枚。与萧云倩等并为芜湖“江上九子”。与萧云从有共同关系人萧云倩等。

另外还有朱长履，字在放。罗世播，字播笏。罗世藻，字虞期。朱嘉禾，字颖立。施天植，字立光。生平均不详。

三 萧云从与其他文人的交往

萧云从懒于结交权贵，却喜欢与有真才实学、高风亮节的文人来往。限于篇幅，这里简介沙鸥《萧云从交友考》一文中没有提到的几位。

潘江。桐城人潘江（1619—1702），字蜀藻，号木厓，以诗文称于世，著有《木厓集》，辑有《龙眠风雅》。潘江《木崖集》卷八有《芜阴遇萧尺木为予画扇书此以赠》诗，从此诗可知潘江与萧云从至少有两次芜湖之会，“善画更善文”说明潘氏清楚地知道萧云从除了世人所知的“画名”之外，更善为文，想是读过不少萧云从的文章，而“中岁不第似刘蕡”不仅说明潘氏知晓萧云从四十多岁中江南乡试副榜这段故事，更是将萧比作博学能文、正直敢言但不得志的刘蕡，为其际遇慨叹，而萧云从也愿意为老友潘江画桐城龙眠山、浮山山水，两人之交定非泛泛，应是知根知底的好友。

毛先舒。毛先舒（1620—1688），字稚黄，浙江仁和人，文学家，研习音韵学，为“西泠十子”之一。据陈圣宇《周亮工〈尺牍新钞〉三选初探》一文，国家图书馆所藏周亮工《藏弆集》中有毛先舒《与芜湖萧尺木》尺牍一通（可能即王炜在《答友人论萧尺木》中所言：“西泠毛稚黄亦已书”），因未见毛氏尺牍原文，未敢断定毛、萧曾会过面，但两人通书信，至少应可称为“笔友”。

李盘。李盘（？—1657）原名长科，字根大，号小有。扬州府兴化县人，诸生，明遗民。李盘著有《李小有诗纪·芜关吟》，其中有《喜见萧尺木》并序：

尺木，芜关名士，工画，逼真黄子久，又精篆书。己卯乙榜首名，壬午又登乙榜。其弟小曼，己卯得俊，旋化去。相见悲喜交集。

书衣袍布足闲吟，同病怜君识远心。
万里山川归咫尺，两秋甲乙限升沉。
徒伤冷月怀金友，不见流波赏玉琴。
名士未忧逢世乱，会看龙卧起芜阴。

李盘在崇祯甲申（1644）夏游芜湖，拜会芜湖萧云从、沈士柱、张其宿、杜时举、张明象、葛绥诸耆宿（主要为芜湖复社成员），唱和往还，殆无虚日。在与萧云从会面中，双方“相见悲喜交集”，可知两人已经不是初识，而是经历过世事变迁，再度重逢后的复杂情感。而据沈士柱为《芜关吟》所作的序文称“壬申之秋，小有曾游芜关”，可知在崇祯五年壬申（1632），李盘曾有过一次芜湖之游，可能已经拜会过萧云从。李盘清楚地知道萧云从工诗画、善书篆，知道萧云从在崇祯己卯科、壬午科两次应天府乡试中皆名落孙山，知道萧云倩举人中试后不久即离世，可知两人必为好友。

崔冕。崔冕字贡收，一字九玉，号素庵，明清际巢县籍遗民诗人。善画工诗，画树木无根，寓国土沦陷意。有《素吟集》八卷等。崔冕是对萧云从执晚生礼的友人。他的《素吟集》卷六有《萧尺木先生过巢城》：

艇放鸠江趁急湍，过巢休夏石林端。
庖厨官舍三旬久，风雨山楼六月寒。
弄笔绿窗常惜墨，披书白发不加冠。
新诗妙画留天地，日对真惭拜教难。

可知萧云从可能受到崔冕的邀请，从芜湖赴巢县，并在巢县有过一段休夏之旅，每日挥毫泼墨，指点崔冕提高画技，留下新创的诗作和画作，“日对真惭拜教难”也表达了崔冕拜师求教萧云从的尊崇之情。

方其义、方中发父子。方其义（1620—1649）字直之，号次公。方孔炤仲子，方以智二弟。桐城人。勇力过人，矫健善射，博洽多艺，又兼负诗名，著《时术堂集》。方中发（1639—1731）字有怀，号鹿湖，其义子，桐城人，隐居白鹿山庄，五十年不履城市。方其义、方中发父子两代人皆与萧云从有忘年之交。方中发《白鹿山房诗集》卷一有《萧尺木先生以先君子所赠玉佩见贻怆然有感》：

投我古玉佩，云是故交遗。裹以一幅绢，封识宛当时。中有蝇头书，即事系以辞。藏之十余岁，展玩光陆离。小子再拜受，涕泗已交颐。手泽痛先人，何意此得之。始知古道存，生死永不移。在昔缟纻谊，于今人琴悲。嗟嗟葛帔子，零落怜者谁。堂构且莫保，遑问故物为。赵璧一朝返，徒令万感滋。

据此诗所述，大致在1660年前后的某一天，方中发在芜湖拜见前辈萧云从，见到故人之子来访，古道热肠的萧云从拿出珍藏了十余年的古玉佩，这是方其义在十多年前赠予他的，现在萧云从把它还赠给他的儿子方中发，以示“完璧归赵”。方中发感激涕零，便作了此诗，以纪其事。

（本文原载《芜湖日报》2020年2月24日，
原题为《萧云从“朋友圈”的新面孔》）

萧云从诗文选注

唐俊

移居诗（六首）

畴昔小筑于东皋，则迩王处仲梦日亭也[1]。甲申[2]后为镇兵是据，遂毁精舍为圂枥。至丁亥秋，始得携儿子担书笥[3]，蓐秽葺垣，略蔽风雨而家焉。惟乱离迁播，亲友凋残，触景内伤，忽然哀愤，溯其凄戾，横集无端，况予老矣病矣，无能为矣！穷途日暮，情见乎词，得诗六首，求故人书之。倘曰元亮《移家》、少陵《秋

[1] 王处仲：即王敦。王敦（266—324），字处仲，琅琊临沂（今山东临沂北）人。为东晋丞相王导的堂兄。梦日亭：北宋元丰八年（1085）芜湖东门承天寺方丈蕴湘募建“梦日”和“玩鞭”二亭。“玩鞭”出典于《晋书》，“晋明帝太宁二年（324）六月，王敦将举兵内向，明帝密知之，乃乘巴骏马，征行至于湖，阴察敦营垒。敦昼寝，梦日环其城，惊起曰：‘此必黄须鲜卑儿来也!’使五骑追帝。帝驰去，见逆旅卖食妪，以七宝鞭与之，曰‘后骑来，可以此示!’追者至，问妪，妪曰，‘去远矣！’因以鞭示之。传玩良久，帝获免。”

[2] 甲申：1644年。是年明朝灭亡，后芜湖沦陷，萧云从居处为清兵占用。

[3] 书笥：书箱。笥是盛饭或衣物的方形竹器。

兴》[1]，是以灵乌飞䴔[2]，而誉腐草之光矣[3]。

一

喜得幽荒日月同，棕轩樾馆筑华嵩[4]。
秋风北道谁为主，皓首东园赖有松。
乱石何年逢射虎[5]，贞公临水欲成龙[6]。
药栏书屋才安置，却见寒山树树红。

二

鹿门见寄一行书[7]，悲滞风尘万里余。
未靖干戈中外警，当途冠盖往来疏[8]。

---

[1] 陶渊明有《移居二首》。据逯钦立《陶渊明事迹诗文系年》与郭维森《陶渊明年谱》，义熙元年（405）陶渊明弃彭泽令返回柴桑。义熙四年（408）六月，陶渊明隐居上京的旧宅失火，暂时以船为家。两年后移居浔阳南里（今江西九江城外）之南村村舍。《移居二首》当是移居后不久所作。杜甫有《秋兴八首》，系大历元年（766）秋杜甫在夔州时所作的一组七言律诗，因秋而感发诗兴，故曰"秋兴"。杜甫自唐肃宗乾元二年（759）弃官，避安史之乱到四川，至当时已历七载，战乱频仍，国无宁日，人无定所，当此秋风萧飒之时，不免触景生情，因而写下这组诗。

[2] 灵乌：太阳。相传太阳中有三足乌，故称。唐杨炯《浑天赋》："天鸡晓唱，灵乌昼踆。"或即乌鸦。宋范仲淹《灵乌赋》："灵乌灵乌，尔之为禽兮，何不高翔而远翥？何为号呼于人兮，告吉凶而逢怒？方将折尔翅而烹尔躯，徒悔焉而亡路。"梅圣俞曾以乌鸦为喻劝范仲淹不必直言以取祸，范仲淹因作《灵乌赋》。飞䴔：䴔同"鵕"。一种鸟名，类山鸡；一说是不祥之鸟，现则天旱。

[3] 腐草之光：指流萤。古代有腐烂的草转化为萤火虫的说法，后遂用为咏萤之典。《礼记·月令》："温风始至，蟋蟀居壁，鹰乃学习，腐草为萤。"

[4] 棕轩樾馆：指简陋的居所。据《全唐诗》卷一二三载卢鸿一《嵩山十志十首·樾馆》："樾馆者，盖即林取材，基颠柘，架茅茨，居不期逸，为不至劳，清谈娱宾，斯为尚矣。"

[5] 此句用李广事。《史记·李将军列传》："广出猎，见草中石，以为虎而射之，中石没镞，视之石也。因复更射之，终不能复入石矣。广所居郡，闻有虎，尝自射之。及居右北平，射虎，虎腾伤广，广亦竟射杀之。"

[6] 此句或用陶侃事。《晋书·陶侃传》载：陶侃年轻时在雷泽打鱼，打上一枚织布的梭子，回家将梭子挂在墙上。不一会儿，雷雨大作，梭子化龙而去。后遂以"雷化龙梭"喻贤才应时而起，飞黄腾达。然"贞公"未详何人。

[7] 鹿门：鹿门山之省称。在湖北省襄阳市。后汉庞德公携妻子登鹿门山，采药不返。后因用指隐士所居之地。唐杜甫《冬日有怀李白》诗："未因乘兴去，空有鹿门期。"

[8] 当途冠盖：借指达官贵人。汉班固《西都赋》："冠盖如云，七相五公。"唐杜甫《梦李白》诗之二："冠盖满京华，斯人独憔悴。"

天高猿啸松枝落，篱折鸡栖月影虚。
鬓短霜繁潦倒甚[1]，杖藜挥泪过荒墟。

三

尽醉才倾一两杯，醺然扶病欲登台。
水随天远秋无尽[2]，月并沙明雁已回。
绛帻郑玄犹遇主，青樽袁绍独怜才[3]。
披榛相待渔樵话，隔院先闻钟磬来。

四

莼嫩鲈肥尽可餐，归思岂只一张翰[4]。
吾庐近市无车马，世法宽人有帻冠[5]。
霜气空凋千树碧，旭光已破万山寒。
衰年强起凭高望，赋得鹏云万里抟[6]。

五

卜筑黄尘尽草洼，于时深愧自为家。

---

[1] 此句化用唐杜甫《登高》尾联“艰难苦恨繁霜鬓，潦倒新停浊酒杯”。

[2] 此句化用宋辛弃疾词《水龙吟·登建康赏心亭》句：“楚天千里清秋，水随天去秋无际。”

[3] 绛帻郑玄、青樽袁绍：意谓尊重人才。《后汉书·郑玄传》：“袁绍总兵冀州，遣使要玄大会宾客。玄最后至，乃延升上坐。身长八尺，饮酒一斛，秀眉明目，容仪温伟。”

[4] 张翰，字季鹰，吴郡吴县（今江苏苏州市）人。西晋文学家，留侯张良后裔，吴国大鸿胪张俨之子。有清才，善属文，性格放纵不拘，时人比之为阮籍，号为“江东步兵”。齐王司马冏执政，辟为大司马东曹掾。见祸乱方兴，以莼鲈之思为由，辞官而归，年五十七卒。著有文章数十篇，行于世。

[5] 世法：世人的典范，社会沿用的习惯常规。汉桓宽《盐铁论·相刺》：“居则为人师，用则为世法。”宋黄庭坚《书赠俞清老》：“（米芾）冠带衣襦，多不用世法。”宋俞文豹《吹剑录外集》：“讲义理，别白是非，则须学术；酬酢事机，区分利害，必用世法。”亦指人事上的交际应酬。宋戴复古《有感》诗：“老子生来世法疏，白头思欲把犁锄。”又，对出世法而言，佛教把世间一切生灭无常的事物都叫作世法。《华严经·世主妙严品》：“佛观世法如光影。”《西湖佳话·南屏醉迹》：“况真不真，假不假，世法难看。”帻冠：代指汉人装束。帻，古代的头巾。古代男子用帻包裹着头，中间露出头发，帻前高后低，然后加冠。

[6] 抟：凭借。庄周《庄子·逍遥游》：“鹏之徙于南冥，水击三千里，抟扶摇而上者九万里。”

树高不隔蝉声切，墙短犹留驹影斜[1]。
老病风前犹种药，伤心雨后亦载花。
生长贫贱原非隐，未许青门学种瓜[2]。

六

随意寒潭落钓钩，青蛉作伴立竿头[3]。
浮云天际归何处，独树溪边影不流。
蹈海鲁连龙战日[4]，还家典属雁声秋[5]。
身经迁播皆萍梗[6]，一有吾庐更有愁。

【题解】

据《辑注》，此组诗辑自《壹斋集·萧汤二老遗诗合编》。据小序，知此组诗作于1647年，时萧云从52岁。

这组诗的写作缘由，诗人在小序中已经说明。“乱离迁播，亲友凋残”，诗人的居所“梅花小筑”亦遭侵占破坏，内心的悲愤不难想象。但是诗的情感基调比小序所说的“老矣病矣，无能为矣！

---

[1] 此句写清兵占据梅筑作为驻扎养马之所。如小序所说，“遂毁精舍为圉枥”。

[2] 青门：汉长安城东南门。本名霸城门，因其门色青，故俗呼为“青门”或“青城门”。《三辅黄图·都城十二门》：“长安城东，出南头第一门曰霸城门。民见门色青，名曰青城门，或曰青门。门外旧出佳瓜，广陵人召平为秦东陵侯，秦破，为布衣，种瓜青门外。”晋阮籍《咏怀》之六：“昔闻东陵瓜，近在青门外。”也泛指退隐之处。明陈汝元《金莲记·闻系》：“青门豪迈，终南潇洒，心惊宾雁双翰，目断孤云一带。”清汪懋麟《送高念东少司寇予告归里和司农公韵》之二：“不畏西风更障尘，青门回首得闲身。”

[3] 青蛉：即蜻蜓。汉焦赣《易林·临之夬》：“青蛉如云，城邑闭门。”

[4] 鲁连：即鲁仲连。齐国的高士。其一生不做官，好为人排难解纷。事见《史记·鲁仲连邹阳列传》。龙战：《辑注》作“能战”，误，今改。本谓阴阳二气交战。《易·坤》：“上六，龙战于野，其血玄黄。”后遂以喻群雄争夺天下。唐胡曾《题周瑜将军庙》诗：“共说前生国步难，山川龙战血漫漫。”

[5] 典属：苏武出使匈奴，被匈奴扣押十九年，守节不变。回国，封为典属国（掌管与少数民族交往事务的官员）。《汉书·百官公卿表上·典属国》：“典属国，秦官，掌蛮夷降者……属官有九译令。成帝河平元年省并大鸿胪。”

[6] 此句化用李商隐诗句。李商隐《蝉》：“本以高难饱，徒劳恨费声。五更疏欲断，一树碧无情。薄宦梗犹泛，故园芜已平。烦君最相警，我亦举家清。”

穷途日暮”要积极得多，其立意亦相当高远。只不过由于运用了大量典故，表达得非常含蓄而已。

从组诗中引用的“乱石何年逢射虎”“绛帻郑玄犹遇主”“蹈海鲁连龙战日”等主要典故看，诗人此时对南明小王朝还抱有很大希望，甚至对自己为国效力、驱除外敌也怀有期许。因此诗人才说“衰年强起凭高望，赋得鹏云万里抟”，并且在修葺旧居之后，不安于现在就做隐士（“生长贫贱原非隐，未许青门学种瓜”）。所以组诗最后两句“身经迁播皆萍梗，一有吾庐更有愁”中的“愁”就不是忧愁个人的处境际遇（“于时深愧自为家”可以证明），而是国家的前途命运（毕竟当时国人并不认为崇祯自缢就等于明朝灭亡）。

总之，这组诗是诗人忧国忧民情怀的流露，在“触景内伤，忽然哀愤”之余还能如此，更加难能可贵。

钟山梅下诗（八首）

萧子性喜梅花，而梅花无如钟山之麓之盛。少时纵游其处，遇王孙[1]筑草阁数椽，引余登之。仰望钟山，丹楹金瓦，鳞戢翚飞[2]，曜云而丽日。俯瞰其下，则梅花万树，恣放纵横，一望十余里，如坐香航浮玉海也[3]。辛卯夏初，复往访之，鞠为茂草矣[4]，王孙亦不

[1] 王孙：王的子孙。后泛指贵族子弟。《楚辞·招隐士》：“王孙游兮不归，春草生兮萋萋。”王夫之通释：“王孙，隐士也。秦汉以上，士皆王侯之裔，故称王孙。”

[2] 鳞戢翚飞：形容屋瓦如鱼鳞排列，飞檐似鸟翅高张。戢，聚集。翚，古书上指有五彩羽毛的雉。

[3] 坐香航浮玉海：香航：用香木做的船，泛指华美的船。玉海：常比喻冰雪世界。元张可久《折桂令·庚午腊月二十日立春次日大雪卢彦远使君索赋》曲：“白凤舞仙山玉海，紫箫吹明月瑶台。”这里是形容“梅花万树”，宛如花海。

[4] 鞠：盈，多。《尔雅·释诂下》：“鞠，盈也。”鞠为茂草，言荒草丛生。

知所之，荒凉之中，因感成诗，他无所及。

一

海天万里大明东[1]，花气中朝令节同[2]。
才见汉宫颁玉历[3]，忽闻桓笛怨春风[4]。
结庐山下无高士，挥泪霜边失侣鸿。
几度寻梅灵谷寺[5]，云闲今古草连空。

二

苍天白发总难期，野径梅花两不知。
海内有春藏北斗，雪中无路觅南枝。
玉龙战退盈城湿[6]，瑶爵轻寒引杖迟[7]。
尘土飘落香未散，乾坤今见几人诗。

---

[1] 大明：借指南京钟山一带。南京市内今有大明路，位于秦淮区。或指大明国子监，设于京师应天府（今江苏省南京市）鸡笼山以南（鸡笼山位于南京市玄武区，北近玄武湖，为紫金山延伸入城余脉。春秋战国时期，以其山势浑圆，形似鸡笼而得名）。永乐十九年（1421）明成祖迁都北京后改称南京国子监，常代称以“南监”“南雍”，与“北监”北京国子监并立。

[2] 中朝：指中原。《新五代史·南汉世家·刘隐》：“是时，天下已乱，中朝士人以岭外最远，可以避地，多游焉。”

[3] 玉历：历书。白居易《郡中春宴因赠诸客》诗：“是时岁二月，玉历布春分。”原指正朔，引申为历数、国运。汉焦赣《易林·屯之蒙》：“山崩谷绝，大福尽竭。泾渭失纪，玉历尽已。”

[4] 桓笛：桓郎笛。《晋书·桓伊传》：“桓伊为江州刺史，善吹笛，独擅江左……谢安位显功盛，为人所谗，孝武帝疑之。会帝召伊饮宴，安侍坐。帝命伊吹笛，吹一弄后，伊请弹筝，而歌《怨诗》曰：‘为君既不易，为臣良独难，忠信事不显，乃有见疑患。’声节慷慨。安泣下沾衿，乃越席捋其须曰：‘使君于此不凡！’帝甚有愧色。”后因以“桓郎笛”为巧用乐曲传达心曲的典故。

[5] 灵谷寺：位于南京市玄武区紫金山东南坡下，中山陵以东千余米处，始建于天监十三年（514），是南朝梁武帝为纪念著名僧人宝志禅师而兴建的“开善精舍”，初名开善寺。明朝时朱元璋亲自赐名“灵谷禅寺”，并封其为“天下第一禅林”，为明代佛教三大寺院之一。《金陵梵刹志》将其与大报恩寺、天界寺并列为大刹。

[6] 玉龙：喻雪。宋张元《雪》诗：“战退玉龙三百万，败鳞残甲满空飞。”

[7] 瑶爵：饰以美石的酒器，次于玉爵。《周礼·天官·内宰》：“大祭祀，后祼献则赞，瑶爵亦如之。”郑玄注：“其爵以瑶为饰。”

三

空谷伤心只自酸，三更风发总无端。

春归但藉花为历[1]，僧老都忘岁已寒[2]。

粉蝶一飞陵阙冷，铜驼半委雪霜残[3]。

精神自足诸天外，好对西溪白玉盘。

四

老去芳游兴未删，愁多白日泪犹潸。

人瞻北阙春千里[4]，香过西郊水一湾。

望帝不来翻玉树[5]，洛神何处赠瑶环[6]。

东风渐已回天地，鸩鹊空残冷雾间[7]。

---

[1] 藉：《辑注》作“籍”，今改。同“借”，凭借。

[2] 此句化用唐代诗人太上隐者《答人》“偶来松树下，高枕石头眠。山中无历日，寒尽不知年”诗意。

[3] 铜驼：铜铸的骆驼。多置于宫门寝殿之前。晋陆翙《邺中记》：“二铜驼如马形，长一丈，高一丈，足如牛，尾长三尺，脊如马鞍，在中阳门外，夹道相向。”唐段成式《酉阳杂俎·物异》：“汉元帝竟陵元年，长陵铜驼生毛，毛端开花。”元萨都剌《梅仙山行》：“咸阳秋色压宫树，金人夜泣铜驼悲。”

[4] 北阙：古代宫殿北面的门楼。是臣子等候朝见或上书奏事之处。《汉书·高帝纪下》：“萧何治未央宫，立东阙、北阙、前殿、武库、太仓。”常借指朝廷。唐孟浩然《归终南山》：“北阙休上书，南山归敝庐。不才明主弃，多病故人疏。白发催年老，青阳逼岁除。永怀愁不寐，松月夜窗虚。”

[5] 望帝：相传战国末年杜宇在蜀称帝，号望帝，为蜀除水患有功，后禅位，退隐西山，蜀人思之；时适二月，子规(杜鹃)啼鸣，以为魂化子规，故名之为杜宇，为望帝。事见晋常璩《华阳国志·蜀志》。

[6] 洛神：传说中的洛水女神，即宓妃。后诗文中常用以指代美女。北魏郦道元《水经注·洛水》：“昔王子晋好吹凤笙，招延道士，与浮丘同游伊洛之浦，含始又受玉鸡之瑞于此水，亦洛神宓妃之所在也。”

[7] 鸩鹊：传说中的异鸟名。晋王嘉《拾遗记·后汉》：“章帝永宁元年，条支国来贡异瑞。有鸟名鸩鹊，形高七尺，解人语。其国太平，则鸩鹊群翔。”后亦指喜鹊。这里指江苏南京的南朝楼阁鸩鹊楼。南朝梁吴均《与柳恽相赠答》诗之一：“日映昆明水，春生鸩鹊楼。”唐李白《永王东巡歌》之四：“春风试暖昭阳殿，明月还过鸩鹊楼。”王琦注：“吴均诗：春生鸩鹊楼。是皆谓金陵之昭阳殿，鸩鹊楼也。旧注以为在长安者，非是。”

五

何处诗人宅灞桥[1]，寒陵古树晚萧萧。
名花岭上供千佛[2]，野雪香中阅六朝。
消息已通祠腊后[3]，飘零不为买山饶[4]。
俨然天竺先生矣[5]，犹揽残枝看碧霄。

六

海树森森在古壕，空原不见夜悲号。
枝残蒋庙三更月[6]，花乱秦淮一叶桃[7]。
香雾有神晶殿冷[8]，天寒相伴玉峰高。

---

[1] 灞桥：桥名。本作霸桥。据《三辅黄图·桥》：霸桥，在长安东，跨水作桥。汉人送客至此桥，折柳赠别。唐郑谷《小桃》诗："和烟和雨遮敷水，映竹映村连灞桥。"

[2] 千佛：即千佛岩。位于南京栖霞山栖霞寺东北侧山崖上，是从南朝齐永明二年至梁天监十年（484—511）逐渐开凿而成。所有佛像或五六尊一龛，或七八尊一室。据传，栖霞寺创建人明僧绍曾梦见西岩壁上有如来佛光，于是立志在此凿造佛像。他病故后，其子在西壁上凿佛龛，镌刻了三尊佛像，其后齐梁两朝贵族竞相捐资凿石造佛。

[3] 祠腊：古代在农历十二月合祭众神叫作腊，因此农历十二月叫腊月。"腊"旧同"臘"，《說文解字》："臘，冬至后三戌，臘祭百神。"

[4] "买山"见南朝宋刘义庆《世说新语·排调》载："支道林因人就深公买印山，深公答曰：'未闻巢由买山而隐。'"后以"买山"喻贤士的归隐，亦用以形容人的才德之高。晋戴逵《贻仙城慧命禅师书》："故以才堪买山，德迈同辈；崇峰景行，墙仞悬绝。"饶：富足，多。

[5] 天竺：天竺是古代中国以及其他东亚国家对当今印度和巴基斯坦等南亚国家的统称。"天竺先生"借指禅师。唐王维《过乘如禅师萧居士嵩丘兰若》："无著天亲弟与兄，嵩丘兰若一峰晴。食随鸣磬巢乌下，行踏空林落叶声。迸水定侵香案湿，雨花应共石床平。深洞长松何所有，俨然天竺古先生。"

[6] 蒋庙：汉末秣陵(即南京)尉蒋子文逐贼至钟山脚下，不料反被贼所害，故蒋的亡灵经常在钟山一带为祟。后孙权建都秣陵，蒋子文即托梦孙权，叙述其被害过程，孙权遂追封他为"中都侯"，辖南京之阴曹地府，在南京为之建庙——蒋庙，并改钟山为蒋山，到梁武帝时又追封蒋子文为"石头城主"。

[7] 一叶桃：指萧云从在南京租住地桃叶渡。据宋起凤《萧云从画学》："（萧云从）曾再游秦淮，僦居桃叶渡。比时声物繁盛，与旧院仅一水盈盈耳。日坐水轩中读书，书少倦，或拈韵成小诗壁间。"

[8] 晶殿：水晶宫，亦作"水精宫"，以水晶装饰的宫殿。南朝梁任昉《述异记》卷上："阖闾构水精宫，尤极珍怪，皆出之水府。"亦指传说中的月宫。宋欧阳修《内直对月寄子华舍人》诗："水精宫锁黄金阙，故比人间分外寒。"此处当指月宫。

可怜汉武坛犹在，何处风飘白凤膏[1]。

七

灵峦千仞腐儒情，茅屋长年住帝京。
落日石鲸栖御道[2]，孤山仙鹤散瑶琴[3]。
瘦寒有句桥边影[4]，巢许无心花并名[5]。
敝履经行天路近[6]，阳和更见一枝横。

八

三楹在昔筑湖阴[7]，旧植梅花何处寻[8]。
一折不堪伤岁暮，衰年空欲卧霜林。

---

[1] “白凤膏”见南朝宋刘义庆《幽明录》载：“汉武帝以玄豹白凤膏磨青锡屑，以酥油和之为灯，虽雨中灯不灭。”

[2] 石鲸：石雕的鲸鱼。《三辅黄图·池沼》：“池（昆明池）中有豫章台及石鲸。刻石为鲸鱼，长三丈，每至雷雨，常鸣吼，鬣尾皆动。”

[3] 此句写林和靖事。林逋（967—1028），字君复，后人称为和靖先生。隐居西湖孤山，终生不仕不娶，惟喜植梅养鹤，自谓“以梅为妻，以鹤为子”，人称“梅妻鹤子”。

[4] “瘦寒”在此指贾岛。苏轼评孟郊贾岛有“郊寒岛瘦”语。“桥边影”指贾岛诗《题李凝幽居》：“闲居少邻并，草径入荒园。鸟宿池边树，僧敲月下门。过桥分野色，移石动云根。暂去还来此，幽期不负言。”

[5] 巢许：亦作“巢由”，巢父和许由的并称，指隐士。据晋皇甫谧《高士传》中记载：尧让天下于许由，许由不受而逃去，于是遁耕于中岳，颍水之阳，箕山之下。尧又召为九州长，由不欲闻也，洗耳于颖水滨。时其友巢父牵犊欲饮之，见由洗耳。问其故。对曰：“尧欲召我为九州长，恶闻其声，是故洗耳。”巢父曰：“子若处高岸深谷，谁能见之？子故浮游，欲闻求其名声，污吾犊口！”牵犊上流饮之。

[6] 天路：指京都。前蜀韦庄《和陆谏议避地寄东阳进退未决见寄》：“未归天路紫云深，暂驻东阳岁月侵。”这里指南京，与首联“茅屋长年住帝京”呼应。

[7] 湖阴：指芜湖。晚唐温庭筠，因不知道芜湖附近在东晋时曾经并存有于湖县，遂将《晋书·明帝纪》中说记载的晋太宁二年（324）“六月，（王）敦举兵内向。帝密知之，乃乘巴滇骏马微至于湖，阴察敦营垒”句，错误地读成“六月，（王）敦举兵内向。帝密知之，乃乘巴滇骏马微至于湖阴，察敦营垒”，并写《湖阴曲》叙其事。这个误会，让芜湖多了一个“湖阴”的别称。

[8] 旧植梅花何处寻：萧云从爱梅成癖，曾名其芜湖居处为“梅花小筑”（见《移居诗》序）。

南朝古木交龙气[1]，西浦高人放鹤心[2]。

藤杖经行山路遍，迢迢此恨白云深。

【题解】

据《辑注》，此组诗辑自《壹斋集·萧汤二老遗诗合编》。据小序，知此组诗作于辛卯（1651）夏，时萧云从56岁。

自杜甫《秋兴八首》采用八首七律组诗形式感念乱离之后，历代诗人多有仿效者。萧云从这组《钟山梅下诗》也是八首七律，并不偶然。

理解这组诗，小序中有三点需要注意。一是“少时纵游其处……辛卯夏初，复往访之”。梅花早春开放，所谓“冰雪林中着此身，不与桃李混芳尘”（王冕《白梅》），初夏不是赏梅时节，故诗人旧地重游，其意不在此。二是今昔对比。昔日“梅花万树，恣放纵横”，如今“鞠为茂草矣”。但诗人并非泛泛感慨昔盛今衰，怀念“王孙”，而是对明朝沦亡的极度痛心。三是“因感成诗，他无所及”。“他无所及”是其他地方没有去，还是其他意思没有涉及呢？诗人在此用的是障眼法，其实正是提醒读者注意理解诗中“其他意思”的“点睛笔”。

由于清初统治者对汉人采取高压政策，诗人心中的反满情绪

[1] “龙气”见《易·乾传》：“云从龙，风从虎。”后因称云雾为龙气。元顾锳《芝云堂以风林纤月落分韵得纤字》：“龙气当天河鼓湿，翠痕浮树月钩纤。”亦指帝王之气。明徐渭《亚夫墓》：“王者从来云不死，共疑隆准及重瞳。已占龙气成天子，却幸鸿门败乃公。”

[2] 放鹤：此多与隐士、道士有关。唐杜荀鹤《题衡阳隐士山居》：“闲居不问世如何，云起山门日已斜。放鹤去寻三岛客，任人来看四时花。松醪腊酝安神酒，布水宵煎觅句茶。毕竟金多也头白，算来争得似君家。”宋苏轼《放鹤亭记》文中记述了拜访云龙山人的一番问答及讨论，其中有山人招鹤之歌：“鹤归来兮，东山之阴。其下有人兮，黄冠草屦，葛衣而鼓琴。躬耕而食兮，其余以汝饱。归来归来兮，西山不可以久留。”或用林和靖事。明钱宰《题林处士观梅图》：“放鹤仙人不可招，断河残月夜闻箫。别来欲问春消息，花落西泠第二桥。”

和对南明小朝廷的期望之情不便在诗中公开流露，而这些正是这组诗蕴含的主要思想感情。“愁多白日泪犹潸”“空原不见夜悲号”等句属于前者，“海内有春藏北斗”“南朝古木交龙气”等句属于后者。当然，这组诗中“梅”的意象内涵丰富，如“尘土飘落香未散”是讴歌梅的气节，“孤山仙鹤散瑶琴”借写林逋梅妻鹤子表达归隐（其实就是不欲出仕为清朝服务）之意等，均耐品味。

《离骚图·序》笺注

宋郭思《画论》始例规鉴，谓其与六籍同功，四时并运也[1]。夫有图而后有书[2]，书义有六，而象形、指事，犹然图也[3]。六经首《易》[4]，展卷未读其词，先玩其象矣。楚三闾大夫作《离骚》《九歌》《天问》《九章》《远游》《卜居》《渔父》，而其徒宋、景以及淮南、长沙、朔、忌、向、褒辈，皆拟之，遂尊为经。岂不以骚者经之变也。《诗》无楚，而楚有骚，文王化行南国，汉、广、江、汜皆楚属，已列十五国之先。骚为经，而经有图，不啻溯源于

---

[1] 郭思（?—1130），宋河南温县人，字得之。《林泉高致》作者郭熙之子。神宗元丰五年（1082）进士。徽宗宣和中为秦凤路经略安抚使，历帅三路。高宗建炎中以徽猷阁直学士提举嵩山崇福宫致仕，有《瑶溪集》。“六籍同功，四时并运”语出唐张彦远撰《历代名画记·叙论·叙画之源流》，原话为：“夫画者，成教化，助人伦，穷神变，测幽微，与六籍同功，四时并运，发于天然，非繇述作。”故“郭思《画论》”或系指郭思引用张彦远语。

[2] 有图而后有书：此处“书”是“字”的意思。汉字起源于象形。

[3] 书义有六：此指“六书”。六书，首见于《周礼》，汉代以后一般指象形、指事、会意、形声、转注、假借六种造字用字方法，总称六书。

[4] 六经首《易》：六经即《诗》《书》《礼》《易》《乐》《春秋》的合称，指经过孔子整理而传授的六部先秦古籍。始见于《庄子·天运篇》。“六经首《易》”意思是六经以《周易》为首。

河洛矣[1]。窃见信州石本《六经图》，如《律吕》《衡璇》《礼器》《小戎》《豳风》，每多伪谬，僭意纠订之矣。近睹《九歌图》，不大称意，怪为改窜，而《天问》亦随笔就稿。大约征行烁理，使后人反复玩绎，凄紊以想古人处乱托忧之难；而环琦卓谲足以惊心动魄，知阴阳鬼神之不可测，俾明治乱之数，芳秽之辨，有自来尔。如穷文绝艳以视楚骚者[2]，则不知骚之为经故也。

然吾尊骚于经，则不得不尊骚而为图矣，况《离骚》本《国风》而严断[3]于《书》，《九歌》《九章》本雅颂而庄敬于《礼》，奇法于《易》，属辞比事于《春秋》。司马史称“其志洁行广与日月争光”[4]，而汉宣帝以为“合于经术”，岂余之臆说耶？盖圣人立象以尽意，而书不尽言，言不尽意，一画之中，隐括遐渺。乃世亦尊“六经”于文词而不研其义，不研其义则制器尚象，上绣下会，

---

[1] 河洛：“河图洛书”的缩略语。《易·系辞上》：“河出图，洛出书，圣人则之。”河，黄河。洛，洛水。河图洛书是儒家关于《周易》卦形来源、《尚书·洪范》“九畴”创作过程的传说。据汉儒孔安国、刘歆等人解说，伏羲时有龙马出于黄河，马背有旋毛如星点，称作龙图，伏羲取法以画八卦生蓍法。夏禹治水时，有神龟出于洛水，背上有裂纹，纹如文字，禹取法而作《尚书》。古时认为出现“河图洛书”是帝王圣者受命之瑞兆。《三国志·魏文帝纪》“以肃承天命”，裴松之注引《献帝传》：“河图洛书，天命瑞应”。

[2] 如穷文绝艳以视楚骚者：“穷文绝艳”出自刘勰《文心雕龙》。“穷文”出于《文心雕龙·诠赋》：“遂述客主以首引，极声貌以穷文。斯盖别诗之原始，命赋之厥初也。”“绝艳”出于《文心雕龙·辨骚》：“《骚经》《九章》，朗丽以哀志；《九歌》《九辩》，绮靡以伤情；《远游》《天问》，瑰诡而慧巧，《招魂》《大招》，耀艳而采深华；《卜居》标放言之致，《渔父》寄独往之才。故能气往轹古，辞来切今，惊采绝艳，难与并能矣。”萧云从的意思是不要仅仅把《离骚》看作“穷文绝艳”之辞。

[3] 严断：谓严厉断处，不予宽宥。《左传·昭公六年》：“严断刑罚，以威其淫。”孔颖达疏：“严断，言其不放舍也。”

[4] 司马史：即司马迁。“其志洁行广与日月争光”语出《史记·屈原贾生列传》，原话为“其志洁，其行廉，其称文小而其指极大，举类迩而见义远。其志洁，故其称物芳。其行廉，故死而不容自疏。濯淖污泥之中，蝉蜕于浊秽，以浮游尘埃之外，不获世之滋垢，皭然泥而不滓者也。推此志也，虽与日月争光可也。”

以目治之者鲜矣。马鄱阳《通考》[1]载六经谱数百条，亦谓骚有香草、渔父诸本，乃知覃精于经者，必稽详于图而后已。紫阳夫子[2]深惜《乐记》说理而度数失传，《易》脱卦象，《离骚》无能手画者。索图于骚与索图于经并论，又可知矣。余不敏，抒毫补缀，一宗紫阳之注，用备后来之劝惩，而终叹古人之不见我也。

乙酉中秋七日题于万石山之应远堂。

【题解】

《离骚图》是萧云从于明清易代之际凝聚数年心血创作，于顺治二年（1645）中秋完成的版画集，是中国版画史上的杰作。《离骚图》凡六十四图，包括卷首《三闾大夫卜居渔父》一图、《九歌图》九图、《天问图》五十四图，总称《离骚图》。另外，萧云从自述曾绘有《远游》五图，但因战火被毁，而《香草图》则“有志未逮”。《离骚图》在构图和人物的形象塑造上，兼有李公麟、陈洪绶诸家想象丰富、生动传神的特点。萧云从在亲笔撰写的近万字注文题跋中，展现了对古代神话、历史等方面丰富文化知识的掌握，尤其是其中还蕴含了对故国的深情眷念，对历史的批判反思。这些都是《离骚图》成为杰作的重要因素。从某种意义上说，《离骚图》也是萧云从自配插图的文献学著作。

这篇序刊于《离骚图》卷首，落款为“区湖萧云从尺木甫著”。萧云从在序言中阐述了《离骚图》的创作缘由和“俾明治乱之数，芳秽之辨”的创作意图。

---

[1] 马鄱阳《通考》：指宋元之际学者马端临及其著作《文献通考》。《文献通考》是继《通典》《通志》之后，古代规模最大的一部记述历代典章制度的著作。

[2] 紫阳夫子：指朱熹。下文“紫阳之注”指朱熹的《楚辞集注》。朱熹，字元晦，号晦庵、遁翁等，又别称紫阳、云谷老人。朱熹所著《楚辞集注》是萧云从创作《离骚图》的重要依据。

萧云从研究会的“流水账”（代后记）

王永林

芜湖市是1983年开始动议策划成立“萧云从研究会”的[1]，由时任芜湖市文联主席何瑞牵头发起，于1985年正式成立“萧云从研究会”，隶属于芜湖市文联，编制三人[2]，刘健农为名誉会长[3]，芜湖市文联主席何瑞兼任萧云从研究会会长，崔之模任副会长，柏龙华任办公室负责人，在芜湖市中二街租了一间民房作为办公地点。朱石金于1986年6月调入负责展览、征集工作；之后，洪涛调入负责财务工作。应该说，他们是现代芜湖萧云从研究组织的开创者，所以在讨论编制这本《萧云从研究文丛》之初，我第一个想到的就是要把这些记录下来，因为当代的我们首先应该向前辈们致以敬礼！

1986年12月14日，萧云从研究会在芜湖市委、市政府的大力支持下，在市人大会议室举行了“萧云从诞辰三百九十周年纪念会”及学术座谈会（图1）；在美丽的镜湖之畔建起了“尺木亭”，塑起

---

[1] 据后其仁回忆，二十世纪八十年代初，他与崔之模曾联名写信给芜湖市委主要领导同志，建议成立萧云从研究会，得到了市委金庭柏、陈恩钊书记的肯定。

[2] 编制三人：柏龙华、朱石金、洪涛。

[3] 刘健农，生于1918年，卒于2007年，曾历任芜湖市委副书记、副市长、代市长、芜湖市政协主席。

图1　据朱石金回忆，1986年12月14日参会合影者部分名单：自左至右，第一排左一、左二为省博物馆工作人员，左六洪涛；第二排坐者左二周觉钧，左三穆孝天，左四刘健农，左五王石城，左六王石岑，左七石谷风；第三排左一曹宝麟，左四后其仁，左五朱典淼，左六何瑞，左七崔之模，左十一耿明；第四排左二蒋廉声，左三朱石金，左四柏龙华。

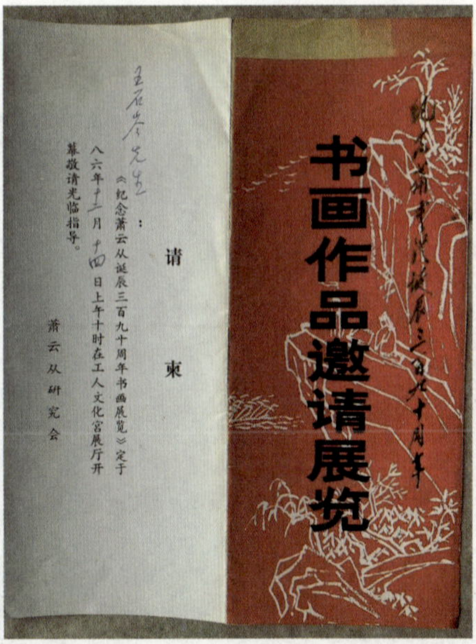

图2 “纪念萧云从诞辰三百九十周年书画展”请柬

了萧云从雕像[1]，于当天举行了雕像揭幕式；并在芜湖工人文化宫举办了“纪念萧云从诞辰三百九十周年书画展览”会（图2），安徽省博物馆派专人送来7件萧云从绘画原作在芜湖亮相公展[2]，同时还有张恺帆、赖少其、萧娴、葛介屏、石谷风、王石城、王涛、张松、王石岑、黄叶村、后其仁、刘廷龙、朱石金、柏龙华等省内外八十余位当代书画名家的84幅作品参展。原安徽省委书记、省政协主席、书法家张恺帆题写了“纪念萧云从诞辰三百九十周年”活动展标。芜湖市委书记陈光琳、副书记金庭柏等党、政、军负责人与安徽省文联副主席那沙等省、市有关部门的领导、专家和芜湖、宣城、马鞍山等地的学者、书画家们参加了上述活动。萧云从研究会为此于1987年4月刊印了“纪念萧云从诞辰三百九十周年会刊”（图3）。

图3 纪念萧云从诞辰三百九十周年会刊

十年后，1996年11月又举办了“萧云从诞辰四百周年纪念”

[1] 萧云从雕像作者：汤守仁、王焱、陈剑嵘。

[2] 为7件萧云从原作来芜展出，芜湖市文联指派柏龙华前往安徽省博物馆商借，馆方派出专人护送来芜。

图 4　柏龙华、洪涛、何瑞、崔之模、朱石金（摄于 1996 年 11 月）

活动（图4），省内外专家学者云集芜湖，举行了“纪念萧云从诞辰四百周年书画邀请展”及研讨座谈会，并制作了铜质纪念章、出了纪念文集。

再十年，2006年9月29日，在芜湖市委、市政府的大力支持下，举行了隆重的“萧云从诞辰四百一十周年纪念大会”及学术研讨会。安徽省文联书记处书记、副主席查长发，省政府参事室副主任、省文史馆副馆长张立志，芜湖市委副书记臧国寅，副市长詹云超，市政协副主席丁光涛等省、市有关领导与郭因等专家、学者参加纪念活动，并冒雨在尺木亭萧云从雕像前为萧云从纪念碑揭碑。活动结束后，于当年出版了《纪念萧云从诞辰四百一十周年文集——几度寻梅》（光明日报出版社出版）。

2007年11月30日，因事业单位组织机构改革的原因，萧云从研究会由隶属芜湖市文联，划转归芜湖书画院管理。自此开始，萧云从研究会成为芜湖书画院专设机构。

2009年值萧云从仙逝三百四十周年，9月由芜湖书画院王广院长牵头，萧云从研究会委托上海古籍出版社线装宣纸精印出版了萧云从平生杰作《太平山水诗画》，受芜湖市文委与芜湖书画院的委托，我为萧云从研究会撰写了该书的出版说明。

2012年初，在芜湖市政府的支持下，将原萧云从玻璃钢塑像重新翻模铸造为铜质雕像（图5），永久陈列于镜湖之畔，供世人瞻仰；原玻璃钢雕像移至芜湖书画院院内陈列。

图5　萧云从铜像（作者：汤守仁、王焱、陈剑嵘）

2013年4月，芜湖书画院又委托上海古籍出版社再以线装宣纸精印的方式，增印了以古本原刻为底本的萧云从人物画杰作《离骚图》，作为萧云从研究会学习、研究及交流的重要文献资料。

2019年11月8日，萧云从研究会2019年年会暨工作会议在芜湖市美术馆（书画院）成功召开（图6），出

图6 张蕾、吴晓明、王永林、高飞、唐俊（摄于2019年11月8日）。

席年会的学者有：安徽师范大学美术学院院长高飞教授、芜湖市美术馆(书画院)吴晓明副院长、安徽省美协理论委员会副主任王永林、安徽师范大学文学院硕士研究生导师唐俊等。工作会议产生了新一届名誉会长、会长、副会长等研究会组成人员，讨论制定了研究会的宗旨、工作计划等具体内容。同时，研究会根据既有的相关研究成果和方向提名产生了“萧云从研究会学术委员会”。

附一：

萧云从研究会组成人员名单

名誉会长：高飞

会长：吴晓明

执行会长：张蕾

副会长：王永林、唐俊

附二：

萧云从研究会学术委员会

主任：高飞

副主任：王永林、唐俊

研究员：高飞、顾平、王永林、唐俊、李丛芹、陈琳

委员：王屹、程国栋、公丕普

在随后的萧云从研究会组成人员与学术委员聘任仪式上，由芜湖市美术馆（书画院）常务副院长吴晓明分别向在芜的组成人员与学术委员颁发了聘书。

此次年会讨论认为，萧云从研究会旨在通过对萧云从的绘画、书法、诗文、美学思想、传承关系等多方面的深入研究，全面阐发其在历史上的人文价值及其在徽派文化艺术系统构建中的作用，以此打造芜湖的文化名片，弘扬传播中华优秀传统文化。为整理研究成果，工作会议研究决定编辑《萧云从研究文丛》，拟在2020年出版第一辑。

至此，萧云从研究会的这篇“流水账”暂时告一段落。

最后，我要记一下感谢的“流水账”：

首先，感谢朱石金、柏龙华、王广、后其仁等前辈在我采访时为萧云从研究会的这篇“流水账”提供的第一手资料（珍贵的回忆及照片等），感谢董松先生提供珍贵资料“纪念萧云从诞辰三百九十周年会刊”（照片）。

第二，感谢各位论文作者为《萧云从研究文丛》的顺利编辑提供的无私奉献。

第三，感谢芜湖市有关部门历年来对萧云从研究会工作开展给予的大力支持。

第四，感谢社会各界所有关心和支持萧云从研究的学者、专家和艺术爱好者们。

第五，感谢唐俊副会长及其弟子朱寅为编辑首期《萧云从研究文丛》文章资料的搜集整理付出的辛勤劳动。

第六，感谢出版单位与责编的高效努力与认真负责。

今年，适值萧云从研究会成立三十五周年，我仅以此“流水账”，聊作前进途中对过往历史的回望。

当然，以上所记一定有不全面的地方，也可能会有回忆者记忆误差的发生，文丛出版后希望得到大家的指正，我们今后一定会及时补正，以期留给后世一个完整无憾的萧云从研究会的历史档案。

庚子重阳记于青弋江畔之无尘居中

图书在版编目（CIP）数据

萧云从研究文丛．第一辑 / 萧云从研究会主编．-- 北京 ： 北京时代华文书局，2020.12（2021.11 重印）
ISBN 978-7-5699-3962-0

Ⅰ．①萧… Ⅱ．①萧… Ⅲ．①萧云从（1596-1673）－人物研究－文集 Ⅳ．①K825.72-53

中国版本图书馆 CIP 数据核字（2020）第 238733 号

萧云从研究文丛（第一辑）

XIAO YUNCONG YANJIU WENCONG（DI-YI JI）

主　　编 | 萧云从研究会

出 版 人 | 陈　涛
责任编辑 | 石冠哲
装帧设计 | 王艾迪
责任印制 | 訾　敬

出版发行 | 北京时代华文书局 http://www.bjsdsj.com.cn
北京市东城区安定门外大街 138 号皇城国际大厦 A 座 8 楼
邮编：100011　电话：010－64267955　64267677
印　　刷 | 北京盛通印刷股份有限公司　010-52249888
（如发现印装质量问题，请与印刷厂联系调换）
开　　本 | 787mm×1092mm　1/16　　印　　张 | 15.25　　字　　数 | 160 千字
版　　次 | 2021 年 4 月第 1 版　　　印　　次 | 2021 年 11 月第 2 次印刷
书　　号 | ISBN 978-7-5699-3962-0
定　　价 | 68.00 元